L'OISEAU DE MINERVE

INTRODUCTION À L'ÉTUDE DE LA PHILOSOPHIE

L'OISEAU DE MINERVE

Introduction à l'étude de la philosophie

PAR

JACQUES FOLLON

PEETERS – LOUVAIN
2002

D. 2002/0602/139
ISBN 90-429-1221-9 (Peeters Leuven)
ISBN 2-87723-686-2 (Peeters France)

TABLE DES MATIÈRES

À Monseigneur André-Mutien Léonard

Ce que nous enseigne le concept, l'histoire le montre avec la même nécessité: il faut attendre que la réalité ait atteint sa maturité pour que l'idéal apparaisse en face du réel, saisisse le monde dans sa substance et le reconstruise sous la forme d'un empire intellectuel. Lorsque la philosophie peint son gris sur du gris, une forme de vie a vieilli et elle ne se laisse pas rajeunir avec du gris sur du gris, mais seulement connaître. La chouette de Minerve ne prend son vol qu'à la tombée de la nuit.

F. G. W. Hegel, Préface aux *Principes de la philosophie du droit.*

AVANT-PROPOS

Comme son titre l'indique, ce petit livre n'a d'autre ambition que d'introduire des débutants en philosophie à l'étude de cette discipline, en les initiant modestement à sa problématique et à son vocabulaire, ainsi qu'à quelques questions annexes, mais néanmoins importantes, comme celles de la traduction, de l'édition critique, des genres littéraires de la philosophie et de l'établissement d'une documentation de base dans ce domaine. Notre but serait en grande partie atteint si, au terme de sa lecture, le candidat philosophe se sentait un peu plus à l'aise avec un certain nombre de concepts clés de la philosophie, tels que ceux d'*épistémologie*, de *métaphysique*, d'*ontologie*, de *dialectique*, de *scolastique*, de *phénoménologie*, de *philosophie analytique*, d'*empirisme*, de *nominalisme*, d'*idéalisme*, etc., sans oublier le concept de *philosophie* même.

C'est pourquoi nous avons mis l'accent sur la définition et l'explication de ces termes. Cependant, nous n'avons pas voulu faire de cet ouvrage un simple dictionnaire, où l'ordre alphabétique eût en quelque sorte désarticulé les rapports naturels qu'entretiennent entre eux ces concepts. Un index alphabétique des matières permet certes de les retrouver dans cet ordre, mais, pour le reste, nous avons pensé qu'il serait plus intéressant de les faire apparaître pour ainsi dire dans leur lieu naturel, qui est tantôt celui des parties de la philosophie, tantôt celui de ses méthodes, tantôt encore celui de ses principales controverses. Aussi les avons-nous intégrés dans des chapitres où nous traitons successivement de ces trois thèmes, non sans avoir examiné préalablement la notion même de philosophie dans son rapport avec la science et la religion, ainsi que le rôle de l'histoire de la philosophie dans la réflexion philosophique. De la sorte, le lecteur devrait mieux voir les liens qui rattachent ces concepts les uns aux autres.

Pour toutes les définitions et explications de concepts, nous avons eu largement recours au *Vocabulaire technique et critique de la philosophie* d'André Lalande et au *Dictionnaire de la langue philosophique* de Paul Foulquié, ainsi qu'aux articles brefs, mais excellents, de l'*Encyclopaedia Britannica*. Qu'il nous soit donc permis d'y renvoyer ici une fois pour toutes. D'autre part, soucieux d'illustrer nos définitions et explications par des exemples empruntés aux bons auteurs, nous n'avons pas hésité à multiplier les citations qui nous paraissaient les plus éclairantes par rapport aux concepts concernés. Car, comme dans les dictionnaires de la langue française de Littré et de Robert, ou les dictionnaires philosophiques de Lalande et de Foulquié, ces citations ont essentiellement pour objet de replacer les termes définis ou expliqués dans les divers contextes où ils revêtent leurs différentes significations.

Ce que nous venons de dire des concepts, vaut aussi, en un certain sens, pour les philosophes eux-mêmes. En effet, grâce à la table des noms de personnes, le lecteur pourra facilement trouver dans l'ouvrage les passages où ces philosophes sont cités ou évoqués, de sorte qu'il pourra faire en quelque sorte leur connaissance dans un cadre, non pas historique, mais doctrinal ou méthodologique. De ce point de vue, cet ouvrage peut être considéré comme un complément aux traditionnelles introductions historiques à la philosophie, aussi bien qu'aux dictionnaires biographiques de philosophes. Cela dit, pour permettre au lecteur de garder le contact avec l'histoire de la philosophie, nous avons toujours fait suivre la première occurrence du nom d'une personne citée de ses dates de naissance et de mort.

Enfin, nous avons cru que nous rendrions service aux apprentis philosophes en leur fournissant une bibliographie élémentaire, dans laquelle ils pourraient trouver des indications utiles concernant les lectures qu'ils seront amenés à faire au cours de leurs études.

CHAPITRE PREMIER

QU'EST-CE QUE LA PHILOSOPHIE?

1. *Les multiples définitions de la philosophie*

Il est de bonne pédagogie de commencer un ouvrage d'initiation à une discipline en donnant de celle-ci une définition aussi précise que possible. Toutefois, dans le cas de la philosophie, une telle définition pose d'emblée un problème redoutable, car, bien qu'elle existe depuis plus de 2500 ans, il ne s'est probablement jamais trouvé deux philosophes, du moins parmi les grands, pour définir la philosophie de façon rigoureusement identique. La raison en est que, tout au long de son histoire, la philosophie n'a cessé de signifier des choses sensiblement différentes, comme, par exemple[1]: une recherche de la sagesse (le sens le plus proche, comme nous le verrons, du mot grec d'où provient le mot français *philosophie*); un essai de compréhension de l'univers dans sa totalité; un examen des responsabilités morales et des obligations sociales de l'homme; un effort pour comprendre les intentions divines et la place de l'homme par rapport à elles; une entreprise de fondation des sciences de la nature; une étude rigoureuse de l'origine, de l'étendue et de la validité de nos idées; une recherche sur la place de la volonté ou de la conscience dans l'univers; un examen des valeurs du vrai, du beau et du bien; enfin, une tentative de codification des règles de la pensée humaine en vue de promouvoir le développement de la rationalité et d'une pensée claire. Même si ces définitions n'épuisent pas les multiples sens qu'on a pu donner à l'entreprise philosophique, elles suffisent amplement à donner une idée de sa complexité et de sa diversité[2].

---

[1] Nous empruntons cette liste à A.W. Levi, art. «The History of Western Philosophy», in *The New Encyclopaedia Britannica*, vol. 25 (1985), p. 742.

[2] Il est piquant de constater que dans *Qu'est-ce que la philosophie?* (pp. 13-15), le mathématicien et philosophe tchèque Bernard Bolzano (1781-1848) dressait déjà un constat fort semblable: «Nous sommes (...) obligés de remarquer (...) qu'un nombre non négligeable de philosophes contemporains en restent encore à Kant ou ont fait marche arrière pour s'en rapprocher (...). Ainsi expliquent-ils toujours la philosophie comme le système de la connaissance par simples concepts (sans construction au moyen des intuitions). Herbart (...) assure pourtant que la philosophie ne se distingue absolument pas par

Cependant, si l'on essaye quand même de trouver un élément commun dans cette diversité et de déterminer un sens de base qui pourrait servir de définition universelle, susceptible d'englober, en quelque sorte, toutes les autres définitions, peut-être pourrait-on alors dire de la philosophie qu'elle est une réflexion sur les diverses sortes d'expériences humaines, ou bien qu'elle est l'étude rationnelle, méthodique et systématique des questions fondamentales que se pose l'homme. Aussi vagues et imprécises que soient ces deux définitions, elles ont tout de même le mérite de faire ressortir deux traits caractéristiques fondamentaux de l'activité philosophique, à savoir 1° qu'elle est une activité *réflexive* (ou *méditative*), 2° qu'elle n'a aucun objet spécifique, mais qu'elle est plutôt une méthode ou un type de démarche intellectuelle, qui, comme la science ou l'histoire, peut prendre pour objet n'importe quelle sphère d'activités, n'importe quelle discipline ou n'importe quelle sorte d'expérience humaine[3]. C'est pourquoi, par exemple, au même titre qu'il existe une science et une histoire du langage, une science et une histoire du droit, une science et une histoire du travail, etc., il existe également une philosophie du langage, une philosophie du droit, une philosophie du travail, etc. Et c'est pourquoi aussi, bien qu'il y ait depuis longtemps des termes simples pour désigner certaines branches de la philosophie (comme *épistémologie, ontologie, éthique, esthétique,*

ses objets, mais seulement par sa façon de les traiter. Elle n'est essentiellement pas autre chose qu'un travail des concepts, visant à les purger de leur contradiction interne. Mais non, vous dit Kruc, la philosophie au contraire est la science de l'organisation originelle de l'esprit humain. Un troisième nous décrit, lui, la philosophie comme une résolution de l'énigme universelle de l'existence des choses et de la destination des hommes. Ce n'est rien de tout cela, reprend un quatrième: la philosophie, c'est de tendre au savoir de la totalité. Un autre, très pieux, réplique qu'elle aspire à la connaissance et à l'amour de Dieu dans le savoir et dans l'agir. Un autre en fait la science de la connexion des choses à la raison dernière de tout être, ou la connaissance des choses comme elles sont en Dieu, ou (car ceci aussi doit revenir au même) la science de toutes les sciences, la science première. Celui-ci enseigne qu'elle serait la doctrine de la vérité; celui-là, la science des connaissances que l'homme tire spontanément de son esprit, ou la science des lois et conditions de la connaissance humaine. Pour cet autre encore, elle est le savoir de l'inconditionné, l'exposition scientifique de la pensée rationnelle aussi bien que du contenu spontané de la pensée. Hegel (...) vous explique que la philosophie est la science de la raison, dans la mesure où elle est consciente d'elle-même comme de tout être, ou encore qu'elle est la science absolue de la vérité (...).Vous êtes tous dans l'erreur, nous clame le grand Schelling, car il est absolument impossible de dire d'emblée ce qu'est la philosophie parce que le concept de la philosophie n'est que le résultat de la philosophie elle-même (et je ne vous l'ai pas encore communiqué dans son achèvement)». Comme on le voit, plus d'un siècle et demi après, la situation de la philosophie n'a pas vraiment changé...

[3] A.W. Levi, *loc. cit.*

etc.), ces branches peuvent aussi bien être désignées par des expressions complexes commençant par les mots «philosophie de»: ainsi parle-t-on de philosophie de la connaissance aussi bien que d'épistémologie, de philosophie de l'être aussi bien que d'ontologie, de philosophie des mœurs aussi bien que d'éthique, de philosophie de l'art aussi bien que d'esthétique, etc. Au demeurant, il existe de nombreuses branches de la philosophie qui n'ont jamais reçu de nom simple et qu'on désigne dès lors par de semblables expressions, comme la philosophie du droit, la philosophie de l'histoire, la philosophie de l'éducation, etc.

2. *Petite histoire du mot* philosophie

Cela dit, nous serons certainement aidés dans notre enquête sur la nature de la philosophie par un bref survol de l'histoire du mot lui-même, car nous verrons par là comment celui-ci a accumulé au fil du temps quelques-unes des significations que nous venons de voir.

Étymologiquement, le mot français *philosophie* vient du grec φιλο-σοφία, qui signifie «amour de la sagesse», ou même, plus simple-ment, «désir de savoir». D'après une tradition rapportée par Cicéron (106-43 av. J.-C.) et Diogène Laërce (IIIe siècle ap. J.-C.), mais qui remonte à l'époque de l'Académie platonicienne (IVe av. J.-C.), le mot *philosophe* aurait été inventé par Pythagore (vers 580-vers 500 av. J.-C.) dans les circonstances suivantes:

> Pythagore, comme l'écrit Héraclide du Pont, disciple de Platon, vint, dit-on, à Phlionte, où il eut des discussions savantes et abondantes avec Léon, le souverain de Phlionte. Et, comme Léon admirait son génie et son élo-quence, il lui demanda sur quel art il s'appuyait; Pythagore répondit qu'il ne connaissait pas un seul art, mais qu'il était philosophe; Léon s'étonna de ce mot nouveau et lui demanda qui étaient les philosophes et quelle diffé-rence il y avait entre eux et le reste des hommes. Pythagore répondit que la vie humaine lui paraissait semblable à cette assemblée où étaient organisés des jeux que fréquentait la Grèce entière; là, les uns ayant exercé leur corps venaient chercher la gloire et l'illustration d'une couronne; d'autres, venus pour acheter ou pour vendre, y étaient conduits par l'appât du gain; mais il y avait une sorte de visiteurs (et même particulièrement distingués) qui ne cherchaient ni les applaudissements ni le gain, mais qui venaient pour voir et qui examinaient avec grand soin ce qui avait lieu et comment les choses se passaient. De même que tous ceux-là sont partis de leur ville pour la célébration des jeux, de même les hommes venus à cette vie humaine en quittant une autre vie et une autre nature sont les uns esclaves de la gloire, les autres, de l'argent; mais il en est de bien rares qui, comptant pour rien

tout le reste, observent avec soin la nature; ce sont eux qu'on appelle amis
de la sagesse, c'est-à-dire philosophes; et de même que, à l'assemblée des
jeux, l'attitude la plus digne d'un homme libre est de regarder, sans rien
gagner, de même dans la vie, la contemplation et la connaissance des
choses l'emportent de beaucoup sur tous les autres travaux[4].

Qu'elle soit authentique ou apocryphe[5], cette anecdote est hautement
significative, car elle nous apprend que, pour les Anciens, la philosophie
était essentiellement l'observation attentive de la nature et que, comme
telle, elle ne pouvait être qu'une activité *désintéressée*, tout à fait différente des activités visant à procurer des biens matériels ou des succès
mondains. En d'autres termes, la philosophie était pour eux ce que Cicéron appelle ici une «contemplation» (*contemplatio*) et que les Grecs eux-
mêmes appelaient une «théorie» (θεωρία), par opposition à un «art»
(τέχνη). En effet, entre un «art» et une «théorie», les Grecs voyaient à
peu près la même opposition que nous voyons entre un savoir pratique et
un savoir théorique ou spéculatif, ou encore entre une connaissance technique et une connaissance proprement scientifique. Car un art, pensaient-
ils, est, au sens strict, un savoir utilitaire, puisqu'il vise essentiellement à
la production d'un bien matériel qui lui est extérieur (par exemple, l'art
médical vise à restaurer la santé, l'art de la guerre à donner la victoire,
l'économie à produire des richesses, l'architecture à construire des bâti-
ments, etc.), alors que le savoir théorique est toujours recherché et cultivé
pour lui-même[6], et non en vue d'un bien extrinsèque.

La soif de connaissances désintéressées est également ce que le roi de
Lydie Crésus aurait d'emblée perçu chez Solon (vers 640-vers 558 av.
J.-C.), l'un des Sept Sages de la Grèce antique et aussi l'un des grands
législateurs d'Athènes. En effet, si l'on en croit l'historien grec Hérodote
(vers 484-vers 420 av. J.-C.), Crésus aurait accueilli Solon, venu lui
rendre visite, par les mots suivants:

> Athénien, mon hôte, ta grande renommée est venue jusqu'à nous: on parle
> de ta sagesse, de tes voyages, et l'on dit que, désireux de t'instruire (φιλο-
> σοφέων), tu as parcouru bien des pays pour satisfaire ta curiosité [7].

Aussi le terme φιλοσοφία désigne-t-il, chez un auteur classique comme
Isocrate (436-338 av. J.-C.), tout simplement la culture intellectuelle et

---

[4] Cicéron, *Tusculanes*, V, 3, 8-9 (trad. É. Bréhier).
[5] Certains historiens pensent en effet que cette anecdote aurait été forgée de toutes
pièces par Héraclide lui-même, pour illustrer l'idéal platonicien de la vie contemplative
du philosophe.
[6] Aristote, *Éthique à Nicomaque*, I, 1.
[7] Hérodote, I, 30 (trad. A. Barguet).

morale que ce maître de rhétorique voulait inculquer à ses élèves pour en faire des orateurs politiques à la fois efficaces et vertueux. Isocrate se donnait d'ailleurs pour un professeur de «philosophie». Même chez Platon (428-348 av. J.-C.), qui était pourtant, à l'inverse d'Isocrate, un philosophe au sens strict du terme, φιλοσοφία signifie encore souvent le simple désir de s'instruire, l'envie de savoir pour savoir, bref la curiosité intellectuelle[8].

Cependant, dans le chapitre des *Tusculanes* où est narré l'entretien de Pythagore avec Léon de Phlionte, Cicéron remarque également que, bien que le nom de *philosophe* (c'est-à-dire, littéralement, d'*ami de la sagesse*) soit relativement récent, la chose à laquelle renvoie ce nom est, pour sa part, fort ancienne:

> Car pour la sagesse même, qui peut nier non seulement qu'elle est très ancienne, mais que son nom l'est aussi? Elle obtint ce beau nom chez les anciens, parce qu'elle était la connaissance des choses divines et humaines, des principes et des causes de chacune d'elles[9].

Cicéron apporte ainsi une précision importante à la définition de la philosophie comme «observation soigneuse de la nature» que Pythagore aurait donnée à Léon de Phlionte: la sagesse, dont les philosophes sont littéralement les «amis», est non seulement la connaissance des choses divines et humaines, mais aussi la connaissance des *principes* et des *causes* de ces choses. On a là comme un écho de la définition que le grand philosophe grec Aristote de Stagire (384-322 av. J.-C.) avait lui-même donnée de la philosophie au début de sa *Métaphysique*: «une science qui porte sur certains *principes* et certaines *causes*»[10], ou même, plus précisément: «une science qui contemple les *premiers* principes et les *premières* causes»[11]. Or Aristote considérait que la cause suprême, à laquelle étaient suspendus le ciel et toute la nature, était le Premier Moteur (celui qui, dans l'astronomie ancienne, faisait tourner la sphère des étoiles fixes), lequel, en tant que Souverain Bien et objet ultime d'amour pour toutes les créatures, était la source du mouvement dans tout l'univers. La science des causes premières, qu'il appelait, fort logiquement, la philosophie première (ἡ πρώτη φιλοσοφία), était donc

---

[8] Cf. *Lysis* 213 d; *Protagoras* 335 d; *Euthydème* 275 a, 288 d; *Républ.* X, 611 d; *Théétète*, 143 d, 172 c.

[9] Cicéron, *Tusculanes*, V, 3, 7.

[10] Aristote, *Métaph.*, I, 1, 982 a 1-2.

[11] *Ibid.*, 982 b 9. On retrouve la même définition chez Descartes: «chercher les premières causes et les vrais principes [...], ce sont particulièrement ceux qui ont travaillé à cela qu'on a nommés *philosophes*» (*Principes de philosophie*, Préf.)

pour lui la théologie, comprise comme l'étude rationnelle de la divinité
(et non au sens des fictions poétiques de la mythologie). Cependant,
après cette philosophie première, venait pour lui une philosophie
seconde, qui n'était autre que la physique, entendue comme l'ensemble
des sciences des êtres de la nature et comprenant donc, non seulement la
science du mouvement naturel en général (la physique au sens strict),
mais aussi celle des mouvements des corps célestes (l'astronomie), celle
du mouvement dans le monde sublunaire (la météorologie), celle de la
génération et des mouvements des plantes (la botanique) et des animaux
(la zoologie), et même celle de l'âme (la psychologie), conçue comme le
principe de vie des êtres vivants. L'ensemble formé par la philosophie
première (ou théologie), la philosophie seconde (ou physique au sens
large) et les mathématiques constituait alors la philosophie (ou science)
théorétique, à côté de laquelle il y avait d'une part la philosophie *pra-*
tique, composée de l'éthique, de l'économie et de la politique, et d'autre
part toutes les connaissances *poétiques*[12] ou, dirions-nous, techniques,
qui, elles, étaient évidemment utilitaires et donc «intéressées». Enfin, la
réunion de toutes les connaissances théoriques, pratiques et «poétiques»
constituait la pensée humaine (διάνοια), au sens le plus large du terme.

De là vient le premier sens du mot *philosophie*, qu'on trouve encore
dans certains dictionnaires actuels, même s'il n'a plus cours aujourd'hui.
C'est ainsi que le célèbre *Vocabulaire technique et critique de la philo-*
sophie d'André Lalande donne bel et bien comme première définition de
la philosophie: «Savoir rationnel, science, au sens le plus général du
mot». De même, le *Dictionnaire de la langue philosophique* de Paul
Foulquié commence son article sur la philosophie par ces mots: «Autre-
fois (jusqu'au XVIIIe ou au XIXe siècle, synonyme de *science*): l'ensemble du savoir désintéressé et rationnel». Il importe de noter que c'est
très souvent dans ce sens large que le mot *philosophie* se trouve employé
par les philosophes et les savants des temps modernes. Pour Francis
Bacon (1561-1626), par exemple,

> la philosophie laisse de côté les individus; elle ne s'applique pas aux
> impressions premières qu'ils produisent en nous, mais aux notions qu'on
> en tire par abstraction... Or c'est là le rôle et la tâche de la raison[13].

En ce sens, selon Bacon, la philosophie s'oppose alors à l'histoire, qui
concerne proprement les individus, déterminés dans le temps et dans

---

[12] C'est-à-dire *productives*, du verbe grec ποιεῖν, qui veut dire «produire», «fabriquer».
[13] F. Bacon, *De dignitate et augmentis scientiarum*, II, I, § 4.

l'espace, et qui a pour instrument la mémoire[14], aussi bien qu'à la poésie, qui porte également sur la réalité individuelle, mais fictive, et qui a pour instrument l'imagination. Et elle comprend non seulement une *philosophia prima* (c'est-à-dire une métaphysique), mais aussi une *philosophia moralis* (correspondant à ce qu'on appellerait aujourd'hui les sciences morales) et une *philosophia naturalis* (l'ensemble des sciences de la nature). De même, un demi-siècle plus tard, Descartes (1596-1650) écrivait, de son côté, que

> toute la philosophie est comme un arbre, dont les racines sont la métaphysique, le tronc est la physique, et les branches qui sortent de ce tronc sont toutes les autres sciences, qui se réduisent à trois principales, à savoir la médecine, la mécanique et la morale[15].

Dans ces conditions, il n'est pas étonnant qu'un savant comme Isaac Newton (1642-1727) ait pu intituler l'ouvrage dans lequel il exposait sa nouvelle physique: *Naturalis philosophiae principia mathematica* (*Principes mathématiques de philosophie naturelle*, 1687), ou que Linné (1707-1778), le père de la botanique moderne, ait donné à l'une de ses œuvres le titre de *Philosophie botanique*, ou encore que Lamarck (1744-1829), le fondateur du transformisme, ait intitulé l'une des siennes *Philosophie zoologique*. L'expression «philosophie naturelle» a d'ailleurs été utilisée dans le sens de «physique» jusqu'au XIXᵉ siècle, et Diderot (1713-1784) allait même jusqu'à parler de «philosophie expérimentale» pour désigner ce que nous appelons nous-mêmes la physique expérimentale. Enfin, au début du XIXᵉ siècle, Chateaubriand pouvait encore dire dans le *Génie du christianisme* que «par *philosophie* nous entendons ici l'étude de toute espèce de science»[16].

Cependant, il est évident que le terme *philosophie* n'a plus ce sens aujourd'hui. C'est que les diverses sciences qui étaient des branches de l'arbre philosophique (pour reprendre la métaphore cartésienne), s'en sont progressivement détachées (sauf la morale) et ont acquis leur

---

[14] Il faut préciser que Bacon entendait l'histoire dans son sens ancien et très large (qui s'est maintenu dans l'expression «histoire naturelle») de «collecte de faits», dont la science ou la philosophie tire par abstraction les notions générales et sur lesquels elle raisonne et construit des théories: «Car si l'histoire naturelle paraît s'occuper des espèces, cela vient de la ressemblance commune qui réunit le plus souvent les êtres naturels en une seule espèce, de telle sorte qu'en connaître un, c'est les connaître tous… Tout cela est l'affaire de la mémoire» (*ibid.*, § 2).

[15] R. Descartes, *Principes de la philosophie*, Préface.

[16] A. de Chateaubriand, *Le génie du christianisme*, 3ᵉ partie, livre II, chap. 1 («Astronomie et mathématiques»).

autonomie complète. La physique elle-même, qui était le tronc de cet arbre, est devenue complètement indépendante de la philosophie. Bien plus, la psychologie, la sociologie, la logique formelle même, qui, au début du XXᵉ siècle, faisaient encore partie de la philosophie, sont aujourd'hui devenues des sciences tout à fait distinctes d'elle. Dès lors, la philosophie semble bien être comme une peau de chagrin qui n'aurait cessé de se rétrécir depuis le début de l'époque moderne et dont on peut se demander si elle ne finira pas un jour par disparaître, pour laisser la place aux seules sciences positives...

3. *Philosophie et science*

Cette évolution est due, en grande partie, à la transformation de ces sciences mêmes. En effet, nous avons vu que, pour les Anciens, la philosophie théorique consistait essentiellement dans la recherche des causes (premières et secondes) des êtres et des choses de la nature. Comme telle, elle se distinguait alors du savoir purement empirique, qui n'est qu'une simple constatation de faits, sans recherche des causes. C'est bien pourquoi la philosophie théorique se confondait, aux yeux des Anciens, avec la *connaissance* ou la *science* au sens le plus général de ces termes, car ils estimaient que «connaissance et science se produisent, dans tous les ordres de recherches dont il y a principes ou causes ou éléments, quand on a pénétré ces principes, causes ou éléments»[17]. Mais la science moderne a cessé peu à peu d'être une recherche des causes au sens où l'entendaient les Anciens. Pour ceux-ci, en effet, une chose était la «cause» d'une autre, lorsqu'elle était responsable de l'existence de cette dernière, *à quelque titre que ce fût*[18]. Autrement dit, était une cause, selon la belle définition de Platon, «ce en vertu de quoi une chose vient à l'existence»[19]. Aussi Aristote avait-il distingué quatre sortes de causes: la matière, la forme substantielle, le moteur (la cause motrice), et la fin (ou le but). De fait, lorsqu'on se demande en vertu de quoi existe une chose comme une maison, on pense spontanément qu'elle existe en vertu de quatre facteurs bien distincts, qui sont: 1° le bois et les pierres ou les

---

[17] Aristote, *Physique*, I, 1, 184 a 10-12 (trad. Carteron).
[18] Le mot grec pour «cause» est αἰτία, qui signifiait à l'origine «responsabilité pénale».
[19] Platon, *Cratyle*, 413 a.

briques dont elle est faite (cause matérielle), 2° la disposition particulière de ces matériaux, qui fait que ceux-ci sont organisés sous la forme de quatre murs et d'un toit (cause formelle), 3° l'architecte et les ouvriers qui l'ont construite (cause motrice), et 4° la fonction (un abri destiné à protéger des êtres vivants et des biens) que cette maison est destinée à remplir (cause finale) et qui détermine d'ailleurs sa forme. De même aux yeux d'Aristote, la cause matérielle d'un être humain était les menstrues de sa mère; sa cause motrice, la semence du père; sa cause formelle, la nature humaine; et sa cause finale, la réalisation de cette nature, conçue comme le terme du développement d'un homme[20].

Or, dès les débuts des temps modernes, on peut voir que Francis Bacon, au nom de la science expérimentale, rejette fermement la cause formelle et la cause finale. Car, quand il emploie le mot «forme» dans son œuvre, il a soin de préciser qu'il ne l'entend point au sens de «forme substantielle» que ce mot avait chez Aristote et dans la scolastique, mais bien au sens nouveau (pour l'époque) de *loi scientifique* régissant les phénomènes naturels[21]. Mais c'est surtout le concept de cause finale qui fit alors l'objet des attaques les plus dures de la part des philosophes acquis à la science nouvelle. Ainsi, le même Bacon ne craignait pas de dire que «la recherche des causes finales est stérile, et [que], semblable à une vierge consacrée, elle n'engendre point»[22]. Pareillement, quand Descartes énonce les principes de sa philosophie et de sa physique, il proclame sans hésiter:

> Nous ne nous arrêterons pas aussi à examiner les fins que Dieu s'est proposées en créant le monde, et nous rejetterons entièrement de notre philosophie la recherche des causes finales; car nous ne devons pas tant présumer de nous-mêmes, que de croire que Dieu nous ait voulu faire part de ses conseils…[23]

Ce qui serait certes le cas, précise-t-il,

> si nous nous persuadions que ce n'est que pour notre usage que Dieu a créé toutes les choses, ou bien seulement si nous prétendions de pouvoir connaître par la force de notre esprit quelles sont les fins pour lesquelles il les a créées[24].

---

[20] Cf. Aristote, *Métaphysique*, III, 2, 996 b 6-8; VIII, 2; 4, 1044 a 33-b 1.
[21] Cf. F. Bacon, *Novum Organum*, II, 17.
[22] F. Bacon, *De dignitate et augmentis scientiarum*, III, 5.
[23] R. Descartes, *Principes de la philosophie*, I, 28 (trad. Picot).
[24] *Ibid.*, III, 2; cf. III, 3.

Toutefois, Descartes faisait encore dans son système une place importante, et même fondamentale, à Dieu, cause efficiente (créatrice) de toutes choses. Mais, par la suite, c'est le concept même de cause que, sous l'influence du positivisme, la science moderne a fini par récuser. En effet, Auguste Comte (1798-1857), le fondateur de la philosophie positive, résumait bien l'état d'esprit de la plupart des savants du XIXᵉ siècle quand il écrivait:

> la révolution fondamentale, qui caractérise la virilité de notre intelligence, consiste essentiellement à substituer partout, à l'inaccessible détermination des causes proprement dites, la simple recherche des lois, c'est-à-dire des relations constantes qui existent entre les phénomènes observés[25].

Ou encore:

> la philosophie positive se distingue surtout de l'ancienne philosophie, théo-logique ou métaphysique, par sa tendance constante à écarter comme néces-sairement vaine toute recherche quelconque des causes proprement dites, soit premières, soit finales, pour se borner à étudier les relations invariables qui constituent les lois effectives de tous les événements observables, ainsi susceptibles d'être rationnellement prévus les uns d'après les autres[26].

C'est donc en substituant le concept de loi scientifique à celui de cause que les sciences positives ont cessé définitivement d'appartenir à la phi-losophie, puisqu'on vient de voir que celle-ci était, dans son essence même, recherche des causes. Il n'en reste pas moins que ce divorce entre la science et la philosophie a été, en un certain sens, bénéfique pour cette dernière, car il a amené les philosophes à préciser la spécificité de leur discipline par rapport aux disciplines proprement scientifiques.

Il est clair, en effet, qu'en se détournant de la recherche des causes, en particulier de la cause finale, la science moderne a renoncé *ipso facto* à nous dire quoi que ce soit sur le *sens* et la *valeur* des êtres et des choses du monde. Car la science nous dit bien *de quelle matière* les choses sont faites et *comment* elles se comportent, mais elle ne nous dit pas *pourquoi* elles existent (la question du *sens*), ni surtout ce que nous *devons* faire avec elles (la question de la *valeur*). C'est ce que soulignait récemment le philosophe contemporain Alain Boutot:

> [La science] décrit ce qui est, mais ne se prononce jamais sur ce qui doit être. Elle fournit des moyens d'actions, mais demeure indifférente aux fins poursuivies. [...] Elle demeure, en tant que telle, insensible aux valeurs. La science est, comme on dit, axiologiquement neutre[27].

---

[25] A. Comte, *Discours sur l'esprit positif*, §12.
[26] A. Comte, *Cours de philosophie positive*, 58ᵉ Leçon, tome VI, p. 424 (éd. Schleicher).
[27] Art. «Science et philosophie», in *Encyclopaedia universalis*.

Déjà, vers la fin du XIXe siècle, le philosophe français des sciences Émile Boutroux (1845-1921), avait remarqué fort judicieusement: «La science ne peut rien nous prescrire, pas même de cultiver la science»[28]. En s'affranchissant de la philosophie, la science moderne n'a donc pas pu s'y substituer complètement. Simplement, la séparation entre science et philosophie a permis de délimiter plus précisément le champ propre de celle-ci. Dans une belle page, l'illustre historien américain Will Durant (1885-1981) a très bien décrit la ligne de démarcation entre les deux disciplines:

> La science paraît toujours progresser, et la philosophie perdre du terrain. Mais cela ne s'explique que parce que la philosophie accepte la tâche difficile et hasardeuse de résoudre des problèmes qui ne sont pas encore ouverts [mais le seront-ils jamais?] aux méthodes scientifiques: les problèmes du bien et du mal, de la beauté et de la laideur, de l'ordre et de la liberté, de la vie et de la mort. […] En termes plus techniques, la science est la description analytique, la philosophie est l'interprétation synthétique. La science veut résoudre le tout en parties, l'organisme en organes, ramener l'obscur au connu. Elle ne s'enquiert pas de la valeur et des possibilités idéales des choses, ni de la signification de leur ensemble, ni de leur fin; elle se contente de montrer leur réalité et leur opération présentes, elle limite résolument ses vues à la nature et aux effets réels des choses. […] Mais la description du fait ne suffit pas au philosophe; il veut déterminer son rapport à l'expérience en général, et connaître par là sa valeur et son sens; il combine les choses en une synthèse explicative; il essaie d'agencer […] les pièces de cette grande machine qu'est l'univers, détachées et isolées par l'analyse du savant. La science nous dit comment guérir et comment tuer; elle réduit partiellement le taux de la mortalité, puis elle nous tue en masse à la guerre; la seule sagesse, qui coordonne les désirs à la lumière de l'expérience, peut nous dire quand il faut guérir et quand il faut tuer. La science consiste à observer des effets et à construire des moyens, la philosophie consiste à critiquer et à coordonner des fins; et parce que de nos jours la multiplication des moyens et des instruments est trop disproportionnée à l'interprétation et à la synthèse des idéaux et des fins, notre vie n'est que bruyante et furieuse agitation et n'a plus aucun sens. Un fait n'a de valeur que dans son rapport au désir; il n'est complet que s'il se rapporte à un plan et à un ensemble. La science sans la philosophie, les faits sans perspectives et sans évaluation, ne sauraient nous préserver du carnage et nous sauver du désespoir. La science nous donne le savoir, la philosophie seule peut nous donner la sagesse[29].

---

[28] É. Boutroux, *Questions de morale et d'éducation*, Paris, Delagrave, 1895, p. 48.
[29] W. Durant, *Vies et doctrines des philosophes. Introduction à la philosophie*, Paris, Payot, 1938, p. 11.

Peut-être pourrait-on objecter que la science ne se contente pas de donner une description analytique du réel, mais qu'elle essaye aussi d'élaborer des synthèses explicatives, puisqu'elle cherche à établir des lois *générales* de la nature qui visent à rendre compte de la totalité des phénomènes considérés. Certains savants n'ont-ils pas rêvé (et ne rêvent-ils pas encore) de découvrir quelques équations ou formules — pour ne pas dire une équation ou une formule *unique* — qui donneraient la clé de tout le fonctionnement de l'univers? Cependant, à supposer qu'ils puissent arriver un jour à de telles équations — ce qui est loin d'être sûr —, il resterait que les sciences ne s'occupent jamais que d'un secteur *spécialisé* de la réalité, et non de celle-ci dans son entièreté. Par exemple, les sciences de la nature ne s'occupent que de la réalité *matérielle*, et parmi elles la physique étudie seulement les phénomènes molaires, qui ne modifient pas la structure interne des corps, tandis que la chimie, elle, étudie la constitution de ces corps, ainsi que leurs transformations et leurs propriétés. Enfin, la biologie n'étudie que les êtres vivants. La psychologie, pour sa part, étudie les faits psychiques individuels, l'éthologie, les comportements des espèces animales, la sociologie, les faits sociaux humains, l'économie, les faits relatifs à la production, la distribution et la consommation des biens matériels dans la société humaine, etc. Ainsi une science, quelle qu'elle soit, ne considère jamais qu'un aspect partiel, et donc *abstrait*, du réel. Elle ne s'occupe pas de l'expérience humaine considérée comme un tout. En particulier, elle néglige les dimensions de la vie de l'homme qui échappent au domaine des phénomènes matériels et observables, ou qui ne sont pas quantifiables. C'est en ce sens qu'elle ne se préoccupe pas de déterminer le rapport d'un fait à l'expérience humaine en général, et donc d'identifier par là sa valeur et sa signification.

Cependant, de ce que la philosophie a, pour sa part, conservé sa vocation de sonder le sens et la valeur des choses, découlent deux conséquences très importantes en ce qui concerne ses rapports avec la science moderne.

En premier lieu, par-delà les recherches spécialisées propres à chaque discipline scientifique, la philosophie demeure aujourd'hui «un objet de méditation pour l'honnête homme»[30], et donc une partie essentielle de la culture générale, conservant la forme, qu'elle avait déjà dans l'antiquité, d'une réflexion désintéressée, non utilitaire, s'appliquant «aux lois de la

---

[30] L. Lavelle, «Avant-propos» à R. Le Senne, *Introduction à la philosophie*, Paris, P.U.F., 1958, p. VI.

pensée, aux principes de la conduite, à la vie profonde de l'homme»[31]. Au contraire, depuis la Renaissance, la science a perdu, pour une grande part, le caractère de savoir désintéressé que nous avons vu qu'elle avait dans l'antiquité et au moyen-âge, c'est-à-dire à l'époque où elle se confondait précisément avec la philosophie. C'est que, se donnant pour but des réalisations techniques plutôt que la connaissance purement spéculative, la science moderne s'est attachée principalement à démonter les mécanismes de la nature en vue de rendre l'homme capable de les contrôler ou de les reproduire. Cette tendance commença à se manifester dès le XIIIe siècle, avec le philosophe et savant franciscain Roger Bacon (1214-1292), qui fut, semble-t-il, le premier à penser que la science devait être un moyen de domination de la nature et une pourvoyeuse de bien-être matériel pour l'humanité. Mais c'est surtout au début des temps modernes que cette orientation s'affirma, notamment avec Francis Bacon et René Descartes. Le premier, en effet, aimait à dire qu'on ne vainc la nature qu'en lui obéissant (*Natura nonnisi parendo vincitur*[32]), ce qui montre que pour lui le véritable but de la connaissance de la nature était bel et bien la domination de celle-ci par l'homme. Quant au second, il proclama, plus nettement encore, que la philosophie (par quoi il entendait la science) devait cesser d'être spéculative, pour devenir *pratique*, de telle sorte que

> connaissant la force et les actions du feu, de l'eau, de l'air, des astres, des cieux et de tous les autres corps qui nous environnent, aussi distinctement que nous connaissons les divers métiers de nos artisans, nous les pourrions employer en même façon à tous les usages auxquels ils sont propres, et ainsi nous rendre *comme maîtres et possesseurs de la nature*[33].

Finalement, Auguste Comte devait formuler le projet prométhéen de la science moderne dans des termes d'une concision remarquable:

> En résumé, science, d'où prévoyance; prévoyance, d'où action: telle est la formule très simple qui exprime, d'une manière exacte, la relation générale de la *science* et de *l'art*, en prenant ces deux expressions dans leur acception totale[34].

Dès lors, il faut bien admettre que, dans une large mesure, la science est devenue un savoir utilitaire, puisqu'elle s'est ainsi mise au service du projet techniciste d'«arraisonnement» de la nature par l'homme. Comme le

---

[31] *Ibid.*
[32] F. Bacon, *Novum Organum*, I (début).
[33] R. Descartes, *Discours de la méthode*, VI (souligné par nous).
[34] A. Comte, *Cours de philosophie positive*, 2e Leçon, tome I, p. 35.

notait encore A. Boutot, aujourd'hui la science «relève de la rationalité *instrumentale*, et non de la rationalité objective»[35]. Aussi a-t-elle perdu le caractère «libéral» qui la caractérisait dans l'antiquité et au moyen-âge, même si certaines disciplines scientifiques, comme les mathématiques et la physique théorique, ont certes conservé quelque chose de l'aspect «contemplatif» du savoir ancien.

En second lieu, c'est bien parce que la philosophie demeure, en son essence, une interrogation sur le sens et la valeur des choses, qu'on a pu dire que «toute grande philosophie [...] a son principe et sa fin dans une conception de la destinée humaine», que «la pratique l'oriente» et qu'elle-même «oriente la pratique à son tour»[36], voire que «la philosophie, initialement, vise, non pas seulement à expliquer notre vie, mais à la faire»[37]. Mais alors, pour cette raison même, la philosophie suppose forcément, de la part de celui qui s'y adonne, un certain engagement personnel et même «existentiel»[38] (bien que cet aspect soit souvent moins marqué dans la philosophie moderne que dans la philosophie ancienne), qu'on n'attend nullement d'un scientifique:

> On ne demande pas à un étudiant en chimie de redéfinir pour lui-même les opérations élémentaires d'analyse et de synthèse des corps. Même sans les redéfinir, tout philosophe ne peut que constater sa relation *personnelle* aux opérations de la philosophie: chacun ne «philosophe» d'abord que *pour soi*[39].

Autrement dit, la philosophie exige de celui qui la cultive une «adhésion», qui n'est pas sans rappeler une croyance ou une foi. Certes, parler de croyance ou de foi à propos de l'engagement philosophique peut surprendre, étant donné que la philosophie s'est toujours présentée comme un savoir rationnel. Pourtant, plusieurs philosophes, et non des moindres, n'ont pas hésité à employer l'expression de «foi philosophique» ou de «foi rationnelle» pour désigner l'adhérence raisonnable à des réalités transcendant le domaine de la raison théorique. C'est Kant (1724-1804), un des plus grands philosophes du siècle des Lumières, qui a introduit en philosophie le concept de *foi rationnelle*, c'est-à-dire d'une foi «qui ne se fonde sur nulles autres données que

---

[35] Art. «Science et philosophie», in *Encyclopaedia Universalis* (souligné par nous).

[36] M. Blondel, *L'action*, p. 296.

[37] M. Blondel, «Le point de départ de la recherche philosophique», in *Annales de philosophie chrétienne*, LIV (juin 1906), p. 242.

[38] «Existentiel: relatif à l'existence en tant que réalité vécue» *(Le Nouveau Petit Robert)*.

[39] G. Legrand, *Dictionnaire de philosophie*, Paris, Bordas, 1983, p. 205 (souligné par nous).

celles contenues dans la raison pure». Cette foi, estimait-il, s'adresse à quelque chose qui est certes au-delà du monde des phénomènes observables et susceptibles d'expérimentation scientifique, mais qu'on n'en est pas moins forcé à admettre par une «exigence» de la raison. Ce «quelque chose» de transcendant consistait en ce qu'il appelait les *postulats de la raison pratique*, c'est-à-dire la triple croyance en la liberté humaine, en l'immortalité de l'âme et en l'existence de Dieu. Ces trois objets (la liberté, l'âme et Dieu), insistait-il, sont bien du ressort de la foi parce qu'ils ne sont pas démontrables par la raison théorique, mais ils n'en sont pas moins rationnels, en ce sens que la raison *pratique* (c'est-à-dire l'exercice de la loi morale) nous donne de sérieuses raisons d'y croire et même demande que nous y croyions. De son côté, le philosophe existentialiste allemand Karl Jaspers (1883-1969) a pu écrire, dans un opuscule intitulé précisément *La foi philosophique*: «Avoir la foi, c'est vivre inspiré par l'englobant[40], c'est se laisser conduire et combler par lui»[41]. Il n'en reste pas moins que la philosophie se distingue aussi radicalement de la religion, dans le sens que nous allons voir maintenant.

4. *Philosophie et religion*

En effet, la dimension d'engagement existentiel et même de «foi» que revêt ainsi la philosophie pourrait nous inciter à croire qu'elle n'est finalement qu'une sorte particulière de religion. Cette «incitation» (si l'on peut dire) était d'ailleurs bien plus forte dans l'antiquité qu'aujourd'hui, justement parce que l'engagement philosophique y était beaucoup plus marqué. Certes, nous avons vu que pour les Anciens la philosophie était d'abord une activité théorique, puisqu'en son sens premier, elle était contemplation (θεωρία) des causes premières de toutes choses. Mais, pour cette raison même, elle était aussi, à leurs yeux, un mode d'existence, une façon de se comporter et d'agir, voire, pour certains, une véritable voie de salut. Car les philosophes anciens estimaient que la contemplation des êtres divins procurée par la philosophie ne pouvait manquer de marquer profondément quiconque en bénéficiait, au point de lui faire changer radicalement sa manière de vivre: celui qui a vraiment

---

[40] Jaspers entendait par là l'être en tant qu'il est à la fois immanent et transcendant à toute réalité connue.

[41] K. Jaspers, *La foi philosophique* (trad. J. Hersch et H. Naef), Paris, Plon, 1953, p. 24.

contemplé la perfection de la nature divine, pensaient-ils, ne peut que chercher à l'imiter, autant que possible, dans sa propre vie. C'est pourquoi, dès le VIᵉ siècle avant Jésus-Christ, Pythagore avait donné comme consigne générale à ses disciples de «suivre la Divinité» (ἀκολουθεῖν τῷ θεῷ) ou de «marcher à la suite des dieux» (βαδίζειν πρὸς τοὺς θεούς). Un siècle et demi plus tard, Platon, s'inspirant visiblement de ces formules, déclara à son tour que le but de la philosophie était de «s'assimiler à Dieu dans la mesure du possible»[42]. Par la suite, tous les autres grands philosophes de l'antiquité devaient, d'une manière ou d'une autre, reprendre cette idée à leur compte. Ainsi Aristote montre clairement, à la fin de son *Éthique à Nicomaque*, que le vrai bonheur, pour un homme, consiste dans la contemplation intellectuelle et morale de la Divinité, car c'est là l'activité suprême de notre intellect, lequel constitue la partie la plus noble et la plus divine de nous-mêmes, c'est-à-dire notre vrai *moi*:

> Il ne faut donc pas écouter ceux qui conseillent à l'homme, parce qu'il est homme, de borner sa pensée aux choses humaines, et mortel, aux choses mortelles, mais l'homme doit, dans la mesure du possible, s'immortaliser, et tout faire pour vivre selon la partie la plus noble qui est en lui; car même si cette partie est petite par sa masse, par sa puissance et sa valeur elle dépasse de beaucoup tout le reste. On peut même penser que chaque homme s'identifie avec cette partie même, puisqu'elle est la partie fondamentale de son être, et la meilleure[43].

De même, Zénon de Cittium (vers 332-vers 262 av. J.-C.), qui fonda l'école stoïcienne, estimait que le but de la vie humaine était de «vivre selon la Nature». Mais comme pour lui la Nature se confondait avec Dieu, il explicitait cette formule ainsi:

> vivre selon sa propre nature et selon celle de l'univers, ne faisant rien de ce que défend la loi commune, c'est-à-dire la droite raison qui circule à travers toute chose *et qui est identique à Zeus, le chef du gouvernement de l'univers*[44].

Quant à Épicure (vers 341-270 av. J.-C.), même s'il ne croyait pas en l'intervention des dieux dans le cours des affaires humaines, il n'en jugeait pas moins que le sage devait vénérer les dieux comme des modèles à imiter et même à prier:

---

[42] Platon, *Théétète*, 176 b.
[43] Aristote, *Éth. Nic.* X, 7, 1177 b 31-1178 a 3 (trad. Tricot).
[44] Diogène Laërce, *Vies et doctrines des philosophes illustres*, VII, 88 (trad. Bréhier).

> Prier est propre à la sagesse, non que les dieux doivent s'irriter si nous ne le faisons pas, mais parce que nous percevons combien la nature des dieux l'emporte sur nous en puissance et en excellence[45].

C'est dire combien l'imitation des dieux était au cœur de la philosophie épicurienne, comme le souligne d'ailleurs Philodème de Gadara, un épicurien du Ier siècle avant notre ère:

> <Le sage adresse des prières> aux dieux, il admire leur nature et leur condition, il s'efforce de s'en rapprocher, il aspire pour ainsi dire à la toucher, à vivre avec elle, et il nomme les sages amis des dieux et les dieux amis des sages[46].

Enfin, Plotin (vers 205-vers 270), qui fut le plus grand philosophe païen de la fin de l'antiquité, proclama aussi, à deux reprises dans son œuvre, que le but de la philosophie était l'assimilation à la divinité[47].

Dans ces conditions, on comprend que, dans plusieurs écoles philosophiques de l'antiquité, la philosophie ait pris les allures d'une véritable religion. Certaines de ces écoles étaient même organisées comme de véritables communautés de vie, dans lesquelles on entrait comme on dit aujourd'hui qu'on «entre en religion». En effet, rejoindre une telle école philosophique impliquait de rompre avec la vie du grand nombre (οἱ πολλοί), tout axée sur la recherche des biens matériels ou des honneurs, pour poursuivre l'idéal de sagesse incarné par le fondateur. L'école pythagoricienne, par exemple, tenait à la fois de la société savante, de l'association politique et de l'ordre monastique. On n'en faisait pleinement partie qu'au terme d'une longue initiation, qui comportait d'abord un postulat de trois ans, suivi d'un noviciat de cinq années, durant lequel les novices devaient se taire et écouter le maître, qui parlait caché derrière un rideau. Cette initiation achevée, les candidats passaient alors de l'autre côté du rideau et devenaient enfin des membres à part entière de la confrérie. Ceux-ci, comme plus tard les stoïciens, devaient pratiquer un examen de conscience et des exercices spirituels journaliers. Enfin, certains membres allaient jusqu'à pratiquer la communauté des biens, selon le précepte que Pythagore lui-même leur avait donné: «Entre amis, tout est commun», un idéal qui devait d'ailleurs exercer une profonde influence sur les premières communautés chrétiennes et les fondateurs d'ordre religieux au moyen-âge.

---

[45] Épicure, cité par Philodème, *Sur la sainteté*, p. 128 Gomperz.
[46] Philodème, *Des dieux*, III, p. 16.14 Diels.
[47] Plotin, *Ennéades*, I, 2 [19]; I, 4 [46].

Sans être une réplique exacte de cette confrérie, l'Académie fondée par Platon était elle-même organisée comme un *thiase*, c'est-à-dire comme une association cultuelle vouée au service d'une divinité, qui était censée devenir la propriétaire du lieu. Le choix de Platon se porta sur les Muses, patronnes de l'éducation, peut-être parce qu'il considérait la philosophie comme la forme la plus pure de la «musique» au sens large que ce mot avait dans l'antiquité, c'est-à-dire comme la «culture», ou bien parce qu'une chapelle dédiée aux Muses faisait toujours partie des écoles de cette époque. Enfin, comme n'importe quel autre thiase, l'Académie avait ses fêtes, ponctuées de cérémonies religieuses comportant les sacrifices prescrits. Même le Lycée d'Aristote, qui ressemblait pourtant davantage à un de nos modernes instituts de recherches scientifiques, comportait également un culte des Muses et une certaine vie communautaire, où l'amitié occupait une place primordiale, entretenue par des repas pris en commun et des banquets conduits selon des règles bien définies.

À l'époque hellénistique et sous l'empire romain, la philosophie apparut encore beaucoup plus nettement comme une voie de guérison ou de salut pour les âmes. Cette situation s'explique sans doute, en grande partie, par le fait que les gens cultivés éprouvaient de plus en plus de difficultés à se satisfaire de l'image des dieux donnée par la religion païenne traditionnelle. En effet, étant fondée sur les mythes que nous connaissons bien par la littérature grecque et latine, ladite religion représentait ses dieux sous une forme trop anthropomorphique pour que l'intelligence et le sens moral des esprits éclairés pussent y trouver leur compte. Ainsi, dès le VIe siècle avant notre ère, le poète et philosophe Xénophane de Colophon avait critiqué sévèrement la vision mythologique du monde divin contenue dans les croyances religieuses de son temps:

> Des dieux, les mortels croient que comme eux ils sont nés,
> Qu'ils ont leurs vêtements, leur voix et leur démarche.
> Cependant, si les bœufs, les chevaux et les lions
> Avaient aussi des mains, et si avec ces mains
> Ils savaient dessiner, et savaient modeler
> Les œuvres qu'avec art, seuls les hommes façonnent,
> Les chevaux forgeraient des dieux chevalins,
> Et les bœufs donneraient aux dieux forme bovine:
> Chacun dessinerait pour son dieu l'apparence
> Imitant la démarche et le corps de chacun.
> Peau noire et nez camus: ainsi les Éthiopiens
> Représentent leurs dieux, cependant que les Thraces
> Leur donnent des yeux pers et des cheveux de feu[48].

---

[48] Xénophane, frag. 14-16.

Voilà pour la représentation *physique* des dieux dans la religion grecque traditionnelle. Mais Xénophane n'était pas moins sévère et ironique à l'égard du comportement *moral* que les poètes Homère et Hésiode avaient prêté à ces mêmes divinités:

> Car ils ont raconté sur le compte des dieux
> Toutes sortes d'actions qui défient la justice:
> Ils les font s'adonner au vol, à l'adultère
> Et se livrer entre eux au mensonge trompeur[49].

Tous les grands philosophes des époques postérieures de la pensée antique devaient reprendre et développer cette critique de l'anthropomorphisme[50] de la religion païenne traditionnelle. Tous aussi (à l'exception d'Épicure) finirent par admettre l'existence d'un Dieu suprême, dominant la foule des dieux et demi-dieux du paganisme et préfigurant le Dieu unique, non seulement des grandes religions monothéistes, mais aussi de la métaphysique classique. On comprend, dès lors, que, sous l'empire romain, la philosophie païenne soit entrée en conflit ouvert avec la religion monothéiste et opposée à l'anthropomorphisme qu'était précisément le christianisme. Plusieurs philosophes platoniciens, tels que Celse, écrivirent des traités ou des pamphlets violents contre la religion chrétienne, ce qui est la preuve qu'ils voyaient en elle une menace sérieuse contre leur propre philosophie. En même temps, ils s'efforcèrent de redonner vie à la religion païenne agonisante en la purifiant et en la spiritualisant au moyen d'interprétations symboliques et philosophiques des figures mythologiques. Après l'édit de Milan (313) qui accordait la liberté de culte aux chrétiens, l'empereur Julien l'Apostat (331-363) tenta même de faire de ce paganisme purifié par la philosophie néoplatonicienne la religion d'État de l'empire romain. Cependant, d'un tel conflit entre le paganisme et le christianisme, ce dernier ne pouvait que sortir vainqueur. Car il possédait l'avantage, non seulement d'affirmer nettement l'existence d'un Dieu unique (ce que faisait aussi, quoique avec beaucoup moins de netteté, la philosophie païenne), mais aussi de proposer de ce Dieu un visage fort différent de celui offert par les intellectuels païens.

L'absolue nouveauté du christianisme, en effet, consista dans la révélation d'un Dieu qui était pour tous les hommes, quels qu'ils fussent (Romains, Grecs ou Barbares; citoyens, métèques ou esclaves; hommes,

---

[49] Frag. 12.
[50] Anthropomorphisme: tendance de l'esprit à attribuer à Dieu les formes, les sentiments et les idées des hommes.

femmes ou enfants…), à la fois un Père très aimant, un Frère compatis-
sant et un Esprit consolateur, alors que chez les philosophes païens, Dieu
n'avait jamais été qu'un être suprême indifférent aux problèmes des
hommes (chez Aristote et Épicure), ou, au mieux, un artisan cosmique
(chez Platon et les stoïciens), manifestant certes sa providence, mais
davantage sous les traits d'une froide intelligence que d'un Dieu riche en
miséricorde… Déjà dans l'Ancien Testament, Dieu s'était constamment
adressé aux hommes, en particulier aux membres du peuple élu, avec
une inlassable sollicitude, pour les instruire, les conseiller, les admones-
ter ou les encourager dans l'observance de sa Loi. «Écoute, Israël…»:
ce Dieu des juifs était bien un Dieu de la parole, qui ne s'exprimait pas
dans des oracles sibyllins, mais bien dans des commandements d'une
clarté et d'une précision toute concrète, et qui parlait même avec ses prophètes, tel Moïse, dans des entretiens «face à face»[51]. Au contraire, les
dieux des philosophes païens étaient le plus souvent muets. Il y avait
bien eu le «démon» qui s'était adressé à la conscience de Socrate; mais,
d'une part, ce «démon» semblait n'être attaché qu'à sa seule personne,
et d'autre part, ses interventions consistaient uniquement à l'empêcher
de commettre le mal, sans lui donner d'instructions positives. Mais, pour
le reste, il était évident que ni le divin Démiurge de Platon, ni le Premier
Moteur d'Aristote, ni le Logos stoïcien, ni, bien sûr, les dieux d'Épicure
ne pouvaient parler ainsi aux hommes, puisqu'il y avait une différence
essentielle de nature entre les uns et les autres. En revanche, depuis ses
premiers échanges avec Adam et Ève dans le paradis terrestre jusqu'à
son appel des derniers prophètes, le Dieu biblique n'avait cessé d'entretenir un dialogue personnel avec ses élus. Et voilà que ce dialogue avait
culminé, pour ainsi dire, dans la relation intime que le Christ, à la fois
vrai Dieu et vrai homme, avait montré qu'il entretenait avec son Père,
révélant du même coup que la vie même de Dieu consistait dans une
relation d'amour entre des *Personnes*, en l'occurrence entre le Père, le
Fils et le Saint-Esprit. C'est donc dans l'existence d'une telle relation
interpersonnelle, aussi bien entre Dieu et ses créatures qu'à l'intérieur de
Dieu lui-même, que résidait sans doute la différence la plus importante
entre la philosophie, telle qu'elle avait été conçue par les païens, et la
nouvelle religion proclamée par le Christ. Et, d'une certaine façon, on
peut dire que cette différence entre la philosophie et la religion chrétienne demeure aujourd'hui, car, comme le remarquait naguère le philosophe français Jacques Maritain (1882-1973):

---

[51] Cf., par exemple, *Exode*, XXXIII, 10-11.

la philosophie [...] connaît les sujets sans doute, mais les connaît comme objets, elle s'inscrit tout entière dans la relation d'intelligence à objet, tandis que la religion s'inscrit dans la relation de sujet à sujet. [...] Celle-ci [la religion] est essentiellement ce que nulle philosophie ne peut être: relation de *personne à personne*[52].

Toujours est-il que, par cette révélation d'un Dieu personnel dialoguant réellement avec l'homme, le christianisme se montrait infiniment supérieur aux philosophies païennes en tant que voie de salut. Aussi est-ce probablement une des raisons majeures pour lesquelles il finit par les éclipser et par occuper la place parmi les classes cultivées de l'empire romain.

Cependant, la philosophie païenne n'était pas seulement une théologie, même si celle-ci en était, pour ainsi dire, le couronnement; elle était aussi, on l'a vu, un ensemble de connaissances théoriques et pratiques concernant la nature, l'homme, les mœurs et la société politique. Or, après une éclipse de plusieurs siècles, la philosophie et la science de l'antiquité, dont les trésors avaient été conservés par des érudits du Moyen-Orient, réapparurent en Occident au cours du XIIe et du XIIIe siècle, provoquant un bouleversement culturel considérable, dont la création des premières universités européennes fut en quelque sorte l'aboutissement. Toutefois, cette redécouverte de la philosophie et de la science païennes ne fut pas sans poser le problème de leur compatibilité avec la religion, dans une culture qui était désormais intégralement chrétienne. Ainsi, certaines thèses de savants et de philosophes païens, comme celle de l'éternité du monde, qu'avait défendue Aristote, allaient directement à l'encontre du dogme chrétien. Ce devait être la gloire de saint Thomas d'Aquin (1225-1274), le plus grand des théologiens et des philosophes catholiques, de donner à ce problème des rapports entre la philosophie (et la science) et la théologie, ou, si l'on veut, entre la raison et la foi, une solution qui devait être, sinon définitive, du moins la plus équilibrée et la plus élégante qui lui ait jamais été donnée.

En effet, comme le disait fort bien le philosophe français (d'origine assyro-chaldéenne) Joseph Rassam (1917-1977), le thomisme «n'est pas une simple juxtaposition de la philosophie et de la théologie. Son originalité tient dans l'équilibre intérieur qu'il réalise entre la suprématie de

---

[52] J. Maritain, *Court traité de l'existence et de l'existant*, Paris, Hartmann, 1947, pp. 119 et 121 (souligné par nous).

la théologie et l'autonomie de la philosophie»[53]. Cependant, pour réaliser cet équilibre, l'Aquinate dut d'abord faire une nette distinction (qui n'avait encore jamais clairement été faite avant lui) entre la philosophie, domaine des vérités de raison, et la théologie, domaine des vérités de foi:

> Il y a en effet, sur Dieu, des vérités qui dépassent totalement les capacités de l'humaine raison: que Dieu, par exemple, soit trine et un. Il y a, par contre, des vérités auxquelles peut atteindre la raison naturelle: que Dieu, par exemple, existe, qu'il soit un, etc.[54]

De fait, ces dernières vérités, des philosophes éclairés par leur seule raison, tels les philosophes païens de l'antiquité, surent y arriver sans le secours de la Révélation. En effet, comme nous l'avons vu, la réflexion théorique de la plupart des philosophes grecs les avait bel et bien conduits à affirmer l'existence de Dieu, et même à entrevoir son unicité (puisqu'en général, ils admettaient un Dieu supérieur aux multiples divinités du panthéon païen). Aussi S. Thomas estime-t-il que les philosophes chrétiens doivent à leur tour se servir de la raison quand ils veulent faire admettre ces vérités aux infidèles, c'est-à-dire à ceux qui ne reconnaissent pas l'autorité de la Bible:

> à l'encontre des juifs, nous pouvons disputer sur le terrain de l'Ancien Testament, tandis qu'à l'encontre des hérétiques, nous pouvons disputer sur le terrain du Nouveau Testament. Mais mahométans et païens n'admettent ni l'un ni l'autre. Force est alors de recourir à la raison naturelle, à laquelle tous sont obligés de donner leur adhésion[55].

Est-ce à dire que la Révélation serait inutile pour la connaissance des vérités atteignables par la raison naturelle? Nullement, répond S. Thomas. En effet,

> à l'égard même de ce que la raison est capable d'atteindre au sujet de Dieu, il fallait instruire l'homme par révélation; car une connaissance rationnelle de Dieu n'eût été le fait que d'un petit nombre, elle eût coûté beaucoup de temps et se fût mêlée de beaucoup d'erreurs. De sa vérité, cependant, dépend tout le salut de l'homme, puisque ce salut est en Dieu. Combien donc n'était-il pas nécessaire, si l'on voulait procurer ce salut avec ampleur et certitude, de nous instruire des choses divines par une révélation divine[56]!

---

[53] J. Rassam, *Thomas d'Aquin*, Paris, P.U.F. (coll. «SUP»), 1969, p. 19.
[54] S. Thomas d'Aquin, *Somme contre les Gentils*, I, 3.
[55] *Ibid.*, I, 2.
[56] S. Thomas d'Aquin, *Somme théologique*, I, q. 1, a. 1.

Quant aux vérités telles que le dogme de la Trinité, il est évidemment vain de chercher à les saisir par la raison, puisqu'elles sont, par définition, des mystères qui la dépassent. Dans de tels cas, la Révélation était donc nécessaire, non seulement pour le grand nombre, mais même pour les philosophes.

D'autre part, aussi distincts que soient les domaines respectifs de la raison et de la foi, «les principes naturellement innés à la raison ne sauraient être contraires à la vérité de la foi»[57], car l'une et l'autre procèdent de la même source, qui n'est autre que Dieu lui-même. C'est pourquoi des thèses aristotéliciennes comme celle de l'éternité du monde ne sauraient être d'authentiques vérités philosophiques, puisqu'elles contredisent des vérités de foi (en l'occurrence, la création du monde): elles ne sont donc que des opinions non démontrées, et l'on peut très bien soutenir, *en philosophe*, les opinions contraires. Ainsi, en ce qui concerne précisément la question de l'éternité du monde, «ni le mouvement, ni le temps ne sont nécessairement éternels; l'acte créateur est éternel comme Dieu, mais c'est un acte souverainement libre et il dépend du vouloir divin que le monde créé soit éternel ou ait un commencement»[58].

Mais il y a plus: aux yeux de S. Thomas, la philosophie n'est pas seulement utile pour pouver, quand c'est nécessaire, certaines vérités de la foi chrétienne; elle est aussi utile pour expliquer ou élucider les vérités de cette même foi qui ne peuvent être pouvées. Plus précisément, pour S. Thomas, le savoir rationnel de la philosophie peut et doit être mis au service de la théologie, de manière à faire de celle-ci une science *argumentative*. Et à ceux qui douteraient que la théologie puisse être une discipline scientifique à part entière, sous le prétexte que ses principes sont des articles de foi, l'Aquinate fait la réponse suivante:

> Parmi les sciences, il en est de deux espèces. Certaines s'appuient sur des principes connus naturellement par l'intelligence: telles l'arithmétique, la géométrie et autres semblables. D'autres procèdent de principes qui leur sont fournis par une science supérieure, comme la perspective s'appuie sur des propositions de géométrie, et la science musicale sur des rapports qu'établit l'arithmétique. Or c'est de cette dernière façon que la théologie est une science. Elle procède, en effet, de principes appartenant à une science supérieure, qui n'est autre ici que la science même de Dieu et des bienheureux. Et comme le musicien admet les principes qui lui sont livrés

---

[57] *Somme contre les Gentils*, I, 7.
[58] F. Van Steenberghen, *Le thomisme*, Paris, P.U.F. (coll. «Que sais-je?»), 1992, p. 77.

par l'arithmétique, ainsi la science sacrée [c'est-à-dire la théologie] en croit Dieu, qui lui révèle les principes de foi[59].

La théologie se trouve donc dans la même situation que les sciences profanes qui «n'argumentent pas en vue de prouver leurs principes», mais qui s'appuient sur eux et qui, «à partir de là argumentent pour démontrer telles ou telles propositions à l'intérieur de la science». Car la théologie, précise encore S. Thomas,

> ne prétend point, au moyen de l'argumentation, prouver ses propres principes, qui sont les articles de foi: elle les reçoit, et, à partir de là, établit ses thèses, comme l'Apôtre [S. Paul], qui, dans la Ière aux Corinthiens, s'appuie sur la résurrection du Christ pour prouver la résurrection commune[60].

Ainsi, le rôle de la raison dans la théologie n'est certes pas «de prouver les vérités de foi, car la foi perdrait alors tout mérite, mais bien d'expliciter le contenu de son enseignement»[61]. Enfin, elle a également pour rôle de défendre ce contenu contre ses adversaires, car la théologie peut très bien se servir d'arguments rationnels, fournis par la philosophie, pour réfuter les arguments fallacieux de ceux qui nient ses principes, issus de la Révélation.

Cette idée d'une collaboration harmonieuse entre la philosophie et la théologie ne devait malheureusement pas s'imposer dans tous les milieux philosophiques, loin de là. Ainsi, du vivant même de S. Thomas, certains philosophes (qui furent appelés des averroïstes, parce qu'ils avaient plus ou moins adopté les positions du philosophe arabe Averroès [1126-1198], grand commentateur d'Aristote) se livrèrent avec passion à l'étude de l'aristotélisme, en défendant vigoureusement l'autonomie de la recherche philosophique et sans trop se soucier de son accord avec la théologie, à tel point qu'ils purent donner l'impression qu'ils enseignaient une théorie de la double vérité, maintenant en quelque sorte une opposition ou une incompatibilité entre les vérités de raison et les vérités de foi.

Le fossé entre la philosophie et la théologie ne fit que se creuser à la fin du moyen-âge et à la Renaissance, tout d'abord avec le développement du nominalisme, et puis surtout avec la reconstitution des écoles philosophiques antiques (platonisme, stoïcisme, épicurisme, pyrrhonisme), ce qui amena beaucoup de philosophes de cette époque soit à

---

[59] *Somme théologique*, I, q. 1, a. 2.
[60] *Ibid.*, I, q. 1, a. 8.
[61] *In Boethium de Trinitate*.

professer le fidéisme[62] (cas de nombreux nominalistes de la fin du moyen-âge), soit à prendre des positions carrément contraires au dogme chrétien (cas de plusieurs philosophes de la Renaissance). Cette situation de frictions permanentes finit par aboutir au conflit ouvert qui opposa, au XVIIIe siècle, la philosophie moderne et la théologie chrétienne. À cette époque, en effet, les progrès fulgurants du rationalisme absolu, de la libre pensée, du panthéisme[63] et du matérialisme dans de nombreux milieux intellectuels firent que le nom de *philosophe* en vint à désigner prioritairement, sinon exclusivement, quiconque rejetait la Révélation et n'admettait d'autre autorité que celle de la raison. On finit même par réserver le nom de *philosophes* aux écrivains partisans des «Lumières», du libre examen et de la lutte à mort contre l'Église, tels que Voltaire[64], Rousseau, Buffon, et surtout le groupe des Encyclopédistes athées (Diderot, d'Holbach, Helvétius, etc.)

Aujourd'hui encore, on qualifie parfois de *philosophe*, du moins dans certains milieux de la laïcité militante, tout intellectuel «qui prétend se diriger d'après les lumières de la seule raison et [qui] rejette toute doctrine révélée»[65]. C'est pourquoi aussi un certain nombre de chrétiens continuent à penser que, non seulement la philosophie ne peut servir la foi chrétienne, mais même qu'elle ne peut que lui faire du tort. Ce qui est vrai, c'est que des philosophies comme le matérialisme mécaniste, le positivisme, le marxisme, l'évolutionnisme ou l'existentialisme athée ne sauraient certes coopérer en aucune façon avec la théologie, puisqu'elles rejettent l'idée même d'un Dieu créateur. Or on sait qu'au XIXe et au XXe siècle, ce sont ces courants de pensée qui ont occupé le devant de la scène philosophique. Pourtant, même pendant ces deux derniers siècles, il n'a pas manqué de penseurs qui ont revendiqué le titre de philosophe sans renier le moins du monde leur foi chrétienne. Citons, entre autres et en dehors du cas évident des néo-thomistes, les noms d'Antoine-Augustin Cournot (1801-1877), de John Henry Newman (1801-1890), de Søren Kierkegaard (1813-1855), de Jules Lequier (1814-1862), de Charles Secrétan (1815-1895), de Charles Renouvier (1815-1903), de Jules Lachelier (1832-1918), de Maurice Blondel (1861-1949), de Louis Lavelle (1883-1951), de Gabriel Marcel

---

[62] Doctrine selon laquelle la connaissance des vérités premières, comme l'existence de Dieu, l'immortalité de l'âme, etc., ne peut pas être donnée par la raison, mais seulement par la foi ou la révélation divine.

[63] Doctrine selon laquelle Dieu et l'univers ne sont qu'un.

[64] On connaît le slogan de ce dernier: «Écrasez l'infâme!» (c'est-à-dire l'Église).

[65] P. Foulquié, *Dictionnaire de la langue philosophique*, 4e éd., Paris, P.U.F., 1982, p. 539.

(1889-1973), d'Edith Stein (1891-1942), de Paul Ricœur (né en 1913) et de Claude Bruaire (1932-1986). L'existence de tels philosophes, qui étaient des croyants sincères et qui ont souvent traité de questions religieuses en philosophes, montre qu'une collaboration reste possible entre philosophie et théologie. Toutefois, cette collaboration ne peut être fructueuse que si les philosophes observent la règle de vérité fondamentale édictée par S. Thomas, selon laquelle la raison ne saurait contredire la vérité de la foi, si bien que toute théorie qui s'opposerait à celle-ci doit être tenue pour fausse.

Pour conclure, nous dirons donc que, quoiqu'elle traite en partie des mêmes questions que la théologie (l'existence de Dieu et ses attributs, l'immortalité de l'âme, etc.), la philosophie s'en distingue nettement par son approche purement *rationnelle* de ces problèmes. Mais cela ne veut nullement dire qu'elle doive être une rivale ou une concurrente de la théologie. Au contraire, avec ses moyens propres et dans les limites de ses capacités, la philosophie peut fort bien aider la théologie dans sa recherche du divin, pour autant qu'elle ne fasse pas elle-même l'impasse sur les questions liées à cette recherche.

CHAPITRE 2

LA PLACE DE L'HISTOIRE DE LA PHILOSOPHIE DANS LES ÉTUDES PHILOSOPHIQUES

1. *Pourquoi les philosophes s'intéressent-ils tant à l'histoire de la philosophie?*

Dans les études de philosophie, du moins en Europe continentale, l'histoire de la discipline occupe généralement une place importante, non seulement sous la forme de cours d'histoire de la philosophie, mais aussi par sa présence dans les cours d'analyse de textes philosophiques et de questions approfondies de philosophie, car ces cours sont le plus souvent consacrés à des auteurs du passé (éloigné ou récent, peu importe) ou à des questions envisagées dans leur évolution historique. Or cette situation peut surprendre quand on sait que l'histoire des mathématiques, de la physique, de la chimie ou de la biologie ne joue pratiquement aucun rôle dans l'apprentissage de celles-ci. Il est clair, en effet, qu'un étudiant en astronomie, par exemple, n'a nul besoin d'apprendre le système astronomique géocentrique de Ptolémée (savant grec du IIe siècle de notre ère) pour devenir qualifié dans son domaine. Et, de fait, il ne l'apprend pas. De même, les chimistes d'aujourd'hui ignorent tout du phlogistique, cher à leurs ancêtres du XVIIe et du XVIIIe siècle[1], sans que cette ignorance n'affecte en quoi que ce soit leurs compétences. Certes, l'histoire des sciences existe comme discipline universitaire, mais elle est l'affaire de l'historien bien plus que du savant. En effet, en règle générale, ce dernier ne s'intéresse pas — du moins en tant que savant — aux théories scientifiques du passé, car ou bien elles se sont révélées carrément fausses (comme le système géocentrique de Ptolémée ou la théorie du phlogistique), ou bien elles ont été intégrées dans des ensembles beaucoup plus vastes, dont elles ne forment plus désormais qu'une partie ou un cas particulier (ainsi la géométrie d'Euclide, qui est apparue comme une géométrie parmi d'autres, ou la physique de Newton, qui a été en quelque sorte absorbée par la théorie de la relativité). En tout état de cause, même dans

---

[1] Il s'agissait d'un fluide censé expliquer la combustion. Cette doctrine fut ruinée par Lavoisier à la fin du XVIIIe siècle.

ce deuxième cas, les théories scientifiques du passé ne sont pas étudiées par le savant en tant que parties de l'héritage de la science, mais bien en tant qu'éléments constitutifs du savoir *d'aujourd'hui*.

En revanche, les philosophes «continentaux» s'intéressent en général énormément à l'histoire de la philosophie. Pour s'en convaincre, il suffit d'ouvrir un traité ou un essai philosophique d'un penseur contemporain: même s'il n'y est pas directement question d'histoire de la philosophie, le lecteur averti s'apercevra très souvent que l'ouvrage qu'il a en main fourmille de références, implicites ou explicites, aux œuvres des grands philosophes du passé. Tout se passe donc comme si les philosophes vivants n'en finissaient pas de discuter ou de débattre avec des morts qui ne cessent de les hanter... Pourquoi?

La réponse à cette question est à chercher du côté de ce que nous disions de la philosophie quand nous la comparions avec les sciences: la philosophie est une *interprétation synthétique* du réel, alors que la science en est une *description analytique*. Or, si l'on peut toujours progresser dans la description analytique du réel, grâce au développement ou au perfectionnement des instruments et des méthodes d'observation et d'analyse, en revanche, quand il s'agit d'*interpréter* l'ensemble de l'expérience humaine, ce qui compte avant tout c'est d'avoir une intelligence profonde des choses de la nature et de la vie, ce qu'on appelle précisément une certaine *sagesse*, qui ne va pas nécessairement de pair avec le progrès des sciences et des techniques. Rappelons-nous aussi que tout philosophe digne de ce nom entretient une relation pour ainsi dire *personnelle* avec la philosophie. De ce point de vue, on pourrait alors dire que la philosophie ressemble plus aux beaux-arts qu'aux sciences, et donc que le philosophe s'apparente davantage à l'artiste qu'au savant. En effet, de même qu'une œuvre d'art est en quelque sorte un regard personnel porté sur un fragment du monde physique, de même une philosophie est, en un sens, une vision du réel qui porte la marque personnelle du philosophe qui l'a élaborée. C'est pourquoi les philosophes du passé ont toujours des choses à dire aux philosophes d'aujourd'hui, de sorte que leur philosophie ne saurait être «périmée» comme peut l'être une théorie scientifique devenue caduque. De ce point de vue, le grand historien de la philosophie Émile Bréhier (1876-1952) remarquait avec beaucoup de justesse que «les doctrines philosophiques ne sont point des choses, mais des pensées, des thèmes de méditation qui se proposent à l'avenir et dont la fécondité n'est jamais épuisée qu'en apparence»[2].

---

[2] É. Bréhier, *Histoire de la philosophie*, Paris, P.U.F. (coll. «Quadrige»), tome 1, p. 30.

Ainsi, pas plus que le fait d'apprécier les œuvres picturales, musicales ou littéraires du vingtième siècle ne nous empêche de goûter celles des siècles précédents, le fait de s'intéresser aux problèmes philosophiques d'aujourd'hui n'empêche les philosophes contemporains de continuer à trouver des idées valables ou des suggestions intéressantes dans les philosophies du passé. C'est la raison pour laquelle on ne peut pas vraiment dire qu'il existe un «progrès» en philosophie, du moins au sens où il en existe un dans les sciences.

Il faut pourtant reconnaître que certains auteurs de systèmes philosophiques de l'époque contemporaine, comme Hegel (1770-1831) ou Comte, ont cru fermement en l'existence d'un progrès historique de la conscience, de la raison ou de l'intelligence humaine. Hegel, par exemple, concevait l'histoire comme «le développement de l'Esprit universel dans le temps» ou comme «la manifestation de la raison». De même, Auguste Comte considérait que le développement de l'intelligence humaine, dans ses différentes sphères d'activité, était soumis à une loi naturelle fondamentale consistant «en ce que chacune de nos conceptions principales, chaque branche de nos connaissances, passe successivement par trois états théoriques différents: l'état théologique, ou fictif, l'état métaphysique, ou abstrait, l'état scientifique, ou positif»[3]. Cependant cette croyance au progrès de la raison ou de l'intelligence humaine ne détourna ni Hegel ni Comte de l'histoire de la philosophie. Au contraire, on peut même dire qu'en un certain sens, Hegel fonda tout son système sur l'étude de l'histoire de la philosophie, car il interprétait les différents systèmes philosophiques comme autant de contributions à la constitution progressive du savoir absolu: «La succession des systèmes de la philosophie, écrivait-il, est en histoire la même que la succession

---

[3] A. Comte, *Cours de philosophie positive*, 1re leçon, tome I, p. 2. «Dans l'état théologique, expliquait Comte, l'esprit humain […] se représente les phénomènes comme produits par l'action directe et continue d'agents surnaturels plus ou moins nombreux…» [par exemple, le vent est expliqué par l'action du dieu Éole]. Dans l'état métaphysique, qui n'est au fond qu'une simple modification générale du premier, les agents surnaturels sont remplacés par des forces abstraites, véritables entités […] inhérentes aux divers êtres du monde et conçues comme capables d'engendrer par elles-mêmes tous les phénomènes observés, dont l'explication consiste alors à assigner pour chacun l'entité correspondante [le vent est alors expliqué par la «vertu» dynamique de l'air]. Enfin, dans l'état positif, l'esprit humain, reconnaissant l'impossibilité d'obtenir des notions absolues, renonce à chercher l'origine et la destination de l'univers, et à connaître les causes intimes des phénomènes, pour s'attacher uniquement à découvrir, par l'usage bien combiné du raisonnement et de l'observation, leurs lois effectives, c'est-à-dire leurs relations invariables de succession et de similitude» [le vent est enfin expliqué comme le déplacement d'un courant d'air des hautes vers les basses pressions de l'atmosphère].

des déterminations de la notion de l'Idée en sa dérivation logique». Sem-
blablement, en un sens certes différent, mais non moins important, Comte
estimait qu'il était nécessaire de faire l'histoire de l'esprit humain pour
identifier et comprendre les conceptions dépassées.

2. Le «scandale» de la diversité des philosophies

Cela dit, il faut savoir que beaucoup de grands philosophes ont d'abord
été des savants ou des intellectuels, qui sont venus à la philosophie en
partant de disciplines scientifiques très différentes et donc en ayant des
questions et des préoccupations également très différentes, de sorte
qu'ils ne pouvaient pas voir la philosophie sous le même angle. Ainsi[4],
des théologiens comme le dominicain italien médiéval Thomas d'Aquin,
l'évêque anglican irlandais George Berkeley (1685-1753) ou l'essayiste
protestant danois Sören Kierkegaard ont vu la philosophie essentiellement comme un moyen de défendre la vérité du christianisme contre les
erreurs du matérialisme ou du rationalisme absolu, lesquels fascinaient
dangereusement nombre d'intellectuels de leur temps. D'autres penseurs, comme Pythagore, Descartes ou Bertrand Russell (1872-1970) ne
furent pas seulement des philosophes influents: ils furent aussi, et même
d'abord, d'éminents mathématiciens, si bien que leur manière de concevoir l'univers et la connaissance humaine fut profondément influencée
par la notion de nombre et par la méthode déductive des mathématiques.
D'autres encore, comme Platon, Thomas Hobbes (1588-1679) ou John
Stuart Mill (1806-1873), étaient surtout préoccupés par des questions
politiques et sociales, au point qu'ils élaborèrent leur système philosophique principalement dans le but de comprendre ces questions et de
réformer la société civile. Enfin, il y eut toujours des philosophes, tels
que les présocratiques, Francis Bacon, ou Alfred North Whitehead
(1861-1947), qui s'intéressèrent en priorité à la constitution physique de
l'univers: comme on pouvait s'y attendre, les philosophies qu'ils conçu-
rent ressemblèrent à des extrapolations de la physique plutôt que de la
théologie, des mathématiques ou de la science politique...
    Cette diversité des horizons à partir desquels beaucoup de philosophes,
sinon la plupart, sont venus à la philosophie, explique, au moins en partie, leurs partis pris, leurs divergences, leurs contradictions mêmes... Or

---

[4] Nous empruntons les exemples ci-après à A.W. Levi, «The History...», p. 742.

ce sont précisément ces divergences qui ont fait que les philosophes n'ont jamais pu se mettre d'accord sur une définition univoque de la philosophie et aussi que celle-ci n'a jamais pu devenir une science rigoureuse, faisant l'unanimité, à la manière des mathématiques ou de la physique théorique[5]. Il n'a pourtant pas manqué de philosophes pour rêver de construire (ou de reconstruire) la philosophie comme une science aussi exacte de la géométrie. Témoignent de ce rêve des penseurs aussi différents que le néoplatonicien Proclus (412-485 ap. J.-C.), qui rédigea des *Éléments de théologie*, calqués sur les *Éléments de géométrie* d'Euclide; le rationaliste René Descartes, qui eut le projet de constituer une mathématique universelle (*mathesis universalis*) capable de résoudre une fois pour toutes les problèmes philosophiques; le panthéiste Baruch Spinoza (1632-1677), qui intitula son œuvre maîtresse *Ethica more geometrico demonstrata* («Éthique démontrée selon la méthode géométrique»), ce qui en dit bien l'esprit; l'idéaliste sceptique Emmanuel Kant, qui composa des *Prolégomènes à toute métaphysique future qui pourra se présenter comme science*; le phénoménologue Edmund Husserl (1859-1938), qui n'hésita pas à donner à l'un de ses ouvrages majeurs le titre suivant: *La philosophie comme science rigoureuse*; enfin, les néopositivistes du Cercle de Vienne (constitué autour du philosophe des sciences Moritz Schlick [1882-1936] dans les années 1920), qui avaient pour programme de reconstituer la philosophie comme une véritable «conception scientifique du monde» (*Wissenschaftliche Weltauffassung*)...

Il n'en reste pas moins que la philosophie n'a jamais réussi à devenir une science comparable aux mathématiques ou à la physique. Car, comme le constatait et le déplorait Kant, à propos de la métaphysique (la «racine» de la philosophie, comme disait Descartes):

> Si c'est une science, d'où vient qu'elle ne puisse obtenir, comme les autres sciences, une approbation unanime et durable? Si ce n'en est pas une, d'où vient qu'elle s'en targue continuellement et qu'elle leurre l'esprit humain d'espoirs toujours inassouvis, jamais atteints? [...] Alors que toutes les autres sciences progressent sans arrêt, il semble presque ridicule que celle-ci, qui veut être la sagesse même et dont chacun consulte les oracles, piétine constamment sur place sans avancer d'un pas[6].

---

[5] Avec cette réserve, toutefois, qu'il existe dans la physique au sens large, des théories qui ne font toujours pas l'unanimité de tous les spécialistes de la discipline, comme la théorie de l'évolution ou celle du Big Bang.

[6] E. Kant, *Prolégomènes à toute métaphysique future qui pourra se présenter comme science*, Introd. (trad. Gibelin).

Kant lui-même espérait pouvoir mettre fin à cette situation, mais il est évident qu'aujourd'hui, pas plus qu'hier, il n'existe de philosophie en général et de métaphysique en particulier qui fassent l'unanimité des philosophes.

Face à cet état de choses, on pourrait alors être tenté de se réfugier dans le scepticisme radical («L'esprit humain ne peut arriver à aucune connaissance vraie») ou, tout au moins, dans l'une de ses variantes quelque peu édulcorées: l'agnosticisme («Tout ce qui est au-delà du donné expérimental est inconnaissable») ou le relativisme («Il n'y a pas de vérité absolue», «À chacun sa vérité»). Mais il faut se rendre compte que le scepticisme est une position intenable, aussi bien en théorie qu'en pratique. Il l'est certainement en théorie, puisqu'il se heurte à l'argument de rétorsion selon lequel l'affirmation: «Il n'existe pas de vérité» se contredit elle-même (vu qu'elle affirme au moins une vérité, à savoir pré-cisément celle-là!). Mais il l'est aussi en pratique, car la vie même nous contraint d'agir continuellement et de faire sans cesse des choix selon certains critères. À cet égard, le comportement que la tradition prête à Pyrrhon d'Élis (vers 365-275 av. J.-C.), qui fonda une école sceptique célèbre dans l'antiquité, est hautement symbolique. En effet, ce philo-sophe pittoresque était arrivé à la conclusion «qu'il n'y a ni beau, ni laid, ni juste, ni injuste, et aussi que rien n'existe réellement et d'une façon vraie»[7]. Et l'on raconte que, voulant être conséquent avec sa doctrine, «il n'évitait rien, ne se gardait de rien, supportait tout, au besoin d'être heurté par un char, de tomber dans un trou, d'être mordu par des chiens, d'une façon générale ne se fiant en rien à ses sens. Toutefois, il était pro-tégé par ses gens qui l'accompagnaient…»[8] Ce témoignage, qu'il soit authentique ou apocryphe, apparaît bien comme une sorte de preuve par l'absurde qu'un scepticisme vraiment cohérent ne peut que conduire à des extravagances telles qu'il serait tout bonnement impossible de vivre si l'on s'appuyait réellement sur lui. Quant à l'agnosticisme et au relati-visme, ce ne sont que des attitudes paresseuses et simplistes, qui dispen-sent de philosopher sérieusement: ce n'est pas par hasard que Montaigne, l'un des chantres du scepticisme au XVIe siècle, parlait du «mol oreiller du doute»! C'est malheureusement l'attitude de beaucoup d'esprits scientifiques d'aujourd'hui, qui ne connaissent pas d'autre méthode que celle de la science expérimentale, qu'ils appliquent à tout. En outre, le scepticisme, l'agnosticisme et le relativisme théoriques ne sont pas sans

---

[7] Diogène Laërce, IX, 61.
[8] *Ibid.*, 62.

avoir des conséquences dangereuses sur le plan éthique et politique. Ainsi, déjà à l'époque de Socrate, ces doctrines, qui étaient professées par les sophistes, conduisirent au cynisme ou à l'exaltation du droit du plus fort. De même, dans les temps modernes et à l'époque contemporaine, elles n'ont pas peu contribué à miner la croyance en Dieu et à favoriser l'indifférentisme, le laxisme ou l'égoïsme, voire le nihilisme, en matière de morale. En effet, si rien n'est vraiment juste ni injuste, comme le proclamait Pyrrhon, toutes les actions se valent et il n'y a pas plus de raisons de faire le bien plutôt que le mal. Il faut cependant se garder de confondre le scepticisme et ses différentes variantes avec *l'esprit critique*, qui passe impitoyablement au crible les opinions incertaines ou mal fondées, afin de trouver des vérités assurées, capables de fonder solidement l'édifice du savoir. Ainsi, le doute méthodique de Descartes ou l'*époché* (c'est-à-dire la «suspension du jugement») de Husserl ne furent nullement des attitudes paresseuses ou des positions extravagantes, mais bien des méthodes pour découvrir des certitudes indubitables, des principes indiscutables, des points de départ stables, qui serviraient de fondations à la philosophie et aux sciences.

Une autre réaction, diamétralement opposée au scepticisme, mais tout aussi excessive, est celle de *l'éclectisme*, sorte d'œcuménisme ou d'irénisme philosophique, que l'un de ses plus illustres représentants, le philosophe français Victor Cousin (1792-1867) définissait ainsi:

> une méthode historique, supposant une philosophie avancée, capable de discerner ce qu'il y a de vrai et ce qu'il y a de faux dans les diverses doctrines, et, après les avoir épurées et dégagées par l'analyse et la dialectique, de leur faire à toutes une part légitime dans une doctrine meilleure et plus vaste[9].

Mais l'éclectisme ne va pas sans soulever de graves difficultés. En effet, comme le remarquait judicieusement le philosophe belge Fernand Van Steenberghen (1904-1993), l'un des plus illustres représentants du néothomisme au XXe siècle:

> D'abord, l'accord de nombreux philosophes n'est pas toujours un critère de vérité: des erreurs communes ont régné pendant de longs siècles, telles que le géocentrisme [ou] la croyance en l'incorruptibilité des corps célestes… Ensuite, les thèses défendues par les divers systèmes sont souvent contradictoires: le spiritualisme est la négation du matérialisme, le théisme exclut l'athéisme, le déterminisme exclut la liberté… Entre ces thèses contradictoires, l'option s'impose, mais d'après quel critère?[10]

---

[9] V. Cousin, *Premiers essais de philosophie*, XVI-XVII.
[10] F. Van Steenberghen, *Études philosophiques*, Longueuil (Québec), Éditions du Préambule, 1985, p. 63.

Ainsi, quoi qu'on fasse, même en philosophie, on ne saurait éviter de poser la question des *critères de vérité*. Mais justement, comment savoir que telle position philosophique est plus proche de la vérité que telle autre, qui est différente, voire contradictoire? Nous répondrons: à la fois par une solide information historique et par un dialogue fondé sur la raison[11]. Précisons quelque peu ces deux points.

Commençons par l'information historique: pour juger de la valeur respective des différentes philosophies, il faut certes connaître leur contenu doctrinal, mais aussi les facteurs historiques qui ont, au moins en partie, conditionné leur naissance et leur développement. Or ces facteurs sont au nombre de trois[12].

Il y a d'abord ce qu'on pourrait appeler un facteur *logique*: une doctrine philosophique se présente presque toujours comme une réaction intellectuelle à une ou à plusieurs doctrines antérieures. En particulier, il faut savoir que maintes philosophies se sont constituées dans un climat de controverses doctrinales qui a souvent contribué à en durcir les traits. Par exemple, Aristote a élaboré une bonne partie de ses théories métaphysiques, éthiques et politiques en réaction contre les positions de Platon en ces domaines. De même, une grande part de l'*Essai sur l'entendement humain* (1690) de l'empiriste anglais John Locke (1632-1704) est directement dirigée contre les thèses fondamentales du rationalisme cartésien, tandis que les *Nouveaux essais sur l'entendement humain* (écrits en 1704, mais publiés seulement en 1765) du rationaliste allemand Gottfried Wilhelm Leibniz (1646-1716) constituent à leur tour une réponse spécifique aux thèses de Locke. De même encore, Kant, comme il le dit lui-même, développa sa philosophie critique comme une tentative de dépassement du scepticisme d'un autre empiriste britannique, David Hume (1711-1776). On pourrait certes croire que ce facteur n'a joué aucun rôle dans le cas des toutes premières philosophies (celles des philosophes milésiens), puisqu'en tant que premières, elles ne pouvaient être, en rigueur de termes, des «réponses» à des philosophies antérieures! Mais en fait il n'en est rien, car même ces premières philosophies peuvent être considérées comme des réactions à une forme de pensée qui, pour n'être pas philosophique, n'en était pas moins une production intellectuelle de l'esprit humain, nous voulons dire la pensée mythologique.

[11] Cf. *ibid.*, pp. 66-68.
[12] Cf. A.W. Levi, «The History…», p. 744, auquel nous empruntons encore une fois la plupart des exemples qui suivent.

Le deuxième facteur est *sociologique*. En effet, comme n'importe quelle autre production culturelle, une philosophie est toujours, au moins partiellement, un phénomène social, survenant à une époque déterminée de l'histoire et dans une société donnée, et donc inévitablement marqué par les problèmes spécifiques de cette société. De ce point de vue, la philosophie de Platon peut être considérée, dans une large mesure, comme un effort pour résoudre la crise politique et institutionnelle dans laquelle la démagogie des politiciens et le relativisme moral des sophistes avaient plongé Athènes à la fin du Vᵉ siècle av. J.-C. Pareillement, on peut voir dans l'œuvre philosophique et théologique de S. Thomas d'Aquin une entreprise de clarification et de systématisation doctrinales de la pensée catholique dans son combat contre les hérésies et l'islam en pleine époque des croisades. De même encore, le système de Kant, avec tout ce qu'il comporte de vocabulaire technique et d'organisation méthodique, peut être regardé comme un produit typique de l'enseignement de la philosophie dans les universités allemandes à l'âge des Lumières. Quant au marxisme, c'est sans doute l'exemple le plus parfait de ce facteur sociologique, car il est clair que cette philosophie est en grande partie le fruit d'une époque dominée par les révolutions politiques et les conflits sociaux.

Enfin, le troisième facteur est, pourrait-on dire, *individuel*: c'est l'influence de la personnalité et du tempérament de chaque philosophe sur sa philosophie. Précisons cependant qu'il s'agit ici moins des données de sa biographie proprement dite (telles que sa richesse ou sa pauvreté, son état de santé, sa nationalité, sa vie familiale, ses études antérieures à son entrée en philosophie, etc.) que de sa tournure d'esprit:

> La froide intensité de la recherche géométrique de la sagesse entreprise par Spinoza, la méthode discursive massive (pour ne pas dire opaque) qui caractérise la quête hégélienne de la complétude ou de la totalité, la recherche analytique infatigable et minutieuse des distinctions et des nuances sémantiques qui constitue la passion maîtresse de Moore («être précis», «arriver à quelque chose d'exactement juste»), voilà des qualités qui impriment aux écrits philosophiques de Spinoza, de Hegel et de Moore la marque de traits indéniablement individuels et originaux[13].

Quand on prend en compte ces trois facteurs, on s'aperçoit alors que, dans un assez grand nombre de cas, les désaccords entre les philosophes sont plus apparents que réels et que des perspectives qui paraissaient de

---

[13] *Ibid.*

prime abord contradictoires se complètent plutôt qu'elles ne s'opposent. Quant aux divergences qui demeurent irréductibles, on peut aussi, dans une certaine mesure, les expliquer par l'un ou l'autre de ces facteurs. Cependant, si l'histoire peut ainsi expliquer, voire excuser, ces divergences irréductibles, elle ne saurait en aucun cas les *justifier*. En effet, justifier tous les désaccords entre philosophes par les aléas de l'histoire serait verser dans l'*historisme* (ou *historicisme*), lequel, en un premier sens, consiste précisément à considérer toutes les productions de l'esprit humain comme la résultante de conditions historiques. Or cet historisme au premier sens du terme finit toujours par déboucher sur l'historisme au second sens du mot, lequel confine au scepticisme, car il signifie alors la théorie «d'après laquelle la vérité est historique, c'est-à-dire évolue avec l'histoire, sans qu'on puisse concevoir une vérité absolue vers laquelle tendrait l'évolution historique»[14]. Mais, comme on l'a déjà vu, le scepticisme devient tôt ou tard une position intenable.

L'information historique ne saurait donc suffire pour déterminer la valeur des différentes philosophies du point de vue de leur approche de la vérité. Pour ce faire, il faut y adjoindre le deuxième élément dont nous parlions plus haut: le *dialogue philosophique*. Platon nous a donné, dans son œuvre, des exemples nombreux et magistraux de ce que doit être une discussion philosophique bien menée. En effet, la plupart de ses écrits consistent justement en *dialogues*, dans lesquels il a fixé lui-même les règles pour le bon déroulement d'un entretien de philosophie: il faut 1° être animé d'un amour inconditionnel de la vérité et d'un désir sincère de comprendre la réalité telle qu'elle est (ce qu'on appelle, en bonne philosophie, la *fidélité au réel*); 2° faire preuve d'une honnêteté intellectuelle sans faille, et donc ne pas rechercher, dans la discussion, son intérêt personnel ou le succès pour lui-même; 3° s'efforcer de toujours rendre raison de ce qu'on avance, cette dernière condition soulignant l'importance du raisonnement dans toute discussion philosophique et le fait que la philosophie ne laisse pas d'être un savoir rationnel.

En pratiquant un tel dialogue (réel ou fictif) avec les philosophes d'aujourd'hui et d'hier, l'ami de la sagesse peut alors construire sa synthèse personnelle, sa philosophie propre. Or si, chemin faisant, il fait preuve à la fois d'esprit critique, de bon sens et d'humilité intellectuelle (comme Socrate, qui allait jusqu'à dire qu'il était ignorant), et aussi s'il reste fidèle au réel, au lieu d'y projeter les fantasmes de son désir et de

---

[14] P. Foulquié, *Dictionnaire de la langue philosophique*, p. 322.

son orgueil, il sera sans doute frappé par le fait qu'un grand nombre de ses conclusions rejoignent celles de grands philosophes de la tradition. Il pourra aussi, avec l'aide ces philosophes, rejeter définitivement un certain nombre de théories philosophiques insuffisamment fondées, ou trop hâtivement construites, ou encore trop sectaires, ou même franchement extravagantes. En particulier, la fidélité au réel exige que l'on tienne compte de la réalité *dans toutes ses dimensions* (non seulement matérielle, mais aussi spirituelle, intellectuelle et affective), et donc qu'on ne la réduise pas à l'une d'entre elles, comme le font notamment les *réductionnistes*, ces savants ou philosophes matérialistes pour lesquels le réel se réduit ou s'identifie précisément à la seule matière. Cependant, comme le reconnaissait le chanoine Van Steenberghen lui-même,

> cette vue en somme optimiste et confiante de l'histoire de la philosophie n'empêche pas de constater l'existence de diverses écoles et de divergences parfois profondes et irréductibles entre les philosophes[15].

Ces divergences irréductibles marquent donc en quelque sorte les limites de la philosophie comme savoir rationnel. N'en déplaise aux philosophes nostalgiques d'une philosophie constituée en «science rigoureuse» ou en *philosophia perennis*[16], leur discipline ne sera sans doute jamais une science «comme les autres», c'est-à-dire une science susceptible d'obtenir, selon les mots de Kant, «une approbation unanime et durable». C'est que certaines questions fondamentales ne peuvent être tranchées, semble-t-il, par une discussion rationnelle, même conduite selon les règles d'un dialogue sérieux et avec des protagonistes de bonne foi. En effet, comme nous l'avons déjà souligné plus haut, les réponses qu'on y apporte comportent toujours des éléments de choix personnel, d'engagement existentiel, pour ne pas dire de foi, qui paraissent bien échapper au pouvoir de la seule raison. C'est que le choix d'une philosophie n'est pas seulement une option intellectuelle et théorique, mais qu'il est toujours aussi, en quelque manière, le choix d'un mode de vie, ainsi que le rappelait récemment le philosophe français Emmanuel Tourpe (né en 1970):

> un penseur n'est jamais qu'un existant rendant cohérentes et logiques ses options morales, religieuses, son expérience passée et ses projets en cours; il vise l'universel à partir de sa particularité, de sa «foi philosophique»

---

[15] F. Van Steenberghen, *Études philosophiques*, p. 68.

[16] «Philosophie pérenne», c'est-à-dire «durable», expression désignant une philosophie qui, selon ses défenseurs, se maintient hors du temps, par-delà les contingences individuelles, les aléas de l'histoire et les facteurs sociaux.

(Jaspers) et des «indécidables» (saint Thomas d'Aquin) à l'origine de l'acte de penser. On le constate à vrai dire dès l'antiquité: «Le choix de vie du philosophe détermine son discours» (Pierre Hadot)[17].

Cependant, même si l'apprentissage de la philosophie est, en ce sens, un cheminement personnel, il reste qu'un débutant dans cette discipline a toujours intérêt à se mettre à l'école d'un maître, comme c'est le cas dans les autres secteurs d'activité où il s'agit aussi d'acquérir la capacité de réaliser des œuvres *personnelles*: la littérature, la musique, les beaux-arts, ainsi que les métiers artisanaux. Or, à défaut d'un grand philosophe vivant, qu'il est rare de pouvoir fréquenter assez étroitement pour être son disciple, plusieurs grands philosophes de la tradition peuvent jouer ce rôle, dans la mesure où ils ont passé avec succès l'épreuve du temps et survécu au phénomène des modes passagères. C'est aussi en ce sens que l'histoire de la philosophie est utile au jeune philosophe: elle lui permet de connaître et de fréquenter les œuvres de ces géants de la pensée et de les prendre comme des modèles à étudier et à méditer, à peu près de la même façon qu'un débutant en peinture ou en littérature apprend son art en étudiant et méditant les œuvres des peintres ou des écrivains illustres.

Certes, se mettre à l'école ou à l'écoute d'un maître ne peut en aucun cas signifier répéter ou suivre servilement tout ce qu'il a dit: même devant les «grands textes» de la philosophie occidentale (ou orientale), le débutant doit conserver son sens critique, faire preuve de jugement personnel et se rappeler qu'en tout état de cause, il ne s'agit pas de textes sacrés, qui seraient dépositaires d'un savoir révélé, comme le sont les Écritures. En effet, les œuvres des grands philosophes, même de ceux dont on peut penser qu'ils sont plus proches de la vérité que d'autres, restent des productions de la pensée humaine, avec tout ce que celle-ci peut comporter de limites et d'imperfections. Cela dit, pour les catholiques, saint Thomas d'Aquin demeure un maître à penser et un guide spirituel d'une valeur incomparable. Car n'oublions pas que la vigueur de son intelligence, la sûreté de ses jugements et la clarté dans l'expression de sa pensée lui ont valu, autant que sa fidélité à l'enseignement de l'Église, le titre mérité de «Docteur commun» (*Doctor communis*) de toutes les écoles catholiques. Et dans l'encyclique *Aeterni Patris* (1879) sur la restauration de la philosophie

---

[17] E. Tourpe, *Donation et consentement. Une introduction méthodologique à la métaphysique*, Bruxelles, Éditions Lessius, 2000, p. 11. Exemple d'indécidable: la philosophie ne peut déterminer si le monde est éternel ou s'il a eu un commencement dans le temps.

chrétienne, le pape Léon XIII a pu écrire que «parmi tous les docteurs scolastiques, brille d'un éclat sans pareil leur prince et maître à tous, Thomas d'Aquin, lequel, ainsi que le remarque Cajetan, pour avoir profondément vénéré les saints docteurs qui l'ont précédé, a hérité en quelque sorte, de l'intelligence de tous». Soulignons enfin que cette primauté du Docteur commun fut consacrée par le code de droit canonique de 1917 et qu'elle a été réaffirmée avec force quasiment par tous les successeurs de Léon XIII, y compris Jean-Paul II[18].

---

[18] «Saint Thomas a mis toute la force de son génie au service exclusif de la vérité, derrière laquelle il semblait vouloir disparaître presque par crainte d'en altérer l'éclat, pour que celle-ci, et non lui, brille dans toute sa lumière» (Jean-Paul II, «Il metodo e la dottrina di San Tommaso in dialogo con la cultura contemporanea», in *Studi Tomistici* 10, Rome, 1981, p. 14).

CHAPITRE 3

LES PARTIES DE LA PHILOSOPHIE

Nous avons déjà évoqué plus haut la division aristotélicienne du savoir en trois sortes de connaissances: théoriques, pratiques et «poétiques» (ou techniques). À cette occasion, nous avions aussi signalé qu'Aristote reconnaissait trois sciences théoriques: la philosophie première ou théologie, la philosophie seconde ou physique, et la mathématique, ainsi que trois sciences pratiques: l'éthique, l'économie et la science politique.

Cependant, à peu près à la même époque qu'Aristote, un autre élève de Platon, Xénocrate (vers 405-314 av. J.-C.), qui fut chronologiquement le troisième directeur de l'Académie, proposa une division de la philosophie qui devait connaître une grande fortune. D'après cette division, la philosophie comportait essentiellement trois parties, à savoir la logique, la physique et l'éthique. Cette tripartition fut rapidement adoptée, non seulement par l'Académie platonicienne, mais aussi par les péripatéticiens, les stoïciens et les épicuriens, si bien qu'elle devint une division classique de la philosophie jusqu'à l'époque moderne. Pour les stoïciens, la logique se subdivisait à son tour en rhétorique et dialectique, celle-ci comprenant elle-même la grammaire spéculative, la logique formelle et l'épistémologie (au sens de la théorie de la connaissance). La physique, quant à elle, comprenait, non seulement, comme chez Aristote, la physique proprement dite, l'astronomie, la météorologie, la biologie et la psychologie, mais aussi la théologie, car les stoïciens aussi bien que les épicuriens considéraient les dieux comme des êtres corporels, appartenant à la nature. Enfin, l'éthique comportait, aussi comme chez Aristote, l'éthique individuelle et la politique.

La classification des connaissances faite par Aristote et la division tripartite de la philosophie due à Xénocrate exercèrent une profonde influence sur l'organisation du savoir scientifique jusqu'au début de l'époque moderne. Cependant, la complexification croissante de ce savoir et le détachement progressif de l'arbre philosophique des sciences de la nature et de l'homme conduisirent à des élagages et des réajustements qui finirent par aboutir à la division de la philosophie que nous connaissons aujourd'hui.

Comme nous l'avons vu dans le premier chapitre, les questions traitées par la philosophie sont multiples et diverses, puisqu'elle est essentiellement une méthode ou un type d'opération mentale qui peut prendre
comme sujet de réflexion n'importe quel objet qui s'offre à la réflexion
humaine. On peut toutefois regrouper ces questions autour de quatre problématiques fondamentales.

a) Un premier groupe de questions porte sur la nature et la portée de
la *connaissance humaine*. La partie de la philosophie qui traite de ces
questions est la *logique*[1] au sens large, qu'on peut définir comme la
science des conditions de la connaissance vraie. Mais la logique elle-
même se subdivise en deux parties: la *logique générale* ou *matérielle*,
qui «se propose l'examen critique des procédés d'acquisition des
connaissances scientifiques (*méthodologie*) et celui de la connaissance
elle-même, ainsi que de ses principes, lois générales et théories (*épistémologie*)»[2], et la *logique formelle*, qui «est consacrée à la détermination
de la valeur des raisonnements, en s'appuyant essentiellement sur leur
forme (et non sur leur contenu)»[3].

Notons qu'il règne malheureusement une certaine confusion sémantique quant à l'utilisation de ces différentes dénominations. En France,
en effet, on appelle généralement *épistémologie* «la discipline traitant
des problèmes philosophiques posés par la science»[4], autrement dit la
philosophie des sciences, mais, selon le *Vocabulaire* de Lalande, «avec
un sens plus précis», qui est le suivant:

> Ce n'est pas proprement l'étude des méthodes scientifiques, qui est l'objet
> de la méthodologie [...]. Ce n'est pas non plus une synthèse ou une antici-
> pation conjecturale des lois scientifiques (à la manière du positivisme et de
> l'évolutionnisme). C'est essentiellement l'étude critique des principes, des
> hypothèses et des résultats des diverses sciences, destinée à déterminer leur
> origine logique (non psychologique), leur valeur et leur portée objective[5].

En pratique, cependant, il est souvent difficile de distinguer entre la méthodologie et la philosophie des sciences proprement dite, et d'ailleurs, dans
les faits, cette distinction est loin d'être toujours respectée. Ainsi peut-on
lire, dans un dictionnaire anglais de philosophie, que la philosophie des

---

[1] Du grec λογική, de λόγος, «raison».
[2] M. Boll, J. Reinhart, *Histoire de la logique*, Paris, P.U.F. (coll. «Que sais-je?»,
n° 225), 1965, p. 5.
[3] *Ibid.*
[4] P. Foulquié, *Dictionnaire...*, p. 217, s.v. «Épistémologie», sens A.
[5] A. Lalande, *Vocabulaire...*, p. 293, s.v. «Épistémologie».

sciences est «la branche de la philosophie qui est centrée sur un examen critique des sciences: sur leurs *méthodes* et sur leurs *résultats*»[6]. En tout état de cause, même si la philosophie des sciences ne fait pas partie de la logique matérielle *stricto sensu*, on peut considérer qu'elle lui est étroitement apparentée et qu'elle en constitue, pour ainsi dire, une annexe. D'autre part, dans le monde anglo-saxon, mais aussi en Belgique, au Canada, en Suisse, et quelquefois même en France, le mot *épistémologie* (*epistemology*) désigne la branche de la philosophie qui étudie l'origine, la structure, la valeur et les limites de la connaissance humaine en général. Cependant, en France même, cette discipline reste plutôt généralement appelée *théorie de la connaissance*[7], bien que d'autres appellations ou expressions aient aussi servi à la désigner, telles que *gnoséologie*[8], *critériologie*[9], *critique* ou *théorie de la certitude*. Quant à l'expression *logique générale*, on la trouve utilisée pour désigner tantôt la logique matérielle[10], tantôt au contraire la logique formelle[11]! Ajoutons que dans les manuels scolastiques du XIXe et du XXe siècle, la logique matérielle est encore parfois appelée *logique majeure* ou *grande logique*, et la logique formelle, *logique mineure* ou *petite logique*. Cette multiplicité et cette confusion de termes et d'expressions sont évidemment des plus regrettables. Il serait souhaitable d'utiliser le terme *épistémologie* dans le sens de *théorie de la connaissance*, puisque c'est bien ce sens qu'il a eu d'abord en français (dès 1836, le sens de *philosophie des sciences* n'étant apparu qu'en 1901), et de se servir de l'expression *philosophie des sciences* pour désigner ce que les Français entendent par *épistémologie*. De même, il vaudrait mieux parler de

---

[6] L. Sklar, art. «Philosophy of Science», in R. Audi (éd.), *The Cambridge Dictionary of Philosophy*, Cambridge, Cambridge University Press, 1995, p. 611 (souligné par nous).

[7] Notons, toutefois, que le *Petit Robert* admet comme deuxième sens du mot *épistémologie*: «Théorie de la connaissance et de sa validité».

[8] Sous l'influence de l'italien *gnoseologia*.

[9] Terme utilisé par Mgr Mercier et l'École de Louvain au début du XXe siècle, mais abandonné depuis au profit d'*épistémologie*.

[10] Ainsi dans le *Petit Robert*, s.v. «Logique», I, 1; Lalande, *Vocabulaire...*, p. 574; M. Boll et J. Reinhart, *Histoire de la logique*, p. 5; *Dictionnaire des philosophes*, Paris, Seghers, 1962, p. 346.

[11] Ainsi dans Foulquié, *Dictionnaire...*, 411, s.v. «Logique», A, 3: «La logique [comprise au sens large] englobe la logique formelle (logique générale) et la méthodologie (logique spéciale ou appliquée)». Cf. G. Van Riet, *L'épistémologie thomiste*, Louvain, Institut Supérieur de Philosophie, 1946, p. 637: «Qu'on l'appelle logique spéciale ou logique majeure, théorie de la certitude ou théorie de la connaissance, épistémologie ou gnoséologie, critériologie ou critique, la recherche que nous visons a toujours eu pour but, d'une façon ou d'une autre, d'établir les conditions, la valeur et les limites de la connaissance humaine».

logique matérielle que de *logique générale*, qui prête à confusion et ne fait pas ressortir le contraste avec la *logique formelle*.

Aristote est généralement considéré comme le père de la logique classique, même si Platon, avec sa méthode de diérèse (ou de division), avait déjà fait une percée dans ce domaine. Toutefois, le terme même de *logique* (λογική) n'apparaît pas dans son œuvre. Ce que nous désignons sous ce nom, Aristote l'appelait *analytique*. Ainsi, l'ouvrage intitulé *Premiers Analytiques* contient tout d'abord la théorie du syllogisme[12], puis l'étude de problèmes spécifiques concernant soit le raisonnement en général, soit le syllogisme en particulier, tandis que les *Seconds Analytiques* fournissent la théorie de la science déductive et traitent surtout des principes indémontrables (axiomes, postulats, définitions) qui sont au départ de la science. Il faut savoir qu'Aristote lui-même ne considérait pas l'analytique comme une science, mais bien comme une *propédeutique* à toutes les sciences, c'est-à-dire comme l'*instrument* (en grec: ὄργανον [*organon*]) qu'elles utilisent et qui doit donc être maîtrisé par tous ceux qui s'y consacrent. C'est pourquoi il estimait que les études supérieures devaient commencer par l'apprentissage de cette discipline, de sorte que les éditeurs de ses cours placèrent les *Premiers* et les *Seconds Analytiques*, avec d'autres traités se rapportant à cette discipline (les *Catégories*, le traité *Sur l'expression de la pensée dans le langage* [Περὶ ἑρμηνείας], les *Topiques* et les *Réfutations sophistiques*) en tête de cette édition, comme une sorte de préambule, auquel les commentateurs donnèrent précisément le nom d'*Organon*. Le terme de *logique* apparaît pour la première fois dans un texte de Cicéron, avec le sens de *dialectique*, c'est-à-dire d'*art de la discussion*. C'est seulement avec Alexandre d'Aphrodise, commentateur d'Aristote de la fin du IIe siècle ap. J.-C., que le mot *logique* acquit son sens actuel.

Relevons aussi deux sens particuliers, mais importants, de ce même mot dans l'histoire de la philosophie. Kant appelait *logique transcendantale* l'étude «de l'entendement pur et de la connaissance de raison par laquelle nous pensons des objets entièrement *a priori*»[13] (par exemple, les concepts d'unité, de pluralité, de totalité, de réalité, de causalité, etc.,

---

[12] Raisonnement déductif rigoureux comprenant trois propositions: deux prémisses, appelées respectivement la majeure et la mineure, et une conclusion. L'exemple classique du syllogisme est: tous les hommes sont mortels (majeure); or Socrate est un homme (mineure); donc Socrate est mortel (conclusion).

[13] E. Kant, *Critique de la raison pure*, I: *Théorie transcendantale des éléments*, 2e partie: logique transcendantale, introd. II (trad. Tremesaygues et Pacaud, Paris, P.U.F., 1965, p. 80).

qui servent de formes au jugement). À ce titre, cette logique transcendantale était donc pour Kant une espèce de logique matérielle, étudiant les conditions d'application de la pensée au réel. Quant à Hegel, il désignait sous le nom de *logique*, la science absolue, qui se confondait pour lui avec la métaphysique au sens classique du terme: «La logique est la science de l'Idée pure, c'est-à-dire de l'Idée dans l'élément abstrait de la pensée»[14].

Enfin, on appelle aujourd'hui *logique symbolique* ou *algorithmique*, par opposition à la logique formelle *classique*, élaborée à partir du langage ordinaire et du fonctionnement réel de notre pensée, «la construction (de Leibniz à Hilbert ou Russell) de systèmes hypothético-déductifs fondés sur des axiomatiques et des règles strictes régissant l'utilisation de symboles abstraits (désignant des objets ou des opérations)»[15]. Selon leurs promoteurs, l'avantage de systèmes de ce genre est qu'ils permettent d'éviter les ambiguïtés du langage ordinaire et de s'affranchir de toute donnée intuitive. Il s'agit donc de langages *artificiels*, dont la structure répond parfaitement aux réquisits de la logique. De ce fait, plusieurs logiques symboliques sont possibles. En particulier, alors que la logique classique était bivalente (c'est-à-dire construite sur deux valeurs de vérité: le vrai et le faux), étant fondée sur le principe du tiers exclu (toute proposition est soit vraie, soit fausse), les logiques symboliques peuvent être polyvalentes (ou plurivalentes) lorsqu'on rejette ce principe et qu'on reconnaît d'autres valeurs de vérité que le vrai et le faux, comme, par exemple, l'indécidable, le possible, l'impossible, etc. Aujourd'hui, la *logique symbolique* (qu'on appelle encore aussi parfois *logistique*, ou *algèbre de la logique*, ou encore *axiomatique*) a tendance à devenir une discipline indépendante de la philosophie et même une branche des mathématiques (c'est pourquoi on parle aussi quelquefois de *logique mathématique*), ainsi que le relevait déjà Bertrand Russell au début du XXᵉ siècle:

> La logique est devenue plus mathématique et les mathématiques sont devenues plus logiques. La conséquence est qu'il est maintenant impossible de tracer une ligne de démarcation entre les deux; en fait, les deux ne font qu'une. Elles diffèrent comme un enfant diffère d'un homme: la logique est la jeunesse des mathématiques et les mathématiques sont la virilité de la logique[16].

---

[14] F.G.W. Hegel, *Logique*, Concept préliminaire; *Encyclopédie*, §19.

[15] G. Durozoi, A. Roussel, *Dictionnaire de philosophie*, Paris, Nathan, 1987, p. 201.

[16] B. Russell, *Introduction à la philosophie mathématique* (trad. G. Moreau), Paris, Payot, 1928, p. 231.

Enfin, dans la mesure où la logique formelle s'élabore à partir du langage ordinaire (logique classique), ou cherche, au contraire, à s'en libérer (logique symbolique), on peut y rattacher la *philosophie du langage*, qui consiste en une réflexion critique et philosophique sur celui-ci.

b) Une deuxième série de questions concerne la problématique du *tout*. Par l'expression «le tout», nous voulons signifier «tout ce qui *est*», c'est-à-dire l'ensemble de toutes les choses, de tous les êtres, de quelque nature qu'ils soient. Mais si nous pouvons ainsi parler de «*toutes* les choses» ou de «*tous* les êtres» comme formant un ensemble unique, qui constitue le *tout* au sens absolu du terme, c'est bien parce qu'on peut trouver en chaque être particulier un élément qu'il partage avec *tous* les autres êtres et en vertu de quoi il fait partie de cet ensemble total. Cet élément commun à tous les êtres n'est autre que *le fait même d'être*, le fait qu'ils existent. C'est pourquoi, au-delà des parties de la philosophie qui considèrent l'être en tant qu'il est *tel* ou *tel* (comme la cosmologie philosophique, qui traite de l'être *corporel*, ou la biologie philosophique, qui traite de l'être *vivant*), il existe une discipline philosophique qui s'occupe de l'être *en général*, de l'être *comme tel*, de l'être *en tant qu'être*, et qui s'appelle, pour cette raison même, l'*ontologie*[17]. Cette étude de l'être en tant qu'être culmine tout naturellement dans celle de Dieu, en tant que celui-ci est l'Être suprême et donc, comme tel, la cause première et la fin dernière (le Souverain Bien) de tous les autres êtres. Une telle étude philosophique de Dieu s'appelle la *théologie naturelle* (ou *rationnelle*)[18], appelée également *théodicée*[19]. Enfin, l'ensemble formé par l'ontologie et la théologie naturelle est traditionnellement désigné du nom de *métaphysique*.

Ce dernier nom a pourtant une histoire qui mérite d'être contée. En fait, il vient du titre d'une œuvre d'Aristote, la *Métaphysique*, qui fut

---

[17] Du latin philosophique *ontologia*, formé à partir des racines grecques ὄν, ὄντος, «ce qui est», l'être, et λόγος, «discours».

[18] Ainsi appelée parce qu'elle traite de Dieu uniquement d'après les lumières naturelles de la raison, alors que la théologie révélée (ou sacrée) se fonde sur la Parole de Dieu, conservée dans l'Écriture sainte.

[19] Mot inventé par Leibniz pour servir de titre à l'un de ses principaux ouvrages: *Essais de théodicée sur la bonté de Dieu, la liberté de l'homme et l'origine du mal* (1710). Il désignait, en ce sens (étymologique), la justification (δίκη) de Dieu (Θεός) face aux athées ou aux libertins qui utilisaient les arguments tirés de l'existence du mal dans le monde pour nier son existence ou sa bonté. Depuis le XIXᵉ siècle, cependant, ce terme sert à désigner la partie de la métaphysique qui traite, au moyen des seules ressources de la raison, de l'existence de Dieu et de ses attributs.

elle-même appelée ainsi parce que les petits traités de philosophie première qui la composaient furent classés par les premiers éditeurs du corpus aristotélicien (au IIIᵉ siècle av. J.-C.) après les traités de physique. (Le titre grec, τὰ [βιβλία] μετὰ τὰ φυσικά, ne signifie en en effet rien d'autre que «les livres qui viennent après ceux de physique»). Ce classement s'explique tout simplement par le fait qu'à la suite d'Aristote lui-même, ces éditeurs estimaient que, pour des raisons pédagogiques, ces traités de philosophie première, traitant d'une matière abstraite et difficile, devaient être lus après les écrits de physique, qui traitaient de réalités sensibles, c'est-à-dire «plus connaissables pour nous». Cependant, le nom de *métaphysique* finit par désigner, en raison du prestige immense attaché à l'œuvre homonyme d'Aristote dans l'antiquité tardive et au moyen-âge, la discipline même dont traitaient ces «livres venant après ceux de physique», à savoir la philosophie première. En même temps, étant devenue préfixe, la préposition *méta* prit le sens de «au-delà» ou de «au-dessus», si bien que la métaphysique en vint à être comprise comme la discipline philosophique traitant des réalités situées au-delà ou au-dessus du monde physique, c'est-à-dire au-delà ou au-dessus du monde des phénomènes observables et susceptibles d'expérimentation, réalités telles que Dieu, l'âme, la liberté ou la destinée humaine...

Il n'en reste pas moins que, depuis la fin du moyen-âge, la métaphysique a fait l'objet, comme la philosophie elle-même, de nombreuses définitions, passablement différentes. Ainsi, selon Francis Bacon, elle est la connaissance des causes finales et formelles, ce qui l'oppose à la physique, science des causes matérielles et motrices[20]. Pour Descartes, c'est la connaissance des choses immatérielles, lesquelles ne peuvent être connues que si l'on éloigne son esprit des sens[21]. Selon Malebranche (1638-1715), elle est plutôt la science des «vérités générales qui peuvent servir de principes aux sciences particulières»[22]. Mais, d'après d'Alembert (1717-1783), la métaphysique est simplement «la science des raisons des choses». Dès lors, pour lui,

> tout a sa métaphysique et sa pratique [...]. Interrogez un peintre, un poète, un musicien, un géomètre, et vous le forcerez à rendre compte de ses opérations, c'est-à-dire à en venir à la métaphysique de son art[23].

---

[20] Cf. F. Bacon, *De dignitate et augmentis scientiarum*, III, 4.
[21] Cf. R. Descartes, *Réponses aux secondes objections contre les Méditations*, in *Œuvres complètes* (éd. Adam-Tannery), vol. IX, pp. 103-104: «pour bien entendre les choses immatérielles ou métaphysiques, il faut éloigner son esprit des sens».
[22] N. de Malebranche, *Entretiens sur la métaphysique*, VI, 2.
[23] Jean Le Rond d'Alembert, art. «Métaphysique», in *Encyclopédie*.

À en croire Kant, cependant, la métaphysique ne serait que «l'inventaire, systématiquement ordonné, de tout ce que nous possédons par la raison pure»[24], c'est-à-dire de tout ce qui, dans notre pensée, ne dépend pas de l'expérience ou de la sensation. Fichte et Hegel, pour leur part, donnent généralement au mot *métaphysique* un sens péjoratif; pour eux, en effet, ce mot signifie le dogmatisme ontologique qui n'a pas été soumis à la critique et auquel Hegel oppose sa propre «dialectique»[25]. Au jugement de Schopenhauer (1788-1860), la métaphysique est

> toute prétendue connaissance qui voudrait dépasser le champ de l'expérience possible et par conséquent la nature, ou l'apparence des choses telle qu'elle nous est donnée, pour nous fournir des ouvertures sur ce par quoi celle-ci est conditionnée; ou, pour parler populairement, sur ce qui se cache derrière la nature, et la rend possible[26].

Mais, pour le penseur pragmatiste William James (1842-1910), la métaphysique ne signifie rien d'autre qu'un «effort invinciblement obstiné à penser avec clarté et cohérence»[27]. Selon l'idéaliste anglais Francis Herbert Bradley (1846-1924), c'est

> une tentative pour connaître la réalité en tant qu'elle se distingue de la simple apparence, ou l'étude des premiers principes ou des vérités ultimes, ou encore l'effort pour comprendre l'univers, non pas simplement par bribes et morceaux ou par fragments, mais, d'une certaine manière, comme un tout[28].

De son côté, le philosophe spiritualiste français Henri Bergson (1859-1941) distinguait bien la spécificité de la métaphysique en écrivant que

> l'intuition métaphysique, quoiqu'on ne puisse y arriver qu'à force de connaissances matérielles, est tout autre chose que le résumé ou la synthèse de ces connaissances [...]. En ce sens, la métaphysique n'a rien de commun avec une généralisation de l'expérience, et néanmoins elle pourrait être définie l'*expérience intégrale*[29].

Enfin, chez de nombreux philosophes existentialistes, la métaphysique signifie «la recherche du sens du réel et principalement de la vie humaine»[30]. Ainsi, pour Jean-Paul Sartre (1905-1980), «la métaphysique

---

[24] E. Kant, *Critique de la raison pure*, Préf. de la 1re éd. (trad. Tremesaygues et Pacaud), Paris, P.U.F., 1965, p. 10.

[25] Pour le sens de ce mot, voir plus loin, chap. 4.

[26] A. Schopenhauer, *Le monde comme volonté et comme représentation*, livre I, suppl., chap. XVII.

[27] W. James, *Précis de psychologie*, Paris, Rivière, 1909, p. 614.

[28] F. H. Bradley, *Appearance and Reality*, Introd., p. 1.

[29] H. Bergson, *La pensée et le mouvant*, Paris, P.U.F., 1934, pp. 226-227.

[30] P. Foulquié, *Dictionnaire...*, p. 439.

n'est pas une discussion stérile sur des notions abstraites qui échappent à l'expérience, c'est un effort vivant pour embrasser du dedans la condition humaine dans sa totalité»[31].

Relevons encore qu'en France, l'expression *philosophie générale* a été utilisée depuis 1907 dans les programmes d'enseignement, en un sens très proche de celui du mot *métaphysique*, pour désigner l'étude des questions concernant la connaissance, Dieu, l'âme, les rapports entre la conscience et le corps, etc.

c) Un troisième ensemble de questions a trait au problème philosophique posé par *la nature*, lequel, sous sa forme la plus générale, peut s'énoncer ainsi: quelle est la constitution fondamentale des différents êtres particuliers qui composent l'univers matériel?[32] La branche du savoir philosophique qui essaie de répondre à ce problème est la *philosophie de la nature*. Mais la nature comprend quatre sortes d'êtres bien distincts: les minéraux, les végétaux, les animaux dénués de conscience, et ceux qui en sont doués (les hommes). Aussi la philosophie de la nature se subdivise-t-elle en presque autant de rameaux qu'il y a de sortes d'êtres naturels: la *cosmologie philosophique* est l'étude philosophique du monde de la matière; la *biologie philosophique*, appelée aussi *philosophie de la vie*, celle du monde des végétaux et des animaux dépourvus de conscience; et la *psychologie philosophique*, celle de l'homme en tant qu'il est justement un être doué de conscience.

Plus précisément, la psychologie philosophique a essentiellement pour rôle d'examiner philosophiquement les idées courantes de la psychologie populaire à propos des phénomènes mentaux, tels que la conceptualisation, la mémoire, la perception, la sensation, la conscience, la croyance, le désir, l'intention, le raisonnement, l'action, etc. En tant que telle, la psychologie philosophique est donc étroitement liée à la *philosophie de la psychologie*, qui est une branche de la philosophie des sciences, aussi bien qu'à *la partie de la métaphysique* (au sens cartésien de ce dernier terme) qui traite des réalités mentales dans leur rapport avec les réalités physiques. Ensemble, ces trois disciplines constituent l'*anthropologie philosophique*, qui correspond plus ou moins à ce que

---

[31] J.-P. Sartre, *Situations II*, Paris, Gallimard, 1948, p. 251.
[32] Cf. L. De Raeymaeker, *Introduction à la philosophie*, Louvain, Publications Universitaires de Louvain, 1964, p. 74.

les Anglo-Saxons appellent *philosophy of mind*[33]. Précisons que la philosophie de la psychologie est, comme les autres branches de la philosophie des sciences, l'*étude critique* des méthodes et des résultats de la psychologie. Elle examine ainsi les procédures de théorisation et de modélisation que cette science met en œuvre, les explications des phénomènes psychiques qu'elle propose, et les lois qu'elle invoque. En outre, elle étudie aussi les rapports que la psychologie entretient avec les sciences de la nature et les sciences sociales. D'autre part, les problèmes *métaphysiques* de l'anthropologie philosophique sont tout d'abord et fondamentalement celui des rapports entre l'esprit et le corps (*the mind-body problem*: les phénomènes mentaux sont-ils de nature physique, et, sinon, comment sont-ils reliés aux phénomènes physiques?), et puis, dépendant de celui-là, ceux du libre-arbitre, de l'identité personnelle et de l'existence des phénomènes irrationnels comme la faiblesse de caractère (*video meliora proboque, deteriora sequor*[34]). Ajoutons que l'anthropologie philosophique est aujourd'hui une discipline en pleine expansion, surtout dans le monde anglo-saxon.

d) Pour finir, un quatrième groupe de questions a rapport au thème des *valeurs*. Traditionnellement, on distingue trois grandes sortes de valeurs, à savoir celles du *vrai*, du *beau* et du *bien*. Les valeurs du vrai concernent la *connaissance* et sont donc, comme telles, du ressort de la logique. En revanche, les valeurs du bien et du beau concernent l'*action*, entendue aussi bien au sens de la *conduite humaine* que de la *production d'œuvres*. L'*éthique*[35] ou *morale*[36] est la branche de la philosophie qui étudie les valeurs du bien en tant qu'elles constituent un «code des mœurs», c'est-à-dire un ensemble de règles de conduite pour l'homme, à la fois dans sa vie personnelle et dans sa vie sociale. Ainsi, «la morale a pour objet le *bien*, comme la logique a pour objet le vrai»[37]. Selon qu'elle concerne les relations interpersonnelles ou la vie en société,

[33] Nous reprenons ci-après les définitions et explications données par B.P. McLaughlin, art. «Philosophy of Mind», in R. Audi (éd.), *The Cambridge Dictionary of Philosophy*, p. 597.

[34] «Je vois ce qui est le mieux à faire et je l'approuve, mais le pire m'entraîne» (Ovide).

[35] Du grec τὰ ἤθη («les mœurs»).

[36] Du latin *mores* («les mœurs»). Comme on le voit, il est artificiel de distinguer l'éthique de la morale: il s'agit de la même discipline (l'étude philosophique du code des «mœurs»), désignée par deux mots qui ne diffèrent que par leur étymologie (grecque pour le premier et latine pour le second).

[37] P. Janet, *Traité élémentaire de philosophie*, Paris, Delagrave, 1887, p. 551.

l'éthique se subdivise à son tour en *éthique individuelle* et *éthique sociale*, celle-ci étant appelée plus souvent *philosophie politique*[38]. On peut aussi situer au voisinage de l'éthique sociale la *philosophie du droit*, qui est l'étude philosophique des institutions juridiques des sociétés humaines.

D'autre part, l'*esthétique philosophique* (ou *philosophie de l'art*) a pour objet les valeurs du beau en tant qu'elles constituent les normes de la production des œuvres d'art. Notons cependant le sens très particulier que le mot *esthétique* a dans l'expression kantienne *esthétique transcendantale*. Il s'agit là, non pas d'une théorie du beau, mais bien de l'étude des formes *a priori* de la connaissance sensible[39]: l'espace (forme du sens externe et donc de la connaissance du monde extérieur) et le temps (forme du sens interne et donc de la connaissance du monde intérieur de la conscience).

À la philosophie de l'art, on peut annexer toutes les disciplines qui s'appliquent à l'étude philosophique des productions de l'art entendu au sens large et ancien du terme, c'est-à-dire au sens d'un «ensemble de moyens, de procédés réglés qui tendent à une fin»[40]. Ces disciplines sont, entre autres, la philosophie du travail, la philosophie de la technique, la philosophie de l'éducation, etc. On peut même y adjoindre la philosophie de la culture, qui est «l'étude philosophique de l'ordre des valeurs introduites dans la nature par l'activité formellement humaine (individuelle et sociale)»[41].

L'ensemble des disciplines philosophiques peut alors être présenté sous la forme du tableau suivant:

1. *Logique*:   I. Logique matérielle: a) Épistémologie (ou gnoséologie)
                                              b) Méthodologie des sciences
                                              Annexe: Philosophie des sciences

              II. Logique formelle: a) classique (aristotélicienne)
                                              b) symbolique (mathématique)
                                              Annexe: Philosophie du langage

---

[38] Il ne faut pas confondre la philosophie politique avec les sciences politiques. En effet, celles-ci sont purement descriptives, en ce qu'elles *décrivent* le fonctionnement des diverses institutions politiques, tandis que la première est normative, en ce qu'elle porte des jugements de valeur et établit des normes concernant ces institutions.

[39] Selon l'étymologie du mot *esthétique*, qui vient du grec αἴσθησις («sensation»).

[40] Définition du premier sens du mot *art* dans le *Petit Robert*.

[41] L. De Raeymaeker, *Introduction à la philosophie*, pp. 75-76.

2. *Métaphysique*:   I. Ontologie

                         II. Théologie naturelle

3. *Philosophie de la nature*:   I. Cosmologie philosophique

                         II. Biologie philosophique

                         III. Psychologie philosophique

4. *Philosophie des valeurs*:   I. Éthique: a) Éthique individuelle

                                        b) Éthique sociale

                                      (ou philosophie politique)

                         II. Esthétique (ou philosophie de l'art)

                            Annexes: Philosophie du travail, de la technique, de l'éducation, de la culture...

Reconnaissons cependant que ces divisions sont malgré tout assez «scolaires». Il ne faut donc pas les prendre comme des frontières fixes et infranchissables. En effet, même s'il existe pas mal d'ouvrages qui s'intitulent *Traité* ou *Essai de métaphysique, de morale, d'ontologie, d'épistémologie,* etc., il ne faut pas oublier qu'il y en a aussi beaucoup d'autres, et même en plus grand nombre, qui ne tiennent pas compte de ces frontières ou qui touchent en même temps à plusieurs des disciplines distinguées ci-dessus. La *République* de Platon, pour ne prendre que cet exemple, est inclassable de ce point de vue, car elle traite tout à la fois de questions d'épistémologie, de métaphysique, de psychologie, d'éthique, de philosophie politique, d'esthétique, etc. Cette remarque vaut particulièrement pour les ouvrages de philosophie contemporaine.

CHAPITRE 4

DE QUELQUES MÉTHODES EN PHILOSOPHIE

La philosophie, disions-nous[1], est essentiellement une sorte de démarche intellectuelle, qui peut prendre comme objet n'importe quelle sphère d'activités, n'importe quel sujet scientifique ou n'importe quelle espèce d'expérience humaine. Il n'en reste pas moins qu'au cours de l'histoire de la philosophie se sont développées différentes méthodes philosophiques. Voici les principales d'entre elles, dans l'ordre historique de leur apparition.

1. *La dialectique*

Le mot *dialectique* est certainement l'un des plus polysémiques de tout le vocabulaire philosophique[2]. Aussi importe-t-il de savoir exactement ce qu'un auteur veut dire quand il parle de méthode dialectique, ou même de dialectique tout court. En effet, le mot revêt un sens très différent selon qu'il est utilisé dans un contexte platonicien, aristotélicien, médiéval, kantien, hégélien ou marxiste. Bien entendu, ces différents sens sont reliés entre eux par un fil conducteur, qui est celui de l'histoire du mot lui-même. Il nous faut donc jeter un coup d'œil sur cette histoire pour comprendre l'évolution sémantique du mot et la multiplicité de ses sens.

a) La dialectique platonicienne

Comme c'est souvent le cas pour les termes clés du vocabulaire philosophique, le mot *dialectique* vient d'une expression grecque, ἡ διαλεκτικὴ

---

[1] Cf. *supra*, chap. 1.

[2] Cf. ce commentaire de Paul Foulquié, *La dialectique*, 5e éd., Paris, P.U.F. (coll. «Que sais-je» no 363), 1962, p. 124: «Les mots n'évacuent jamais les significations successives qu'on leur a attribuées au cours des âges. De là de vagues échos contradictoires qui se répercutent dans notre esprit quand nous entendons parler de dialectique: ce mot nous suggère encore, comme au temps où la dialectique s'identifiait à la logique, "argumentation rigoureuse et vigoureuse"; mais il nous insinue en même temps "procédés abscons, artifices tortueux qui déroutent l'esprit en quête de vérité", comme lorsque la dialectique était devenue sophistique. *Dialectique* ne rend pas un son clair; c'est un mot ambigu».

τέχνη, qui apparaît pour la première fois chez Platon, où elle signifie tantôt l'art du dialogue et de la discussion, tantôt l'art de diviser les choses en genres et en espèces. L'adjectif διαλεκτικός dérive, en effet, du verbe διαλέγειν, qui signifie, à la voix active, «trier», «distinguer», et, à la voix moyenne (διαλέγεσθαι)[3], «converser», «s'entretenir», «dialoguer avec». Socrate, semble-t-il, jouait déjà sur ces deux sens, puisqu'il disait que

> la dialectique (τὸ διαλέγεσθαι, «converser») était ainsi appelée parce que ceux qui y prennent part délibèrent en commun (κοινῇ βουλεύεσθαι) en distinguant (διαλέγοντας) les choses selon leurs genres[4].

Platon, quant à lui, utilisa d'abord cet adjectif, substantivé ou non, dans le premier sens: celui de la dialectique entendue comme l'art de savoir conduire un dialogue philosophique. Et cette dialectique, il l'opposait à la fois à l'éristique (ἡ ἐριστικὴ τέχνη) et à l'agonistique (ἡ ἀγωνιστικὴ τέχνη), qui étaient respectivement l'art de la dispute verbale et l'art du combat oratoire, dans lesquels on cherche, non pas la vérité, mais le triomphe sur l'adversaire à n'importe quel prix. Comme le dit bien Socrate dans le *Ménon*:

> Si j'avais affaire à un de ces habiles qui ne cherchent que disputes et combats, je lui dirais: «Ma réponse est ce qu'elle est; si je me trompe, à toi de parler et de la réfuter». Mais lorsque deux amis, comme toi et moi, sont en humeur de causer, il faut en user plus doucement dans ses réponses et d'une manière plus conforme à l'esprit de la conversation (littéralement: d'une manière plus dialectique, διαλεκτικώτερον). Or il me semble que ce qui caractérise cet esprit, ce n'est pas seulement de répondre la vérité, mais que c'est aussi de fonder sa réponse uniquement sur ce que l'interlocuteur reconnaît savoir lui-même[5].

Aussi le dialecticien est-il défini, dans le *Cratyle*, comme «celui qui connaît l'art d'interroger et de répondre»[6]. Comme nous l'avons relevé dans le chapitre 2, la dialectique entendue ainsi comme l'art de mener une discussion de manière amicale, en s'adaptant à l'esprit de l'interlocuteur et en cherchant uniquement à découvrir le vrai, est certainement une des plus sûres méthodes pour progresser en philosophie et surmonter les écueils du scepticisme, du relativisme ou de l'éclectisme. En tant que telle, la dialectique devint, pour Platon, l'art

---

[3] La voix moyenne en grec correspond à peu près à notre voix pronominale.
[4] Xénophon, *Mémorables*, IV, 5, 12.
[5] Platon, *Ménon*, 75 c-d (trad. A. Croiset).
[6] Platon, *Cratyle* 390 c.

d'arriver à la connaissance vraie des choses, grâce à une saisie de leurs formes intelligibles, comparable à la saisie des formes visibles effectuée dans l'acte de voir:

> Dès lors, Glaucon, repris-je[7], n'est-ce pas là cet air même que la dialectique exécute? Bien qu'il soit purement intelligible, la faculté de voir ne l'en imite pas moins, quand, comme nous l'avons montré, elle s'essaye à regarder d'abord les êtres vivants, puis les astres et finalement le soleil lui-même. De même quand un homme essaye par la dialectique et sans recourir à aucun des sens, mais en usant de la raison, d'atteindre à l'essence de chaque chose et qu'il ne s'arrête pas avant d'avoir saisi par la seule intelligence l'essence du bien, il parvient au terme de l'intelligible, comme l'autre tout à l'heure parvenait au terme du visible[8].

Comprise de la sorte, c'est-à-dire comme la science des formes intelligibles, culminant dans la connaissance de la plus haute d'entre elles (celle du Bien en soi), la dialectique finit alors par se confondre, aux yeux de Platon, avec la science suprême (comparable à la philosophie première d'Aristote et à la métaphysique des philosophes de l'époque classique):

> Ainsi donc, [...] tu juges que la dialectique est pour ainsi dire le faîte et le couronnement des sciences, qu'il n'en est pas d'autre qu'on puisse raisonnablement placer au-dessus d'elle...[9]

Vers la fin de sa vie, cependant, Platon en vint à utiliser l'expression ἡ διαλεκτικὴ ἐπιστήμη aussi dans le second sens que nous avons mentionné: celui de l'art de *diviser* les choses en genres et en espèces (c'est-à-dire de les classer et de les ordonner sous des formes intelligibles):

> L'ÉTRANGER D'ÉLÉE: Diviser ainsi par genres, et ne point prendre pour autre une forme qui est la même ni, pour la même, une forme qui est autre, n'est-ce point là, dirons-nous, l'ouvrage de la science dialectique? — THÉÉTÈTE: Oui, nous le dirons[10].

On peut dire ainsi que la science dialectique, entendue en ce second sens, devint pour Platon en quelque sorte une méthode privilégiée, mais non exclusive, de la recherche dialectique entendue au premier sens.

---

[7] C'est Socrate qui parle.
[8] Platon, *Républ.* VII, 532 ab (trad. É. Chambry).
[9] *Ibid.* 534 e.
[10] *Sophiste* 253 d (trad. A. Diès).

b) La dialectique aristotélicienne

S'écartant de Platon en ce domaine comme en beaucoup d'autres, Aristote considère, pour sa part, que la dialectique est une discipline inférieure à l'analytique. Rappelons, en effet, que pour lui l'analytique traite de la démonstration véritable, c'est-à-dire de la déduction qui part de prémisses vraies, celles-ci étant des propositions évidentes par elles-mêmes ou démontrées, tandis que la dialectique a pour objet le raisonnement qui part de prémisses seulement probables, c'est-à-dire de propositions qui ne sont ni évidentes ni démontrées, mais néanmoins admises par celui avec lequel on discute, parce qu'elles sont reconnues comme vraies soit par la plupart des gens, soit par les spécialistes du sujet discuté. Or telle était bien, affirme Aristote, la «première» dialectique de Platon, car celui-ci procédait par questions et réponse. Mais c'est là, note-t-il, le propre d'une démarche non scientifique, car

> aucune des sciences qui démontrent une certaine nature n'est interrogative: il n'est en effet pas possible de concéder n'importe laquelle des parties d'une contradiction, attendu qu'une déduction ne s'effectue pas à partir des deux. Mais la dialectique, elle, est interrogative, alors que si elle démontrait, le questionneur ne ferait pas, sinon de toutes choses, du moins des principes premiers et des principes propres, l'objet de ses questions, parce que si le répondant ne les concédait pas, il ne disposerait plus des bases qui lui permettraient de poursuivre la discussion contre l'objection[11].

Il n'en reste pas moins que, pour Aristote, la dialectique a sa place dans l'apprentissage de ce qu'on appellera plus tard la logique. Aussi le Stagirite lui a-t-il consacré tout un traité, les *Topiques*, qui a été intégré par ses éditeurs dans l'*Organon*, à la suite des *Analytiques*. Ce traité semble avoir été un manuel, composé essentiellement pour aider ceux qui participent à des débats dialectiques impliquant le développement d'une argumentation. Dans sa majeure partie (les livres II à VII, rédigés alors qu'Aristote était encore à l'Académie de Platon), il consiste en suggestions sur la manière de chercher un argument permettant d'établir ou de réfuter une thèse donnée. Le reste du traité (les

---

[11] *Réfutations sophistiques*, 11, 172 a 15 *sqq*. (trad. L.-A. Dorion). Cf. ce commentaire *ad loc*. du traducteur: «Tandis que la dialectique procède par question et réponse, […] la science démonstrative [l'analytique], elle, n'a jamais recours à l'interrogation, sauf dans le cas, très précis, du dialogue didactique. Celui qui démontre n'a pas à demander qu'on lui concède les prémisses dont il se sert, puisque celles-ci, étant vraies, nécessaires et plus connues que la conclusion, emportent la conviction d'elles-mêmes et excluent la possibilité de procéder de prémisses qui leur seraient contraires».

livres I et VIII, qui furent écrits plus tard, après la découverte du syllogisme), donne la théorie du débat dialectique, dont il élucide les règles ou lois logiques générales.

c) La dialectique médiévale

Nous avons vu que, pour les stoïciens, la logique se divisait en deux parties: la rhétorique et la dialectique, et que cette dernière comprenait à son tour la grammaire, la logique formelle et l'épistémologie (ou logique matérielle). On peut donc dire que ce qu'ils appelaient «dialectique» était en gros la logique, avec la grammaire en plus. Cet usage se maintint jusqu'au moyen-âge, où cependant la grammaire fut érigée en discipline distincte de la dialectique. L'ensemble formé par la grammaire, la rhétorique et la dialectique fut alors dénommé le *trivium*, par opposition au *quadrivium*, composé de l'arithmétique, de la géométrie, de l'astronomie et de la musique. La réunion du *trivium* et du *quadrivium* constituait les sept arts libéraux (*artes liberales*), ainsi appelés parce qu'ils étaient cultivés par des hommes *libres*, contrairement aux arts serviles (*artes serviles*), qui n'étaient autres que les arts manuels ou «métiers», pratiqués dans l'antiquité par les esclaves et au moyen-âge par les serfs. Ainsi les écoles d'arts libéraux dispensaient en quelque sorte l'enseignement supérieur de base, après lequel les étudiants se dirigeaient vers les écoles soit de science sacrée (c'est-à-dire de théologie), soit de droit, soit encore de médecine. On sait qu'à partir du XIIIe siècle, ces différentes sortes d'écoles devaient être regroupées au sein des premières universités médiévales, composées précisément des quatre facultés suivantes: arts, théologie, droit et médecine. C'est le philosophe et théologien chrétien Boèce (vers 480-524) qui, tout au début du moyen-âge, avait introduit cette distinction, à l'intérieur du groupe des sept arts libéraux, entre les disciplines «littéraires» constituant le trivium (que le moyen-âge devait appeler aussi les *artes sermocinales*), et les disciplines «scientifiques» (ou *artes reales*) formant le quadrivium.

Pendant les premiers siècles du moyen-âge, la dialectique (donc, en fait, la logique) fut ainsi la seule branche de la philosophie à figurer dans le programme des études supérieures. On comprend dès lors pourquoi les travaux de logique furent si nombreux et eurent une telle importance durant la période médiévale, et aussi pourquoi les penseurs de cette période s'intéressèrent tellement au problème des universaux. En même temps, cette importance de la logique explique les qualités remarquables dont devaient faire preuve la plupart des philosophes médiévaux:

— précision et concision du *vocabulaire* technique;
— clarté et méthode dans l'*exposition* de la pensée;
— finesse et virtuosité dans la *discussion* et l'usage des procédés discursifs[12].

Cette assimilation de la dialectique à la logique s'est maintenue fort longtemps. On la trouve encore dans certaines définitions de ces termes données par des dictionnaires du XIXᵉ siècle. Ainsi l'édition de 1835 du *Dictionnaire de l'Académie* en donnait les définitions suivantes: «1. *Logique*, s. f. Science qui enseigne à raisonner juste; 2. *Dialectique*, s. f. Logique, art de raisonner». De même, dans son célèbre *Dictionnaire de la langue française* (éd. de 1877), Émile Littré expliquait que

> la logique est la connaissance des procédés par lesquels l'intelligence découvre et constate la vérité [...]. La dialectique use des procédés de la logique et de la grammaire pour faire ressortir l'évidence des vérités et la fausseté des erreurs. En ce sens, la dialectique est l'application ou la pratique de l'art dont la logique est la théorie; mais cette différence disparaît dans les dérivés «dialecticien» et «logicien», qui tous deux expriment celui qui déduit ses raisons avec une rigoureuse exactitude.

d) La dialectique chez Kant

Reprenant en quelque sorte la distinction qui avait été faite par Aristote, Kant conçoit la dialectique comme la «logique de l'apparence», par opposition à l'analytique, qui est la «logique de la vérité». Dès lors, le mot a chez lui un sens nettement péjoratif:

> la dialectique n'était pas autre chose pour eux [les philosophes anciens] que la logique de l'apparence: art sophistique de donner à son ignorance, et même aussi à ses illusions préméditées, l'apparence de la vérité [...] et c'est aussi comme telle que nous voudrions la savoir comprise[13].

Dans la foulée, Kant appelle *raisonnements dialectiques* ceux qui appliquent aux choses *en soi* — dont nous n'avons aucune connaissance sensible ou empirique — des principes qui ne valent précisément que pour les choses *pour nous*, c'est-à-dire pour les phénomènes sensibles. Par de tels raisonnements, l'esprit humain croit pouvoir dépasser les limites de

---

[12] F. Van Steenberghen, *Histoire de la philosophie: période chrétienne*, Louvain, Publications universitaires 1964, p. 47.
[13] E. Kant, *Critique de la raison pure*, I: *Théorie transcendantale des éléments*, 2ᵉ partie: logique transcendantale, introd. IV (trad. Tremesaygues et Pacaud), Paris, P.U.F., 1965, p. 82.

l'expérience pour déterminer *a priori* la nature de l'âme, du monde et de Dieu. L'étude de cette illusion qui, pour être «naturelle et inévitable», ne doit pas moins être critiquée comme telle, constitue la *dialectique transcendantale*, seconde partie de la *logique transcendantale* dans la *Critique de la raison pure* (la première partie étant l'*analytique trans-cendantale*). Ainsi le mot *dialectique* est utilisé par Kant, «non seule-ment pour désigner l'illusion elle-même» — ce qui correspond à son sens péjoratif —, «mais aussi pour désigner l'étude et la critique de cette illusion»[14] — ce qui donne, cette fois, un sens plus positif au mot.

e) La dialectique hégélienne

Dans la philosophie de Hegel, le mot *dialectique* retrouve un sens mélio-ratif, car il désigne le mouvement de pensée par lequel nous arrivons à connaître «la vraie nature propre des déterminations de l'entendement, des choses et d'une manière générale du fini»[15], autrement dit, la vraie nature des lois de la pensée et du monde extérieur. Comme telle, la méthode dialectique consiste alors essentiellement à prendre conscience que, contrairement aux apparences, les contraires ne constituent pas des entités séparées, mais bien une unité (*Einheit*), dont il faut trouver le principe dans la catégorie supérieure qui les réconcilie. C'est pourquoi Hegel lui-même définissait la dialectique comme suit:

> nous appelons *dialectique* le mouvement rationnel supérieur, à la faveur
> duquel ces termes en apparence séparés [l'être et le néant] passent les uns
> dans les autres spontanément, en vertu même de ce qu'ils sont, l'hypothèse
> de leur séparation se trouvant ainsi éliminée[16].

Comprise ainsi comme «la saisie des opposés dans leur unité, ou du positif dans le négatif», la démarche dialectique constituait dès lors pour lui «la démarche même de la pensée spéculative»[17]. Mais, comme par de telles caractéristiques la dialectique hégélienne paraissait s'opposer à la logique classique (qui est fondée sur l'incompatibilité des contraires), Hegel fit tous ses efforts pour montrer qu'elle s'inscrivait en réalité dans une tradition philosophique ancienne et très présente dans la pensée occidentale. C'est ainsi qu'il n'hésita pas à reconnaître sa dette, non seu-lement envers le *Parménide* de Platon, «le chef-d'œuvre le plus célèbre

---

[14] A. Lalande, *Vocabulaire...*, p. 226.
[15] F.G.W. Hegel, *Encyclopédie des sciences philosophiques*, §81.
[16] F.G.W. Hegel, *Science de la logique*, Paris, Aubier, 1947, tome I, p. 99.
[17] *Ibid.*,

de la dialectique platonicienne»[18], mais aussi envers le philosophe présocratique Héraclite (vers 576-vers 480 av. J.-C.), le philosophe néoplatonicien Proclus (412-485 ap. J.-C.) et le théosophe allemand Jakob Bœhme (1575-1624), lesquels avaient déjà suggéré que la dialectique était non seulement une démarche de l'esprit, mais aussi un processus inhérent à la nature comme telle ou à l'Être même. Ce qui fut nouveau et original chez Hegel, ce fut de faire de la dialectique un mouvement ontologiquement nécessaire, conçu comme la conséquence toute naturelle de la nature finie des concepts et des choses.

Un des domaines où Hegel montra de manière persuasive la présence active de la dialectique fut celui de l'histoire humaine. L'exemple le plus fameux à cet égard est certainement celui de la dialectique du maître et de l'esclave. L'histoire, en effet, montre qu'à l'origine les maîtres furent toujours des guerriers victorieux auxquels les vaincus s'étaient livrés corps et biens pour avoir la vie sauve. Mais elle montre aussi que toujours la situation a fini par s'inverser. Car la vie d'oisiveté et de jouissances dans laquelle s'enfonce le maître le rend de plus en plus *esclave* de ses besoins et de ses désirs, en même temps que *dépendant* du travail de l'esclave, pendant que celui-ci, au contraire, acquiert petit à petit, en surmontant ses épreuves et grâce à son travail, la *maîtrise* de lui-même et de la nature.

f) La dialectique marxiste

Bien que ce ne soit pas Marx lui-même, mais le marxiste russe Georges Plekhanov (1857-1918), qui ait inventé l'expression *matérialisme dialectique* pour désigner le marxisme, cette expression est pleinement justifiée dans la mesure où la philosophie marxiste consiste essentiellement en une adaptation de la dialectique hégélienne au matérialisme classique «mécaniste» du siècle des Lumières (celui de La Mettrie et du baron d'Holbach). En effet, alors qu'en tant qu'idéaliste, Hegel voyait le mouvement dialectique comme l'expression de l'Esprit du monde (ou de l'Idée) se réalisant dans la nature et dans la société humaine, les matérialistes convaincus qu'étaient Karl Marx (1818-1883) et Friedrich Engels (1820-1895) affirmèrent, au contraire, que les processus dialectiques étaient inhérents à la matière même:

---

[18] F.G.W. Hegel, *Leçons sur l'histoire de la philosophie*. Tome III: *La philosophie grecque: Platon et Aristote* (trad. Garniron), Paris, Vrin, 1972, p. 448.

Ma méthode dialectique, disait Marx, ne diffère pas seulement quant au fondement de la méthode hégélienne; elle en est le contraire direct. Pour Hegel, le processus de la pensée, dont il fait même, sous le nom d'Idée, un processus autonome, est le créateur de la réalité qui n'en est que le phénomène extérieur. Pour moi, le monde des idées n'est que le monde matériel, transposé et traduit dans l'esprit humain[19].

Chez Hegel, la dialectique est l'Idée se développant elle-même. [...] Chez Hegel, le développement dialectique qui se développe dans la nature et dans l'histoire [...] n'est donc que le reflet de l'auto-mouvement personnel de l'Idée [...] indépendamment de tout cerveau pensant humain. C'était cette interversion idéologique qu'il s'agissait d'écarter. Nous considérâmes à nouveau les idées de notre cerveau du point de vue matérialiste, comme étant les reflets des objets, au lieu de considérer les objets réels comme les reflets de tel ou tel degré de l'Idée absolue [...] et ce faisant, la dialectique fut mise la tête en haut, ou, plus exactement, de la tête sur laquelle elle se tenait, on la remit de nouveau sur ses pieds[20].

Pour Marx et Engels, c'est donc le monde matériel lui-même qui est soumis à des processus continuels de devenir et disparition, lesquels font qu'il n'y a rien de permanent, mais que tout change et finit par être remplacé:

le monde ne doit pas être considéré comme un complexe de *choses* achevées, mais comme un complexe de *processus* où les choses en apparence stables, tout autant que leurs reflets intellectuels dans notre cerveau, les idées, passent par un changement ininterrompu de devenir et de dépérissement où finalement, malgré tous les hasards apparents et les retours momentanés en arrière, un développement progressif finit par se faire jour[21].

Ces processus de devenir et de transformation s'expliquent par le fait que toutes les choses comportent des aspects ou des côtés contradictoires, dont la tension ou le conflit constitue précisément la force qui les change et qui finit par les transformer:

Si nous prenons l'exemple d'un œuf qui est pondu et couvé par une poule, nous voyons que dans l'œuf se trouve le germe qui, à une certaine température et dans certaines conditions, se développe. Ce germe, en se développant, donnera un poussin; ainsi ce germe, c'est déjà la négation de l'œuf. Nous voyons bien que dans l'œuf il y a deux forces, celle qui tend à ce qu'il reste un œuf et celle qui tend à ce qu'il devienne poussin. L'œuf est

---

[19] K. Marx, *Le capital*, Préface de la 2ᵉ édition (1892) (trad. Bracke), tome I, Paris, Costes, 1924, p. xcv.
[20] F. Engels, *Ludwig Feuerbach et la fin de la philosophie classique allemande*, chap. 4.
[21] *Ibid.*

donc en désaccord avec lui-même et toutes choses sont en désaccord avec elles-mêmes[22].

Pour les marxistes, les transformations qualitatives d'une chose en une autre chose découlent des changements quantitatifs de la matière. En effet, quand les processus d'augmentation ou de diminution quantitatives arrivent au point où les tensions internes atteignent un point de rupture, ils provoquent des changements qualitatifs. L'exemple classique donné par les marxistes est celui de l'eau: quand sa température monte ou descend (ce qui traduit le mouvement de ses molécules), l'eau subit évidemment un changement *quantitatif*, mais elle reste de l'eau tant qu'elle n'atteint pas cent ou zéro degré; mais dès qu'elle atteint ces valeurs critiques, il se produit bel et bien un changement *qualitatif*: l'eau, de liquide qu'elle était, devient alors gazeuse (en prenant la forme de la vapeur) ou solide (en prenant la forme de la glace).

Marx et Engels virent dans les découvertes scientifiques de leur époque, spécialement en thermodynamique, en géologie et en biologie (avec la théorie cellulaire et la théorie darwinienne de l'évolution), une confirmation de leur matérialisme dialectique. À leurs yeux, en effet, ces découvertes montraient de manière éclatante que, non seulement la matière est essentiellement mouvante et changeante, mais aussi que certaines formes de mouvement ou de changement finissent par donner naissance à d'autres formes, de niveau qualitativement supérieur. En particulier, soulignaient-ils, la biologie montre que certains changements chimiques de la matière débouchent sur des processus *vitaux*, et qu'à leur tour, certains organismes vivants finissent par développer une *conscience*, étant entendu que la vie et la conscience ne sont quand même rien d'autre que des formes supérieures de mouvement de la matière, formes issues de formes inférieures et basées sur elles, tout en ayant leurs qualités et leurs lois de développement propres.

Après Marx et Engels, le principal penseur du matérialisme dialectique fut Lénine, qui en fit la doctrine officielle du parti communiste russe et, par le truchement de celui-ci, de l'État totalitaire des Soviets. Lénine se dépensa beaucoup pour combattre ceux qui, au sein du mouvement socialiste, considéraient la pensée de Marx et d'Engels comme «dépassée» ou du moins sujette à révision. Dans ce combat, il chercha, lui aussi, à montrer que les découvertes scientifiques les plus récentes ne

---

[22] G. Politzer, *Principes élémentaires de philosophie*, Paris, Éditions sociales, 1946, p. 185.

faisaient que confirmer le matérialisme dialectique des fondateurs du mouvement communiste international.

Aujourd'hui, cependant, après l'écroulement du «camp socialiste» et l'effondrement, pour ne pas dire la disparition, des partis communistes occidentaux, on peut dire que le marxisme a cessé d'être un courant dominant de la philosophie contemporaine. Il y a d'ailleurs une contradiction fondamentale qui affecte le marxisme aussi bien que l'hégélianisme. En effet, si toutes les choses de la nature, y compris les pensées et les idées des hommes (qui sont des êtres de la nature), sont soumises à la loi inflexible du devenir, alors ces deux philosophies ne sont elles-mêmes rien d'autre que des étapes de l'histoire de la pensée, appelées tôt ou tard à disparaître pour laisser la place à d'autres étapes… Autrement dit, comme le remarquait finement le philosophe français Brice Parain, la dialectique

> ruine dès le principe l'entreprise de Hegel et de Marx, [car, étant donné que celle-ci est] dialectique elle-même, elle ne peut […] qu'être soumise à sa propre loi dialectique, c'est-à-dire qu'elle ne peut pas ne pas en arriver un jour à se considérer elle-même comme un moment dialectique d'une autre dialectique qui la contiendrait en elle[23].

Il est vrai qu'Engels avait bien vu cette inconséquence chez Hegel. Mais en la dénonçant chez celui-ci, il ne vit pas qu'il y tombait lui-même en présentant le marxisme comme la vérité définitive, après les échecs des philosophies antérieures:

> Le système de Hegel fut en lui-même un colossal avortement — mais aussi le dernier de son espèce. C'est qu'il souffrait encore d'une contradiction interne et incurable: d'une part, il avait pour postulat essentiel la conception historique d'après laquelle l'histoire de l'humanité est une évolution qui ne peut, par sa nature même, trouver sa conclusion éventuelle dans la découverte d'une vérité absolue; mais, d'autre part, il prétend être justement la somme de cette vérité absolue. Un système de la nature et de l'histoire embrassant tout et donnant la conclusion de tout une fois pour toutes est en contradiction avec les lois essentielles de la dialectique[24].

On dit parfois que c'est la raison pour laquelle Marx proclamait, à la fin de sa vie, qu'il n'était pas marxiste… Mais ses épigones n'eurent pas la même modestie ou la même prudence, car ils affirmèrent haut et fort que le marxisme constituait un système de vérités intangibles:

---

[23] B. Parain, *L'embarras du choix*, Paris, Gallimard, 1946, p. 143.
[24] F. Engels, *M. E. Dühring bouleverse la science (Anti-Dühring)* (trad. Bracke), tome I, Paris, Costes, 1946, pp. 14-15.

On ne peut retrancher aucune prémisse fondamentale, aucune partie essentielle de cette philosophie du marxisme coulée en acier d'une seule pièce (*sic*), sans s'écarter de la vérité objective, sans verser dans le mensonge bourgeois et réactionnaire...[25].

2. *La scolastique*

Au sens strict et originaire du terme, on appelle *scolastique* (du latin *scholasticus*, transposition du grec σχολαστικός, adjectif dérivé du substantif σχολή, «école») la philosophie et la théologie enseignées dans l'«École», c'est-à-dire dans les écoles et les universités du moyen-âge.

Cela dit, on a évidemment essayé de donner des définitions plus complètes ou plus précises de la scolastique médiévale. Ces définitions sont soit basées sur un corps de doctrines qu'auraient professées les philosophes médiévaux, soit sur la méthode qu'ils utilisaient. En ce qui concerne la première sorte de définitions, on peut donner en exemple les efforts que fit l'historien belge de la philosophie médiévale Maurice De Wulf (1867-1947) pour identifier un ensemble doctrinal commun à tous les grands penseurs du moyen-âge, en particulier aux philosophes de l'âge d'or de la scolastique (le XIIIe siècle). De Wulf, en effet, estimait que la pensée philosophique du moyen-âge présentait, par-delà de la diversité de ses différents courants intellectuels, une unité doctrinale caractéristique. À ses yeux, celle-ci était comme l'idéal vers lequel avaient tendu plus ou moins inconsciemment la plupart des philosophes du moyen-âge depuis le début de cette période. C'est pourquoi il voyait dans l'histoire de la philosophie médiévale l'élaboration progressive d'un corps de doctrines s'enrichissant à chaque génération de philosophes et culminant avec le système de S. Thomas d'Aquin, avant de s'anémier et de se décomposer peu à peu au cours des siècles de déclin, en raison de causes diverses. C'est ce corps de doctrines qu'il désignait par l'expression *philosophie scolastique*. Sous sa plume, l'adjectif *scolastique* n'était donc nullement synonyme de *médiéval*, mais il avait un sens strictement doctrinal et qualifiait une synthèse philosophique déterminée, ne se définissant ni par ses relations privilégiées avec la foi ou la philosophie aristotélicienne, ni même par ses méthodes d'enseignement,

---

[25] Lénine, *Matérialisme et empirio-criticisme*, cité par P. Foulquié, *La dialectique*, Paris, P.U.F. (coll. «Que sais-je?»), 1962, p. 70.

mais bien par des caractéristiques intrinsèques et essentielles que De Wulf résumait comme suit:

> Avant tout la scolastique n'est pas un système *moniste*. Le *dualisme* de l'acte pur (Dieu) et des êtres mélangés d'acte et de puissance (créatures) fait de la scolastique l'irréductible ennemie de tout panthéisme. Les compositions de matière et de forme, de l'individuel et de l'universel, les distinctions entre la réalité du sujet connaissant et celle de l'objet connu, entre la substance de l'âme bienheureuse et celle du Dieu qui assouvit ses facultés — sont autant de doctrines incompatibles avec le monisme. La théodicée de la scolastique est *créationniste*, son Dieu est *personnel*; sa métaphysique de l'être contingent est à la fois un *dynamisme modéré* (l'acte et la puissance, la matière et la forme, l'essence et l'existence) et une franche affirmation de *l'individualisme*. Ce même *dynamisme* régit l'apparition et la disparition des substances naturelles; à un autre point de vue, le monde matériel reçoit une interprétation *évolutionniste* et *finaliste*. — Rappelons, en outre, que la psychologie scolastique est *spiritualiste* et non matérialiste; *expérimentale* et non aprioriste ou idéaliste; *objectiviste* et non subjectiviste: la définition même de la philosophie (…) implique la possibilité pour l'intelligence de saisir une réalité extra-mentale. Enfin la morale emprunte à la psychologie, et la logique à la psychologie les caractères qui la distinguent[26].

Ces doctrines sont certainement caractéristiques de la pensée de nombreux philosophes du moyen-âge. Toutefois, elles ne furent pas toutes professées par tous les penseurs de cette période, tant s'en faut. Aussi De Wulf était-il obligé de qualifier d'«anti-scolastiques» tous les philosophes qui, tels Jean Scot Érigène au IXᵉ siècle ou les averroïstes latins au XIIIᵉ et au XIVᵉ, se trouvaient en désaccord avec l'une ou l'autre de ces doctrines essentielles de la «synthèse scolastique». Quant à ceux qui, sans rejeter les doctrines fondamentales de la scolastique, défendaient une philosophie partiellement déviante par rapport à elle, De Wulf les appelaient des «scolastiques dissidents»: tel était le cas, entre autres, de Roger Bacon, de Raymond Lulle (1235-1315), de Maître Eckhart (vers 1260-1328) et de Nicolas de Cuse (1401-1464)…

De Wulf voyait les causes de l'unité doctrinale de la pensée scolastique dans deux traits caractéristiques de la civilisation même du moyen-âge: le sens de la tradition et celui de la collaboration (le sens «communautaire»). C'est ainsi que, dans un article de 1911, il écrivait, de manière hautement significative, qu'avant de faire le bilan du patrimoine scolastique, il fallait

---

[26] M. De Wulf, «La synthèse scolastique», in *Revue néo-scolastique* 6 (1899), pp. 177-178.

souligner la raison profonde de cette communauté, qu'on retrouve aussi bien sur les terrains artistique, scientifique et théologique: les hommes du moyen-âge ne considèrent pas la vérité comme un bien personnel que chacun constitue par ses efforts, mais comme un trésor impersonnel que les générations se transmettent, après l'avoir enrichi[27].

Par la suite, cependant, en réponse à des critiques que sa théorie de la «synthèse scolastique» avait suscitées, notamment de la part d'historiens de la philosophie médiévale aussi prestigieux que Ferdinand Sassen, François Picavet et Étienne Gilson, De Wulf devait quelque peu nuancer son point de vue, notamment dans un article de 1927, intitulé significativement: «Y eut-il une philosophie scolastique au moyen-âge?». Dans cet article, en effet, il abandonna l'expression de «synthèse scolastique», qui faisait trop penser à un système achevé, mais il maintint les positions suivantes:

> le XIIIe siècle occidental offre le spectacle d'un patrimoine philosophique commun et dominant; [...] ce patrimoine commun ou *Sententia communis* établit une parenté *philosophique* et pas seulement apologétique ou religieuse entre un groupe imposant de docteurs, [tandis que] d'autres systèmes philosophiques — l'averroïsme, le matérialisme, le subjectivisme — veulent ruiner les directives ou les fondements de cette philosophie dominante[28].

Il semble cependant que même ces positions de repli aient mal résisté à la critique, car dans la sixième et dernière édition de sa célèbre *Histoire de la philosophie médiévale* (1947), De Wulf enleva à l'adjectif *scolastique* toute signification doctrinale, pour en faire un simple équivalent de l'adjectif *médiéval*, avec la double conséquence qu'il ne fut plus question d'«anti-scolastiques» et que le concept de «synthèse scolastique», trop chargé de connotations idéologiques, fut définitivement jeté aux oubliettes.

Aussi les historiens actuels de la philosophie médiévale préfèrent-ils donner de la scolastique une définition basée sur la *méthode* suivie par les philosophes médiévaux dans leur travail intellectuel[29]. Comme la plupart, pour ne pas dire la totalité, des philosophes médiévaux étaient

---

[27] M. De Wulf, «Notion de la philosophie scolastique», in *Revue néo-scolastique de philosophie* 18 (1911), p. 186.

[28] M. De Wulf, «Y eut-il une philosophie scolastique au moyen-âge?», in *Revue néo-scolastique de philosophie* 29 (1927), p. 25.

[29] Voir, à ce sujet, l'article de P.W. Rosemann, «Histoire et actualité de la méthode scolastique selon M. Grabmann», in J. Follon et J. McEvoy (éds.), *Actualité de la pensée médiévale*, Louvain-la-Neuve, 1994, pp. 95-118.

aussi des théologiens catholiques, leur méthode fut essentiellement caractérisée par le souci primordial de concilier la raison (en latin, *ratio*), propre à la démarche philosophique, avec l'autorité (*auctoritas*) attachée aussi bien à l'Écriture sainte, aux décrets des conciles et aux écrits des Pères de l'Église qu'aux textes des grands philosophes de l'antiquité et du haut moyen-âge. Comment les philosophes et théologiens scolastiques ont-ils opéré cette conciliation? En employant ce que le grand historien de la philosophie médiévale Martin Grabmann a appelé, en parlant de S. Thomas d'Aquin, une méthode «concordiste» dans le traitement des textes faisant autorité. Car S. Thomas, pour prendre justement cet exemple, dit très rarement d'un penseur qu'il examine et avec lequel il n'est pas d'accord, qu'il s'est totalement trompé. Au contraire, en règle générale, l'Aquinate s'efforce d'extraire l'«âme de vérité» que contiennent, selon lui, même les doctrines qu'il combat, en montrant que, d'un certain point de vue, l'adversaire examiné avait quand même raison de dire ce qu'il a dit. Le procédé utilisé à cette fin est celui de la distinction (*distinctio*): ainsi, S. Thomas *distingue* tout d'abord différents points de vue dans les questions qu'il traite, et il montre qu'en réalité les thèses qui s'affrontent correspondent chacune aux différents aspects que présentent *les choses elles-mêmes*. Ensuite, il récupère, en quelque sorte, ce que chacune des thèses a d'acceptable pour réaliser sa propre synthèse.

On notera la différence qu'il y a entre cette méthode «concordiste» et la méthode historique de l'éclectisme, prônée au XIXe siècle par Victor Cousin[30]: il ne s'agit pas, pour S. Thomas, de retenir dans les différents systèmes philosophiques les thèses qui sont conciliables entre elles, mais bien d'opérer un discernement entre les différentes «autorités» (*auctoritates*). C'est ici, précisément, qu'intervient la raison (*ratio*), car c'est elle qui permet d'opérer un tel discernement, en prenant comme critère *la conformité au réel, le retour aux choses mêmes*. En effet, la façon dont S. Thomas «interprète ses autorités et réconcilie leurs arguments est guidée par le souci de conformer la pensée humaine à la réalité des choses»[31]. Pour l'Aquinate, comme pour les autres scolastiques, la réconciliation, au moyen de la raison, des autorités qui s'opposent entre elles n'est donc pas «une fin en soi»[32]. Car, pour eux, le but n'est pas de faire la synthèse cumulative de tout ce que les philosophes ont pu penser à propos de telle ou telle question, mais bien d'arriver, en s'aidant de leurs

---

[30] Cf. chap. 2.
[31] P.W. Rosemann, «Histoire et actualité...», p. 100.
[32] *Ibid.*

propres recherches, à une meilleure compréhension du *réel*: «L'étude de la philosophie, disait S. Thomas, n'a pas pour but de savoir ce que les hommes ont pensé, mais bien quelle est la vérité des choses»[33]. Tel est le véritable sens de la méthode scolastique, l'un des plus fécondes qu'ait jamais produites l'esprit humain.

3. *La méthode inductive de Francis Bacon*

Bien que la méthode inductive décrite par Francis Bacon intéresse davantage les sciences positives que la philosophie proprement dite, il n'est pas inutile de la présenter ici brièvement, car elle eut une énorme influence sur le courant empiriste de la philosophie des sciences à l'époque moderne.

Bacon a exposé cette méthode dans son *Novum Organum*, qu'il se proposait de substituer à l'*Organon* d'Aristote comme traité de méthodologie scientifique. L'*Organon*, en effet, contenait une logique basée sur la déduction syllogistique, que Bacon considérait comme stérile et qu'il voulait remplacer par une nouvelle logique, fondée sur l'induction empirique. Comme tel, le *Novum Organum* se compose de deux livres, constituant, le premier, la «partie destructrice» (*pars destruens*), et le second, la «partie enseignante» (*pars informans*) de la méthode baconienne.

La «partie destructrice» consiste essentiellement en une critique des *idola*, c'est-à-dire des «idoles» ou, plus exactement, des «fantômes»[34], que l'esprit humain semble produire naturellement, mais qui n'en sont pas moins la source de toutes nos erreurs dans les sciences. Bacon en distingue quatre sortes, à savoir:

1° Les *idola tribus* ou «fantômes de la tribu», qui sont les illusions inhérentes à l'espèce humaine, comme, par exemple, l'anthropomorphisme, qui est la tendance à concevoir la Divinité sur le modèle de l'être humain,

> car rien n'est plus dénué de fondement que ce principe: «le sens humain est la mesure de toutes les choses». Il faut dire, au contraire, que toutes les

---

[33] «Studium philosophiae non est ad hoc quod sciatur quid homines senserint, sed qualiter se habeat veritas rerum» (*In I de caelo*, lect. 22, § 228)

[34] Mais on pourrait tout aussi bien traduire par «chimères», «illusions», ou même «préjugés».

perceptions, soit des sens, soit de l'esprit, ne sont que des relations à l'homme et non des relations à l'univers. L'entendement humain, semblable à un miroir faux, fléchissant les rayons qui jaillissent des objets, et mêlant sa propre nature à celle des choses, gâte, tord, pour ainsi dire, et défigure toutes les images qu'il réfléchit.

2° Les *idola specus* ou «fantômes de la caverne», qui sont les préjugés propres à l'homme individuel,

> car, outre les aberrations de la nature humaine prises en général, chaque homme a une sorte de caverne, d'antre individuel qui rompt et corrompt la lumière naturelle en vertu de différentes causes, telles que: la nature propre et particulière de chaque individu, l'éducation, les conversations, les lectures, les sociétés, l'autorité des personnes qu'on admire et qu'on respecte, enfin la diversité des impressions que peuvent faire les mêmes choses, selon qu'elles rencontrent un esprit préoccupé et déjà vivement affecté par d'autres objets ou qu'elles trouvent un esprit tranquille et reposé.

3° Les *idola fori* ou «fantômes de la place publique (*forum*)», qui sont ceux du langage,

> car les hommes s'associent par les discours, et les noms qu'on impose aux différents objets d'échange, on les proportionne à l'intelligence des plus bêtes. De là tant de nomenclatures inexactes, d'expressions impropres qui font obstacle aux opérations de l'esprit.

4° Les *idola theatri* ou «fantômes du théâtre», qui sont les chimères répandues par les différentes écoles philosophiques,

> car tous ces systèmes de philosophie [...] sont comme autant de pièces de théâtre que les divers philosophes ont mises au jour et sont venus jouer chacun à leur tour, pièces qui représentent à nos regards autant de mondes imaginaires et vraiment faits pour la scène[35].

La «partie enseignante» de la méthode baconienne fournit les règles pour progresser dans les sciences. Ces règles sont basées sur l'observation de la nature et sur l'expérimentation. Pour ce faire, le syllogisme aristotélicien, estime Bacon, n'est d'aucun usage: «c'est un instrument trop faible et trop grossier pour pénétrer dans les profondeurs de la nature». Ce qu'il faut faire, selon lui, c'est tout d'abord multiplier les observations, pratiquer «la chasse aux faits», qu'il appelle «la chasse de Pan» (*venatio Panis*). Une fois que les faits de la nature ont été ainsi recueillis, il faut alors les classer selon des «tables de comparution», dont le rôle est de «faire comparaître» ces faits devant l'esprit, pour que celui-ci en découvre les lois. En effet,

---

[35] F. Bacon, *Novum Organum*, I, XLI-XLIV (trad. Buchon).

l'histoire naturelle [...] est si variée et si éparse qu'elle jette l'esprit dans la confusion et le disperse, si on ne la fixe et la fait comparaître dans l'ordre qu'il faut. Aussi faut-il former des tableaux et des classifications d'exemples, de telle sorte et en telle disposition que l'esprit puisse s'exercer sur eux[36].

Ces tables de comparution sont de trois sortes. Il y a d'abord les tables d'existence et de présence (*tabulae essentiae et praesentiae*), dans lesquelles on note les cas, aussi nombreux et variés que possible, où le phénomène étudié apparaît; puis les tables de déviation ou d'absence dans les cas voisins (*tabulae declinationis sive absentiae in proximo*), dans lesquelles on note les cas les plus semblables aux premiers où le phénomène n'apparaît pas; enfin les tables des degrés ou de comparaison (*tabulae gradus sive comparativae*), dans lesquelles on note les cas où le phénomène se manifeste avec une amplitude ou une intensité plus ou moins forte. Après que l'esprit humain ait fait comparaître devant lui les faits de la nature au moyen de ces trois sortes de tables, vient alors «le moment de mettre en œuvre l'induction elle-même». Celle-ci consiste d'abord à formuler une hypothèse, qu'il faudra cependant vérifier par un «exemple crucial» (*instantia crucis*), dont le nom est emprunté à «ces croix qu'on élève à l'entrée des chemins fourchus et qui indiquent les lieux où conduisent les deux routes». Laissons Bacon lui-même en décrire et en illustrer le fonctionnement:

Lorsque, dans la recherche de la forme de quelque nature, l'entendement est comme en équilibre et tellement en suspens qu'il ne sait laquelle des deux natures il doit regarder comme la véritable cause de la nature en question, incertitude où le jettent le très grand nombre de natures qui se trouvent souvent réunies et concourantes dans un même sujet, les «exemples de la croix» montrent le lien étroit et indissoluble qui unit l'une de ces natures avec la nature en question, en faisant voir que l'autre n'y tient qu'accidentellement. Dès lors, la question est terminée et l'on peut admettre comme cause la première de ces natures en rejetant tout à fait l'autre. [...]

Soit la nature en question, la pesanteur ou la gravité; il se présente d'abord deux suppositions à faire sur cette nature, car on est forcé de supposer de deux choses l'une: ou que les corps graves et pesants tendent naturellement vers le centre de la terre en vertu de leur texture ou constitution[37], ou qu'ils sont attirés, entraînés par la masse corporelle du globe terrestre, qui est comme l'assemblée, le rendez-vous de leurs analogues et congénères, et qu'ils se portent vers elle en vertu de cette analogie ou affinité. Que si la dernière cause est la véritable, il s'ensuit que la force et la

---

[36] *Ibid.* II, X (trad. dans A. Lalande, *Vocabulaire...*, p. 1320).
[37] C'était la théorie d'Aristote et des scolastiques.

vitesse avec laquelle les graves se portent vers la terre est en raison inverse de leur distance de cette planète, ou, ce qui est la même chose, en raison directe de leur proximité, ce qui est précisément la loi de l'attraction magnétique, proportion toutefois qui n'a lieu qu'à une certaine distance; en sorte que si des corps se trouvaient placés à une telle distance de notre globe que sa forme attractive cessât d'agir sur eux, ils demeureraient suspendus comme la terre elle-même et cesseraient de tomber vers elle.

Nous aurons donc, sur ce sujet, l'exemple de la croix. Prenez deux horloges, dont l'une ait pour moteur un poids de plomb, par exemple, et l'autre un ressort. Ayez soin de les éprouver et de les régler de manière que l'une n'aille pas plus vite que l'autre; placez ensuite l'horloge à poids sur le faîte de quelque édifice fort élevé et laissez l'autre en bas, puis observez exactement si l'horloge placée en haut ne marche pas plus lentement qu'à son ordinaire, ce qui annoncerait que la force du poids est diminuée. Tentez la même expérience dans les mines les plus profondes, afin de savoir si une horloge de cette espèce n'y marche pas plus vite qu'à l'ordinaire par l'augmentation de la force du poids qui lui sert de moteur. Cela posé, si l'on trouve que cette force diminue dans les lieux élevés et augmente dans les souterrains, il faudra regarder comme la véritable cause de la pesanteur l'attraction exercée par la masse corporelle de la terre[38].

Comme on le voit, pour Bacon, l'induction était donc bien le double résultat de l'observation et de l'expérience. Notons que la notion d'expérience cruciale est encore souvent utilisée par les savants d'aujourd'hui sans qu'ils sachent, évidemment, que c'est Bacon qui en fut l'inventeur.

C'est à tort, cependant, que l'on a longtemps considéré la méthode inductive de Bacon comme la méthode de la science par excellence. Jusqu'il y a peu, en effet, on croyait que les savants élaboraient des théories pour expliquer les résultats d'expériences faites préalablement, et puis qu'ils vérifiaient ces théories par des expériences supplémentaires. Mais, reprenant et développant une critique déjà faite par Hume, le philosophe des sciences Karl Popper (1902-1994) a bien montré qu'en réalité, les savants ne raisonnent nullement selon un tel schéma inductif. Ils élaborent plutôt des hypothèses, qui sont autant de théories qu'ils cherchent à vérifier par des expériences. Ainsi, dans la recherche scientifique, c'est la théorie qui normalement précède et guide l'expérience ou la «chasse aux faits», et non l'inverse. Car, comme le disait Popper lui-même, «l'observation est toujours sélective. Elle a besoin d'un projet et d'une tâche bien définis, d'un intérêt, d'un point de vue, d'un problème»[39]. L'expérience scientifique est donc toujours «gorgée

---

[38] F. Bacon, *Novum Organum*, II, XXXVI (trad. Riaux).

[39] Cité par P. E. Johnson, *Le darwinisme en question*, Chambéry, Éditions Exergue, 1997, p. 201.

de théorie». Sans théorie, les savants seraient incapables de construire des expériences, et ils ne sauraient pas dans quelle direction aller pour découvrir les faits intéressants...

4. *La méthode déductive de Descartes*

Comme Bacon, Descartes voulut remplacer la logique aristotélicienne par une nouvelle méthode de découverte scientifique (et philosophique). Cependant, alors que la méthode de Bacon était basée sur l'*induction*, qu'il estimait caractéristique des sciences expérimentales, la méthode de Descartes prit comme modèle la démarche *déductive* des sciences mathématiques.

En effet, animé d'une véritable passion pour les mathématiques, Descartes avait été impressionné, dès sa jeunesse, par les qualités d'évidence et de certitude qui caractérisent ces sciences:

> Je me plaisais surtout aux mathématiques, à cause de la certitude et de l'évidence de leurs raisons; mais je ne remarquais point encore leur vrai usage, et, pensant qu'elles ne servaient qu'aux arts mécaniques, je m'étonnais de ce que, leurs fondements étant si fermes et si solides, on n'avait rien bâti dessus de plus relevé[40].

C'est en abordant les grands problèmes scientifiques et philosophiques de son temps que Descartes éprouva le besoin d'une nouvelle et «vraie» méthode, qui serait construite, au moins en partie, sur le modèle de la méthode des mathématiques et qui lui permettrait ainsi de «parvenir à la connaissance de toutes les choses dont [son] esprit était capable». Dans cette sorte d'autobiographie intellectuelle qu'est le *Discours de la méthode*, il explique lui-même comment naquit dans son esprit l'idée de cette méthode, destinée à se substituer à la logique ancienne:

> J'avais un peu étudié, étant plus jeune, entre les parties de la philosophie, à la logique, et entre les mathématiques, à l'analyse des géomètres et à l'algèbre, trois arts ou sciences qui semblaient devoir contribuer quelque chose à mon dessein. Mais, en les examinant, je pris garde que, pour la logique, ses syllogismes et la plupart de ses autres instructions servent plutôt à expliquer à autrui les choses qu'on sait [...] qu'à les apprendre. Et bien qu'elle contienne, en effet, beaucoup de préceptes très vrais et très bons, il y en a toutefois tant d'autres, mêlés parmi, qui sont ou nuisibles ou superflus qu'il est [...] malaisé de les en séparer [...]. Puis, pour l'analyse des

---

[40] R. Descartes, *Discours de la méthode*, 1re partie.

anciens[41] et l'algèbre des modernes […], la première est toujours si astreinte à la considération des figures, qu'elle ne peut exercer l'entendement sans fatiguer beaucoup l'imagination; et qu'on s'est tellement assujetti, en la dernière, à certaines règles et à certains chiffres, qu'on en a fait un art confus et obscur qui embarrasse l'esprit, au lieu d'une science qui le cultive. Ce qui fut cause que je pensai qu'il fallait chercher quelque autre méthode, qui, comprenant les avantages de ces trois, fût exempte de leurs défauts. Et comme la multitude des lois fournit souvent des excuses aux vices, en sorte qu'un État est bien mieux réglé lorsque, n'en ayant que fort peu, elles y sont fort étroitement observées; ainsi, au lieu de ce grand nombre de préceptes dont la logique est composée, je crus que j'aurais assez des quatre suivants, pourvu que je prisse une ferme et constante résolution de ne manquer pas une seule fois à les observer[42].

Et Descartes d'énumérer alors les quatre fameuses règles de sa méthode:

Le premier [précepte] était de ne recevoir jamais aucune chose pour vraie, que je ne la connusse évidemment[43] être telle: c'est-à-dire d'éviter soigneusement la précipitation et la prévention; et de ne comprendre rien de plus en mes jugements, que ce qui se présenterait si clairement et si distinctement à mon esprit, que je n'eusse aucune occasion de le mettre en doute.

Le second, de diviser chacune des difficultés que j'examinerais, en autant de parcelles qu'il se pourrait et qu'il serait requis pour les mieux résoudre.

Le troisième, de conduire par ordre mes pensées, en commençant par les objets les plus simples et les plus aisés à connaître, pour monter peu à peu, comme par degrés, jusques à la connaissance des plus composés; et supposant même de l'ordre entre ceux qui ne se précèdent point naturellement les uns les autres.

Et le dernier, de faire partout des dénombrements si entiers, et des revues si générales, que je fusse assuré de ne rien omettre.

La signification méthodologique de ces quatre règles est donnée par l'explication qu'en fournit Descartes lui-même aussitôt après qu'il les ait énumérées. Cette explication montre bien qu'en fait, elles sont nées dans son esprit à la suite d'une réflexion sur la méthode déductive de la géométrie:

Ces longues chaînes de raisons, toutes simples et faciles, dont les géomètres ont coutume de se servir pour parvenir à leurs plus difficiles démonstrations, m'avaient donné l'occasion de m'imaginer que toutes les choses qui peuvent tomber sous la connaissance des hommes s'entresuivent de la même façon et que, pourvu seulement qu'on s'abstienne d'en

---

[41] L'analyse des géomètres.
[42] R. Descartes, *Discours de la méthode*, 2e partie.
[43] C'est-à-dire «avec évidence».

recevoir aucune pour vraie qui ne le soit, et qu'on garde toujours l'ordre qu'il faut pour les déduire les unes des autres, il n'y en peut avoir de si éloignées auxquelles enfin on ne parvienne, ni de si cachées qu'on ne découvre[44].

Descartes voulait que sa méthode fût d'un usage général. Car il espérait bien l'étendre à toutes les sciences, en procédant de la manière suivante: partant de quelques vérités évidentes, c'est-à-dire de quelques idées claires et distinctes, voire d'une seule (le fameux cogito: «Je pense, donc je suis»), il rêvait en quelque sorte d'en tirer d'abord tous les principes de la métaphysique (les «racines», rappelons-nous, de ce qui était pour lui l'arbre de la philosophie), à partir desquels il aurait ensuite déduit ceux de toutes les autres sciences (la physique, la mécanique, la médecine, la morale, etc.). C'était là le rêve de ce qu'il appelait lui-même une *mathesis universalis*:

> il doit y avoir une science générale qui explique tout ce qu'il est possible de rechercher touchant l'ordre et la mesure, sans assignation à quelque matière particulière que ce soit; et [...] cette science s'appelle, non point d'un nom d'emprunt[45], mais d'un nom déjà ancien et reçu par l'usage, la mathématique universelle (*mathesis universalis*), puisqu'elle contient tout ce en vertu de quoi l'on dit d'autres sciences qu'elles sont des parties de la mathématique[46].

Même si ce rêve ne devait pas se réaliser, il est clair qu'il hanta les esprits de nombreux philosophes et savants de l'époque moderne, et qu'en particulier, il influença profondément tous les philosophes rationalistes de cette époque, notamment les plus grands d'entre eux: Spinoza, Malebranche et Leibniz...

5. *La phénoménologie*

Le mot *phénoménologie* a été inventé, semble-t-il, par le mathématicien et philosophe suisse d'expression allemande Johann Heinrich Lambert (1728-1777), avec le sens de «théorie de l'apparence» (*Lehre des Scheins*). Le mot *phénomène* vient, en effet, du terme grec φαινόμενον, lequel est le participe présent substantivé du verbe φαίνεσθαι, qui dérive lui-même de τὸ φῶς («la lumière») et qui signifie «apparaître»,

---

[44] R. Descartes, *Discours de la méthode*, 2e partie.
[45] Comme l'algèbre, dont le nom vient de l'arabe.
[46] R. Descartes, *Règles pour la direction de l'esprit*, Règle IV.

«paraître», «être visible». Au sens étymologique du terme, le *phéno-mène* est donc «ce qui apparaît à un sujet», «ce qui est perçu», dans l'ordre de la sensation aussi bien que de la pensée. C'est pourquoi le mot *phénoménologie* a tout d'abord désigné l'étude descriptive des «appa-rences» ou «phénomènes» (compris en ce sens). Par la suite, cependant, il a été utilisé en des sens assez différents, bien que toujours en rapport avec son étymologie. Ainsi Kant intitule *Phénoménologie* (*Phänomeno-logie*) la quatrième partie de ses *Premiers principes métaphysiques de la science de la nature* (*Metaphysische Anfangsgründe der Naturwissen-schaft*, 1786), laquelle traite du «mouvement et du repos *dans leur rap-port avec la représentation* », autrement dit *en tant que caractères géné-raux des phénomènes*. Après lui, Hegel donna le titre de *Phénoménologie de l'Esprit* (*Phänomenologie des Geistes*, 1807) à l'un de ses principaux ouvrages, qui exposait «le progrès de la conscience depuis la première opposition entre elle et l'objet [la sensation individuelle] jusqu'au savoir absolu»[47]. Plus tard encore, le philosophe écossais William Hamilton désigna sous ce nom la psychologie, parce que celle-ci, notait-il, s'op-pose à la logique, qui est la «science des lois de la pensée en tant que pensée»[48]. Enfin, le philosophe allemand Eduard von Hartmann écrivit, sous le titre de *Phénoménologie de la conscience morale* (*Phänomenolo-gie des sittlichen Bewusstseins*, 1869) un ouvrage qui se voulait «un inventaire aussi complet que possible des faits de conscience morale empiriquement connus, l'étude de leurs rapports et la recherche inductive des principes auxquels ils peuvent se ramener»[49].

Toutefois, le mot *phénoménologie* a pris, depuis le début du XXe siècle, un sens tout à fait particulier, qui est devenu aujourd'hui le sens dominant, pour ne pas dire exclusif. En ce sens précis, il désigne alors à la fois la méthode, le système et le mouvement philosophiques qui ont été fondés par Edmund Husserl.

Comme nous l'avons déjà vu, l'ambition de celui-ci était de faire de la philosophie une science «exacte» ou «rigoureuse», car il considérait que toutes les philosophies antérieures se caractérisaient par la superfi-cialité ou la pauvreté, ou encore par l'imprécision, voire par la stérilité. C'est dans ce but qu'il inventa une méthode originale, qu'il appela lui-même «phénoménologie», parce qu'il la voyait comme une étude entiè-rement nouvelle des phénomènes, le mot *phénomène* étant entendu au

---

[47] F.G.W. Hegel, *Logik*, éd. Lasson, I, 29.
[48] W. Hamilton, *Lectures*, III, 17.
[49] A. Lalande (éd.), *Vocabulaire...*, p. 768.

sens primitif de «ce qui apparaît (φαίνεται) à la conscience». Husserl, en effet, préconisa d'analyser les contenus de conscience immédiatement ou directement (c'est-à-dire en faisant abstraction des théories concernant leur explication causale et en s'affranchissant au maximum des présupposés «naïfs», admis sans examen critique), puis d'essayer d'en donner une description aussi fidèle que possible.

Pour comprendre cette démarche, il faut savoir qu'il avait été l'élève du psychologue et philosophe tchèque Franz Brentano (1838-1917), un ancien prêtre, qui avait subi fortement l'influence d'Aristote et de la scolastique médiévale. C'est ce maître qui lui fit prendre conscience de l'importance de trois doctrines majeures, qui devaient demeurer fondamentales dans sa propre philosophie, au-delà des modifications ou même des changements radicaux qu'il apporta à celle-ci tout au long de sa carrière. Tout d'abord, Husserl apprit de Brentano à faire la distinction entre les lois de la logique et les lois qui régissent les faits psychologiques; ce qui l'amena, dès le début de ca carrière philosophique, à combattre résolument le psychologisme en logique, c'est-à-dire la tendance à ramener les concepts logiques à des faits psychiques susceptibles d'être expliqués par leur genèse mentale, tendance réductionniste qui avait pour conséquence inévitable de faire de la logique une dépendance de la psychologie. En effet, si l'on suivait cette voie, expliquait Husserl,

> les concepts, les jugements, les déductions, les démonstrations, les théories seraient des événements psychiques et la logique, comme l'avait dit John Stuart Mill, serait «une partie ou une branche de la psychologie». C'est précisément dans cette conception, en apparence si évidente, que réside le *psychologisme logique*[50].

Ensuite, Husserl emprunta à son maître la distinction scolastique entre l'essence et l'existence d'une chose. Et enfin, il reçut aussi de lui la notion, non moins scolastique, d'*intentionnalité*, laquelle voulait dire que le psychisme (ou la conscience) a comme propriété essentielle de tendre vers des objets extérieurs, d'avoir un contenu. «Le mot *intentionnalité*, disait Husserl lui-même, ne signifie rien d'autre que cette particularité qu'a la conscience d'être conscience *de* quelque chose»[51].

Dans son désir d'améliorer et de perfectionner toujours davantage sa méthode, Husserl fut amené à la reformuler à plusieurs reprises, de sorte que ses commentateurs diffèrent aujourd'hui encore sur le point de savoir en quoi elle consistait réellement pour lui. Toutefois, on peut

---

[50] E. Husserl, *Logique formelle et logique transcendantale*, Paris, P.U.F., 1957, p. 210.
[51] E. Husserl, *Méditations cartésiennes*, §14.

quand même identifier les étapes essentielles de cette méthode, qui sont les suivantes. La première étape est ce que Husserl appelait la *réduction phénoménologique* ou bien, d'un mot emprunté à la philosophie ancienne, l'*époché*[52], par quoi il entendait la suspension du jugement concernant l'existence du monde extérieur, autrement dit la «mise entre parenthèse» de l'univers objectif, de façon à ne voir dans les contenus de l'expérience, aussi bien intérieure qu'extérieure, que des *phénomènes* proprement dits, c'est-à-dire des choses *apparaissant* à la conscience. Mais le fondateur de la phénoménologie insistait fortement sur le fait que cette suspension de jugement n'impliquait nullement un nihilisme ontologique:

> cette universelle mise hors valeur, cette «inhibition», cette «mise hors jeu» de toutes les attitudes que nous pouvons prendre vis-à-vis du monde objectif [...] ou encore, comme on a coutume de dire: cette «ἐποχή phé-noménologique», cette «mise entre parenthèses» du monde objectif, ne nous placent pas devant le pur néant[53].

> Par l'*époché* universelle quant à l'existence ou à l'inexistence du monde, la phénoménologie ne nous a pas, en réalité, fait perdre le monde comme objet phénoménologique. [...] Donc, en effectuant la réduction phénomé-nologique dans toute sa rigueur, nous gardons à titre noétique le champ libre et illimité de la vie pure de la conscience, et, du côté de son corrélatif noématique, le monde-phénomène, en tant que son objet intentionnel[54].

En d'autres termes, dans la réduction phénoménologique, les objets ne disparaissent nullement, mais ils deviennent purement et simplement des *contenus de la conscience*, car, comme on vient de le voir, selon la doc-trine de l'intentionnalité, la conscience est toujours conscience *d'un objet*. De ce fait, l'objet en question ne doit pas nécessairement exister dans la réalité physique: on peut croire aux dragons ou voir des éléphants roses, sans pour autant que ces objets *existent* au sens habituel du terme. L'objet peut également être «irréel», au sens où un nombre, par exemple, n'est pas une réalité empirique. La description des actes psychiques implique forcément une description de leurs objets, mais seulement comme phénomènes, comme «choses apparaissant à une conscience», et non comme réalités existant objectivement, puisque la question de leur existence est justement mise entre parenthèses.

---

[52] Du grec ἐποχή, «arrêt», «cessation», et, plus précisément dans le langage des sceptiques, «suspension du jugement», «état de doute».
[53] E. Husserl, *Méditations cartésiennes*, § 8.
[54] *Ibid.*, § 15.

La seconde étape de la méthode phénoménologique est la réduction *eidétique*[55], qui consiste à ramener ou «réduire»[56] à leurs essences pures les phénomènes que l'expérience procure à la conscience. Par cette réduction eidétique, l'esprit ne considère plus dans le donné que les *essences* des choses, et non plus leur existence ou leur présence. Cette considération des essences se substitue ainsi à la considération des faits dans leur individualité concrète, et donc elle se substitue à l'expérience entendue au sens habituel du terme. Comme telle, elle constitue l'objet même de la phénoménologie pure ou transcendantale:

> la phénoménologie pure ou transcendantale ne sera pas érigée en science portant sur des faits, mais portant sur des essences (en science *eidétique*); une telle science vise à établir uniquement des «connaissances d'essences» et nullement des «faits». La réduction correspondante qui conduit du phénomène psychologique à «l'essence» pure […] est la réduction *eidétique*[57].

Comment l'esprit appréhende-t-il ces essences? C'est en réfléchissant sur un acte psychique particulier (par exemple, la *vision* d'un arbre) et en soumettant à des variations imaginaires certaines de ses caractéristiques que l'on a l'intuition intellectuelle de l'essence ou *eidos*, non pas simplement de cet acte particulier, mais de tout acte comparable (dans notre exemple, il s'agit donc de l'essence de la vision comme telle: ce qu'on peut en dire, c'est que tout objet de vision doit avoir une couleur, une étendue et une configuration). Notons qu'on peut utiliser la réduction eidétique pour examiner, non seulement la perception sensible et ses objets, mais aussi les objets mathématiques, les valeurs morales, esthétiques et religieuses, les sentiments et les désirs. C'est pourquoi Husserl et ses disciples ont pu développer une phénoménologie des mathématiques, aussi bien que de la morale, de l'art, de la religion, de l'affectivité, etc.

Husserl ne voulait pas «faire de la métaphysique». Mais il n'en était pas moins convaincu que sa méthode phénoménologique était capable de fournir des réponses à toutes les questions métaphysiques «légitimes». Jusqu'à la fin de sa vie, il resta donc persuadé que la pratique de la phénoménologie, telle qu'il l'avait développée, finirait par produire une science exacte, tout à fait indépendamment de l'adhésion de l'adepte de cette méthode à une philosophie déterminée. C'est qu'avec la phénoménologie, il estimait avoir fondé la théorie idéale des conditions de

---

[55] Du grec εἶδος, «forme (intelligible)», «essence».
[56] Du latin *reducere*, «reconduire», «réduire».
[57] E. Husserl, *Idées directrices pour une phénoménologie*, Introd.

possibilité de la science. Aussi avait-il le sentiment très vif d'avoir servi la cause de la vérité en philosophie mieux que tout autre philosophe.

Quoi qu'il en soit de ses convictions, c'est un fait que la phénoménologie a exercé une influence énorme sur la philosophie de l'Europe continentale tout au long du XXᵉ siècle. Cette influence s'exerça notamment sur la plupart des existentialistes, tels que Martin Heidegger (1889-1976), Karl Jaspers, Jean-Paul Sartre et Simone de Beauvoir (1908-1986). Pourtant ceux-ci laissèrent explicitement tomber certains aspects de la phénoménologie que Husserl considérait pourtant comme primordiaux, tels que l'idée de la philosophie comme science rigoureuse et l'intérêt pour les questions épistémologiques, car, en règle générale, ils s'intéressèrent moins à la connaissance qu'à l'action. Mais, en dehors des existentialistes proprement dits, la phénoménologie imprégna aussi fortement la pensée de philosophes comme les Allemands Max Scheler (1874-1928), Nicolaï Hartmann (1882-1950) et Edith Stein, les Français Jean Wahl (1888-1974) et Gaston Berger (1896-1960), et le Russe, naturalisé Français, Alexandre Koyré (1892-1964).

Aujourd'hui même, la phénoménologie ne se présente pratiquement plus comme une école ou une tendance philosophique, encore moins comme un système, mais bien plutôt comme un mode de pensée que ses adeptes ont conduit dans des voies fort diverses, ce qui a eu pour conséquence qu'il signifie actuellement des choses sensiblement différentes pour les nombreux philosophes qui s'en réclament[58]. C'est ainsi que pour les uns la phénoménologie consisterait essentiellement en une analyse et en une description de la conscience, alors que pour d'autres elle se confondrait tout simplement avec l'existentialisme[59], car s'il est vrai qu'elle est une étude des essences, il n'est pas moins vrai qu'elle est aussi un effort pour replacer ces essences dans *l'existence*. Au demeurant, pour certains, elle serait foncièrement une méthode pour comprendre l'existence *concrète*. Cependant, pour d'autres encore, elle serait plutôt une réflexion sur la subjectivité transcendantale, ou encore une philosophie expliquant l'espace, le temps et le monde tels que nous les saisissons dans l'expérience immédiate, c'est-à-dire tels que nous les «vivons». Enfin, on a pu dire aussi que la phénoménologie s'efforçait de

---

[58] Les énumérations qui suivent (pp. 78-80) sont empruntées à l'excellent article de Joseph J. Kockelmans, «Phenomenology», in R. Audi (éd.), *The Cambridge Dictionary of Philosophy*, Cambridge, 1995, p. 579.

[59] Existentialisme: terme utilisé par désigner toute philosophie dont le but est l'analyse de l'existence concrète et vécue.

donner une description directe de notre expérience telle qu'elle est *en elle-même*, c'est-à-dire sans tenir compte de son origine psychologique et de l'explication causale qu'on peut en donner.

Cela dit, quelle que soit la diversité des directions dans lesquelles a pu se disperser le mouvement phénoménologique, il reste que la plupart des phénoménologues contemporains continuent à partager un certain nombre de traits communs qui les distinguent des philosophes appartenant à d'autres courants. Ces traits sont les suivants:

1° La plupart des phénoménologues reconnaissent une différence radicale entre l'attitude «naturelle» et l'attitude «philosophique», ce qui les conduit à faire une différence non moins radicale entre philosophie et science.

2° Malgré cette différence radicale, ils n'en admettent pas moins l'existence de relations complexes entre la philosophie et la science. Dans le cadre de ces relations, estiment-ils, la philosophie doit, dans une certaine mesure, jouer le rôle d'un savoir «fondateur» par rapport aux sciences, celles-ci fournissant en retour une partie substantielle de la problématique que les philosophes sont appelés à traiter.

3° La plupart des phénoménologues pensent aussi que, pour accomplir sa tâche, la philosophie doit continuer à pratiquer l'*époché*, par laquelle le philosophe remonte des choses à leurs significations, c'est-à-dire du domaine du sens objectivé qu'on trouve dans les sciences au domaine du sens qui se donne dans l'expérience immédiate du «monde vécu».

4° Tous les phénoménologues souscrivent à la doctrine de l'intentionnalité, même si la plupart l'ont reformulée à leur manière. Rappelons que pour Husserl l'intentionnalité était une caractéristique des phénomènes ou des actes de la conscience. Mais Heidegger et la plupart des existentialistes ont soutenu que c'est la réalité humaine elle-même qui est intentionnelle, puisque pour eux l'essence de cette réalité consiste dans son existence[60], c'est-à-dire, au sens étymologique *(ek-sistence)*, dans sa «sortie» vers autrui et le monde extérieur[61].

---

[60] Cf. M. Heidegger, *Qu'est-ce que la métaphysique?*, Paris, Gallimard, 1938, p. 87: «La réalité humaine [est] cet existant qui se sent au milieu de l'existant; qui entretient des rapports *avec* l'existant — [qui] existe par là de telle sorte que l'existant lui est toujours manifesté dans son ensemble».

[61] Cf. J. Wahl, *Traité de métaphysique*, Paris, Payot, 1953, p. 558: «Heidegger nous invite […] à partir du mot d'existence pour voir ce qu'est celle-ci. Originairement l'existence apparaît comme *sortie hors de;* elle est sortie hors de l'Un pour Plotin, sortie hors du possible pour Leibniz, sortie hors du néant pour Heidegger».

5° Tous les phénoménologues admettent aussi que la tâche fondamentale de la philosophie est de répondre à la question qui concerne le sens et l'être des étants. En outre, tous admettent également qu'en accomplissant cette tâche, le philosophe doit avant tout s'intéresser, non pas à la cause première de tous les êtres finis (Dieu, en métaphysique «classique»), mais bien à la manière dont l'être des étants et l'être du monde doivent être constitués. Enfin, tous reconnaissent encore que, dans la réponse à la question sur le sens de l'être, une place prépondérante revient à la subjectivité, c'est-à-dire à l'étant qui s'interroge lui-même sur l'être des étants (et qui n'est autre que l'homme).

6° Finalement, tous les phénoménologues pratiquent une certaine forme d'intuitionnisme et ils admettent unanimement ce que Husserl appelait «le principe des principes»:

> toute intuition donatrice originaire est une source de droit pour la connaissance; tout ce qui s'offre à nous dans «l'intuition» de façon originaire (dans sa réalité corporelle pour ainsi dire) doit être simplement reçu pour ce qu'il se donne, mais sans non plus outrepasser les limites dans lesquelles il se donne alors[62].

Toutefois, ici encore, chaque phénoménologue interprète ce principe à sa façon.

À la fin des années 1940, la phénoménologie en arriva à occuper une position dominante dans le monde philosophique de l'Europe continentale. En revanche, dans le monde philosophique anglo-saxon, c'est la *philosophie analytique* (que nous allons voir ci-après) qui dominait. C'est pourquoi les Anglo-Saxons prirent l'habitude d'utiliser l'expression *Continental philosophy* («philosophie continentale») pour désigner la phénoménologie de Husserl, de ses élèves directs (Scheler, Stein...) et de ses rejetons existentialistes (Heidegger, Sartre, etc.). Dans le cas de ces derniers, cependant, on se mit aussi à parler de *phénoménologie existentielle*. Heidegger lui-même créa l'expression *phénoménologie herméneutique*, parce que la phénoménologie était pour lui une méthode pour s'interroger sur le sens de l'être en lui-même au moyen d'une interprétation ou «herméneutique» du *Dasein*, c'est-à-dire de l'être de l'homme. Parmi ceux qui reprirent ce projet d'une phénoménologie herméneutique, tout en essayant de l'étendre et de le pousser plus loin, il faut citer l'Allemand Hans-Georg Gadamer (1900-2001) et le Français Paul Ricœur.

---

[62] E. Husserl, *Idées directrices pour une phénoménologie*, §24.

Outre ces trois philosophes de renommée mondiale, une bonne partie, pour ne pas dire la plupart, des penseurs «continentaux» de la seconde moitié du XXe siècle ont également été influencés de manière décisive par la phénoménologie. Citons, entre autres, Hans Jonas (1903-1993), Eugen Fink (1905-1975), Emmanuel Lévinas (1905-1995), Hannah Arendt (1906-1975), Jean Beaufret (1907-1982), Jan Patocka (1907-1977), Maurice Merleau-Ponty (1908-1961), Mikel Dufrenne (1910-1995), Alphonse De Waelhens (1911-1981), Henri Maldiney (né en 1912), Michel Henry (né en 1922), Jean-Toussaint Desanti (né en 1914), Jacques Taminiaux (né en 1928), Jacques Derrida (né en 1930) et Jean-Luc Marion (né en 1946).

6. *La philosophie analytique*

L'autre grand mouvement qui domine la scène philosophique mondiale depuis bientôt un siècle est donc celui de la *philosophie analytique*, appelée aussi *philosophie linguistique*, parce que ses adhérents utilisent une méthode centrée sur l'étude du langage et sur l'analyse des concepts qu'il contient.

En fait, l'expression *philosophie analytique* est aujourd'hui couramment utilisée pour désigner un vaste ensemble de techniques et de tendances philosophiques très largement répandues (mais pas exclusivement) dans le monde anglo-saxon. Bien qu'il soit assez facile d'identifier une philosophie ou un philosophe d'orientation «analytique», il est cependant malaisé de définir avec précision les critères qui permettent cette identification, car, pas plus que la phénoménologie, la philosophie analytique n'est un système ou une école au sens strict de ces termes, encore moins un corps de doctrines sur lesquelles tous les philosophes de cette mouvance seraient d'accord. Au contraire, on peut dire que, depuis la naissance du mouvement, ils n'ont cessé de proposer une grande variété de théories divergentes. Dès lors, le commun dénominateur de ces philosophes consisterait plutôt dans le fait qu'ils se reconnaissent tous comme les héritiers intellectuels de trois philosophes marquants de la première moitié du XXe siècle, qui pratiquèrent systématiquement l'«analyse philosophique» (*philosophical analysis*): les Anglais Bertrand Russell et George-Edward Moore (1873-1958), et l'Autrichien Ludwig Wittgenstein (1889-1951). Toutefois, il faut noter que l'analyse que pratiquaient Russell et Moore ne portait pas sur le langage en lui-même, mais plutôt sur les concepts et les propositions. Cette analyse ne pouvait peut-être pas couvrir tous les domaines de la philosophie, mais, selon eux, elle pouvait au moins fournir un instrument décisif pour mettre au jour la structure logique du monde. Quant à Wittgenstein, il commença sa carrière philosophique en étant l'un des principaux inspirateurs du puissant mouvement néo-positiviste, qui avait pris naissance à l'Université de Vienne en 1923, dans le séminaire du philosophe des sciences Moritz Schlick et qui devait se faire connaître internationalement sous le nom de «Cercle de Vienne» (*Wiener Kreis*). Ce mouvement, qui insistait sur la nécessité d'une connaissance basée sur des faits susceptibles d'être vérifiés par la méthode des sciences empiriques, comprenait, outre Schlick lui-même, Otto Neurath (1882-1945), Hans Reichenbach (1891-1953) et Rudolf Carnap (1891-1970). Son but avoué était, comme nous l'avons vu plus haut[63], de faire de la philosophie une véritable «conception scientifique du monde». Aussi la tâche de la philosophie n'était-elle nullement, d'après ses membres, de découvrir des vérités métaphysiques ou d'élaborer des représentations compliquées du monde, mais bien de produire une pensée claire et de fournir des analyses d'énoncés scientifiques. En fait, avant même la constitution de ce cercle, Wittgenstein avait déjà donné un excellent résumé du programme de celui-ci dans le *Tractatus logico-philosophicus* (1921):

> Le but de la philosophie est la clarification logique des pensées. La philosophie n'est pas une théorie, mais une activité. Une œuvre philosophique se compose essentiellement d'éclaircissements. Le résultat de la philosophie n'est pas de produire des «propositions philosophiques», mais de rendre claires les propositions. La philosophie doit rendre claires, et nettement délimitées, les propositions qui autrement sont, pour ainsi dire, troubles et confuses[64].

En outre, dans ce même ouvrage, Wittgenstein défendait la thèse que la structure formelle du langage reflète la structure logique du monde et que tout énoncé complexe peut être analysé en ses constituants élémentaires, lesquels désignent eux-mêmes les constituants élémentaires de la réalité.

Cependant, bien que cet auteur eût proclamé haut et fort que l'activité philosophique ne devait pas produire des «propositions philosophiques», le mouvement néo-positiviste avança un certain nombre de thèses qui produisirent, au moment de leur publication, un véritable scandale intellectuel, car elles prétendaient disqualifier des parties de la philosophie aussi importantes que la métaphysique, l'éthique et l'esthétique:

---

[63] Cf. chap. 2.
[64] L. Wittgenstein, *Tractatus*, 4. 112.

(1) Tout discours doué de sens consiste soit (*a*) en énoncés formels de la logique et des mathématiques, soit (*b*) en propositions factuelles des sciences particulières.

(2) Toute affirmation qui prétend être factuelle n'a de sens que s'il est possible de dire comment on pourrait la vérifier.

(3) Les affirmations métaphysiques, qui ne rentrent dans aucune des deux classes décrites en (1), sont totalement dépourvues de sens.

(4) Toutes les affirmations concernant les valeurs morales, esthétiques ou religieuses sont scientifiquement invérifiables et dénuées de sens[65].

De son côté, Moore fut, avec sa passion pour la clarté, sa volonté pugnace de purifier le discours philosophique de toute inintelligibilité, ses efforts inlassables pour «arriver à quelque chose d'*exactement juste*», et son opposition farouche à toute opinion contraire au sens commun, le grand précurseur de la philosophie linguistique qui s'épanouit à Oxford entre les années 1945 et 1960 (d'où le nom de «philosophie d'Oxford» [*Oxford philosophy*], qui fut parfois donné à la philosophie analytique pendant cette période) et dont les représentants les plus illustres furent Gilbert Ryle (1900-1976) et John Langshaw Austin (1911-1960).

Par ailleurs, entre 1936 et 1948, Wittgenstein, qui s'était installé en Angleterre, rédigea des *Philosophical Investigations* (*Recherches philosophiques*), dans lesquelles il réfutait en quelque sorte les positions qu'il avait pourtant défendues auparavant dans son propre *Tractatus*. Cet ouvrage ne fut publié qu'en 1953, c'est-à-dire deux ans après sa mort, mais il eut une énorme influence sur la philosophie anglo-saxonne des années 1950 et 1960. Wittgenstein y montrait que la totalité de l'univers mental d'un individu est constituée par son expérience langagière, si bien que la vraie philosophie devrait se ramener à une critique du langage et que la question philosophique cruciale devrait être: «Pourquoi utilisons-nous tel mot ou telle expression particulière?» En faisant ainsi porter la réflexion philosophique, non plus sur le monde, mais sur les mécanismes du langage, Wittgenstein espérait pouvoir résoudre la plupart des questions qui avaient embarrassé les philosophes depuis toujours. Sous l'influence de ce «second» Wittgenstein, un certain nombre de tenants de l'analyse philosophique, comme Ryle et Austin, se rallièrent alors à cette «philosophie du langage ordinaire» (*ordinary language philosophy*) et ils se mirent à affirmer que le sens des concepts, y compris ceux de la philosophie traditionnelle (par exemple, le concept de *vérité* et celui de

---

[65] A.W. Levi, «The History...», p. 767.

connaissance), était bel et bien fixé par la pratique du langage. Et ils ajoutèrent que les philosophes devraient se conformer aux *usages réels* des mots qui signifient ces concepts. Par exemple, expliquaient-ils, il faut se demander comment le mot *vérité* fonctionne dans le cadre de la vie quotidienne (non philosophique). Si un philosophe défend une théorie de la vérité qui est en contradiction avec l'usage ordinaire du mot, c'est tout simplement qu'il a mal identifié le concept qui correspond à ce mot. Aussi bien les erreurs philosophiques viennent-elles essentiellement de ce que nous sommes «ensorcelés» par le langage; plus précisément, elles s'expliquent par le fait que les philosophes de la tradition occidentale se sont souvent laissé induire en erreur par des similitudes linguistiques superficielles. Ainsi, dans *The Concept of Mind* (1949), Ryle essaye de montrer que nous avons tendance à considérer l'esprit comme une sorte de substance distincte, en partie à cause des similitudes grammaticales qui existent entre les mots *corps* et *esprit*. Comme nous n'arrivons pas à trouver une entité qui pourrait être considérée comme un esprit, nous en concluons que les esprits doivent être des entités non physiques. Le remède à cette erreur systématique, dit Ryle, consiste à observer la façon dont le mot *esprit* et les termes qui lui sont apparentés sont réellement utilisés par des locuteurs ordinaires.

Comme nous le notions plus haut, les philosophes analytiques suivent aujourd'hui des directions fort diverses. Mais ils n'en conservent pas moins un certain nombre de traits communs, qui permettent de les distinguer des représentants de la «philosophie continentale»[66]. C'est ainsi qu'il y a chez eux: tout d'abord, une estime implicite pour l'argumentation et la clarté dans l'expression de la pensée; ensuite, un accord assez informel (et qui évolue) sur les problèmes qui peuvent être traités par la philosophie et ceux qui ne le peuvent pas; enfin, la conviction qu'il existe une certaine continuité entre la science et la philosophie.

Ces traits communs expliquent sans doute en grande partie que, malgré l'absence de «doctrines» réellement communes, ce qu'on continue à appeler la philosophie analytique demeure un courant de pensée très nettement distinct de la philosophie «continentale», ainsi qu'en témoignent les réflexions suivantes d'un des plus grands philosophes anglo-saxons contemporains:

---

[66] Nous empruntons la liste de ces traits à l'article de John Heil, «Analytic Philosophy», in R. Audi (éd.), *The Cambridge Dictionary of Philosophy,* Cambridge, 1995, p. 23.

La philosophie analytique s'est pratiquement coupée de tout contact avec la philosophie non analytique et elle vit dans son propre monde. L'approche scientiste de la philosophie qui était commune à Carnap et à Husserl subsiste, présupposant tacitement l'œuvre des philosophes analytiques. Même si aujourd'hui la philosophie analytique se décrit comme post-positiviste, persiste l'idée que la philosophie «analyse» ou «décrit» des «structures» formelles anhistoriques — idée partagée par Husserl, Russell, Carnap et Ryle. Toutefois, il n'y a guère d'arguments métaphilosophiques explicites qui soutiennent ou développent cette thèse. Les philosophes analytiques ne tiennent guère à définir ou à défendre les présupposés de leur travail. De fait, la césure actuelle entre philosophie «analytique» et «non analytique» coïncide assez bien avec la division entre philosophes qui ne se soucient guère de réflexions historico-métaphilosophiques sur leur activité et philosophes qui s'en soucient...[67]

Il faut toutefois préciser que l'expression *Continental philosophy*, qui à vrai dire est essentiellement utilisée par les Anglo-Saxons, a fini par revêtir un sens très large et désigne aujourd'hui toute une nébuleuse philosophique qui comprend des mouvements ou des courants aussi divers que la «théorie critique» des philosophes post-marxistes de l'École de Francfort (en particulier Jürgen Habermas [né en 1929]), le structuralisme des penseurs français de la seconde moitié du XXᵉ siècle (Jacques Lacan [1901-1981], Claude Lévi-Strauss [né en 1908], Roland Barthes [1915-1980], Louis Althusser [1918-1990], Michel Foucault [1926-1984] et Michel Serres [né en 1930]), le déconstructionnisme de Derrida et de ses épigones, le post-modernisme de Jean-François Lyotard (1924-1998), ainsi que le mouvement de «la pensée faible» (*Il pensiero debole*) de Gianni Vattimo (né en 1936). Beaucoup trouveront sans doute difficile de trouver un commun dénominateur à toutes ces tendances. Toutefois, lorsqu'on les compare à la philosophie analytique, on découvre incontestablement entre elles un «air de famille» que le philosophe anglo-saxon Kevin Mulligan a décrit en des termes certes délibérément polémiques, pour ne pas dire agressifs, mais peut-être pas entièrement faux:

Les oppositions entre la façon dont on a pratiqué la philosophie continentale et la façon dont on pratique la philosophie analytique sont bien connues. La philosophie analytique est avant tout la culture de la dispute, de l'objection, de la distinction, de la description, des exemples et des contre-exemples, et même de la construction théorique. Quelles que soient les opinions réelles d'un philosophe analytique sur la philosophie et la

---

[67] R. Rorty, *Essays on Heidegger and Others*, in *Philosophical Papers*, vol. 2, Cambridge, 1991, II, p. 21 (trad. K. Mulligan).

science, sa pratique illustre presque invariablement une attitude sévèrement théorique.

De l'autre côté, la philosophie continentale est de l'ordre du mélodrame. Ce mélodrame commence avec les oppositions stridentes entre *Kultur* organique et *Zivilisation* morte, dans l'Allemagne des années vingt. Heidegger accuse toute la tradition occidentale d'avoir été incapable de voir que la signification de l'Être implique davantage qu'une simple présence...

La philosophie continentale contient peu d'exemples d'une thèse poursuivie, d'un progrès dans la compréhension d'une position. Il est très rare de trouver une affirmation qui a été modifiée au terme de sa discussion par un certain nombre de philosophes. Des positions sont élaborées, puis passées par-dessus bord. [...] Toutes les formes de désaccord sont présentes. Mais il y a très peu de controverses précises. Cela provient, entre autres, d'une autre caractéristique de la philosophie continentale.

La philosophie continentale contient peu d'exemples et encore moins d'arguments. Les positions sont insuffisamment décrites et insuffisamment argumentées, autrement dit sous-déterminées. [...]

La philosophie continentale est aveugle à tout problème. Des positions systématiquement sous-déterminées ne peuvent jamais atteindre la netteté qui résulte de la poursuite d'un problème particulier au long des tours et des détours des différents arguments avancés pour et contre différentes solutions. [...]

On pratique la philosophie continentale en faisant de l'histoire de la philosophie. De manière typique, un philosophe continental élabore ses opinions sous la forme d'un commentaire, d'une critique ou d'une application des opinions d'un ou plusieurs grands philosophes de la tradition[68].

D'une manière plus charitable, ou en tout cas plus respectueuse de la sensibilité des philosophes «continentaux» eux-mêmes, on pourrait aussi dire de la philosophie continentale qu'elle est, aujourd'hui encore, dominée par un courant de pensée constitué de trois branches, auxquelles la plupart de ces philosophes se rattachent en partie ou même en totalité. Ce dernier cas est notamment celui de Paul Ricœur, qui a lui-même très bien défini ce courant tripartite dans les termes suivants:

Je me réclame d'un des courants de la philosophie européenne qui se laisse lui-même caractériser par une certaine diversité d'épithètes: philosophie réflexive, philosophie phénoménologique, philosophie herméneutique. Sous le premier vocable — réflexivité —, l'accent est mis sur le mouvement par lequel l'esprit humain tente de recouvrer sa puissance d'agir, de penser, de sentir, puissance en quelque sorte enfouie, perdue, dans les savoirs, les pratiques, les sentiments qui l'extériorisent par rapport

---

[68] K. Mulligan, «C'était quoi la philosophie dite "continentale"?», in *Un siècle de philosophie*, Paris, Gallimard (coll. «Folio-Essais», n° 369) 2000, pp. 335-337. On peut rapprocher cette description de la philosophie analytique comme «culture de la dispute, etc.» de la structure des «sommes» et des «questions disputées» du moyen-âge, décrite au chap. 7.

à lui-même. Jean Nabert[69] est le maître emblématique de cette première branche du courant commun.

Le second vocable — phénoménologique — désigne l'ambition d'aller «aux choses mêmes», c'est-à-dire à la manifestation de ce qui se montre à l'expérience la plus dépouillée de toutes les constructions héritées de l'histoire culturelle, philosophique, théologique; ce souci, à l'inverse du courant réflexif, conduit à mettre l'accent sur la dimension *intentionnelle* de la vie théorique, pratique, esthétique, etc., et à définir toute conscience comme «conscience de...». Husserl reste le héros éponyme de ce courant de pensée.

Sous le troisième vocable — herméneutique — hérité de la méthode interprétative appliquée d'abord aux textes religieux (exégèse), aux textes littéraires classiques (philologie) et aux textes juridiques (jurisprudence), l'accent est mis sur la pluralité des interprétations liées à ce que l'on peut appeler la lecture de l'expérience humaine. Sous cette troisième forme, la philosophie met en question la prétention de toute autre philosophie à être dénuée de présuppositions. Les maîtres de cette troisième tendance se nomment Dilthey[70], Heidegger, Gadamer.

J'adopterai désormais le terme générique de phénoménologie pour désigner dans sa triple membrure — réflexive, descriptive, interprétative — le courant de philosophie que je représente dans cette discussion[71].

---

[69] Jean Nabert, philosophe français (1881-1960).
[70] Wilhelm Dilthey, philosophe allemand (1833-1911).
[71] J.-P. Changeux, P. Ricœur, *Ce qui nous fait penser. La nature et la règle*, Paris, Éditions Odile Jacob, 1998, pp. 12-13.

CHAPITRE 5

LES GRANDES CONTROVERSES PHILOSOPHIQUES

Par-delà les écoles, les méthodes et les mouvements philosophiques qui se sont succédé au fil des temps, il faut bien constater la persistance de grandes controverses doctrinales qui n'ont jamais cessé de faire rage dans presque toutes les branches de la philosophie. Il s'agit des controverses entre empiristes et rationalistes en épistémologie, entre nominalistes, réalistes[1] et conceptualistes dans la question des universaux, entre monistes, dualistes et pluralistes en métaphysique, entre matérialistes et idéalistes en philosophie de la nature, et entre utilitaristes, formalistes et naturalistes en éthique. Dans ce chapitre, nous nous contenterons de définir brièvement ces doctrines opposées et de citer les principaux philosophes qui les ont défendues. Il faut cependant noter que, même si un certain nombre de philosophes peuvent être ainsi clairement caractérisés comme empiristes ou rationalistes, nominalistes ou réalistes, matérialistes ou idéalistes, etc., pour beaucoup d'autres, une telle caractérisation s'avère difficile, pour ne pas dire impossible, pour la bonne et simple raison qu'ils ont voulu défendre des doctrines modérées ou des positions de compromis dans ces questions disputées. Ainsi, pour ne prendre qu'un seul exemple, on peut dire que la position d'Aristote en philosophie de la nature n'est ni idéaliste ni matérialiste, mais bien, en quelque sorte, intermédiaire entre les deux, puisque pour lui les êtres de la nature sont tous composés indissolublement de matière et de forme (celle-ci correspondant en quelque sorte à l'Idée platonicienne).

1. *Empiristes et rationalistes en épistémologie*

La question fondamentale de l'épistémologie a toujours été celle-ci: quelle est l'origine de nos connaissances? Or, à cette question, les empiristes et les rationalistes n'ont pas cessé de donner des réponses diamétralement opposées.

---

[1] Jusqu'au XVIIIᵉ siècle, on disait plutôt «nominaux» et «réaux». Cf. Voltaire: «Qu'importe à l'État qu'on soit du sentiment des réaux ou des nominaux!» (*Le philosophe ignorant*, p. 49).

En un sens large, l'empirisme (du grec ἐμπειρία: «expérience») est une méthode qui préconise d'agir en toutes choses en se basant sur l'observation et l'expérience plutôt que sur des théories abstraites. En un sens plus précis, c'est la doctrine d'après laquelle toutes nos connaissances ont leur origine dans l'expérience sensible. Pour les empiristes, il ne saurait donc y avoir de connaissance issue de raisonnements *a priori* (c'est-à-dire de raisonnements vrais avant toute expérience), ou alors une telle connaissance se réduit nécessairement aux jugements «analytiques», qui n'ont aucun contenu réel et qui ne nous font rien connaître, puisqu'ils consistent précisément dans la simple *analyse* de la notion du sujet de la proposition exprimant le jugement (par exemple, «tout corps est matériel» est un jugement vrai *a priori*, mais qui est tiré directement de l'analyse de la notion de *corps*; il ne nous apprend donc rien que nous ne sachions déjà en pensant cette notion; il ne nous fournit aucune information nouvelle). Les empiristes rejettent ainsi tous les systèmes métaphysiques qui cherchent à combiner l'apriorisme de la logique avec un contenu scientifique déterminé. À leurs yeux, il n'existe aucune méthode «rationnelle» qui nous permettrait de découvrir l'essence du réel par la raison pure.

En un certain sens, on peut considérer que les premiers empiristes furent les sophistes de la Grèce ancienne, car ils choisirent consciemment de regarder et d'étudier des réalités concrètes et accessibles à l'observation empirique, telles que l'homme, le langage, la civilisation ou les institutions politiques, plutôt que d'essayer de percer les secrets de l'univers, comme l'avaient fait leurs prédécesseurs (ceux que nous appelons les présocratiques). Les stoïciens et les épicuriens développèrent également une épistémologie d'inspiration empiriste, bien que leurs préoccupations majeures fussent d'ordre moral. La plupart des philosophes du moyen-âge tardif furent aussi des empiristes. Le plus célèbre d'entre eux est le franciscain anglais Guillaume d'Occam (vers 1285-1349), pour qui la seule connaissance qui fût objective et évidente était la connaissance intuitive se rapportant au monde perceptible par les sens ou à l'expérience intime de soi. À la fin de la Renaissance, Francis Bacon afficha résolument sa conviction qu'en fondant le savoir humain sur l'observation et l'expérience, on finirait par obtenir une représentation exacte de la nature. Mais le principal représentant de l'empirisme à l'époque moderne fut, au XVIIe siècle, John Locke. Parmi les philosophes qui, après lui, illustrèrent ce courant de pensée, les plus influents furent au XVIIIe siècle Berkeley et Hume, puis au XIXe et au XXe siècle, John Stuart Mill (1806-1873) et Bertrand Russell. Ces deux derniers allèrent jusqu'à affirmer que les vérités mathématiques et les lois logiques étaient elles-mêmes d'origine empirique. Par ailleurs, il faut remarquer que l'empirisme a toujours été, et est encore aujourd'hui, le courant philosophique dominant dans le monde anglo-saxon. Une variété particulière d'empirisme est le pragmatisme, doctrine selon laquelle la vérité d'une idée se ramène au fait qu'elle est utile, qu'elle réussit, qu'elle donne des résultats... Le représentant le plus typique de cette doctrine fut, à la fin du XIXᵉ siècle, le psychologue et philosophe américain William James (1842-1910).

Le rationalisme épistémologique est, au contraire, la théorie selon laquelle la raison prime sur les autres sources de connaissance, ou même, plus radicalement, qu'elle est le fondement de toute connaissance vraie. Les rationalistes ont toujours puisé leur inspiration philosophique dans les mathématiques et, de ce fait, ils n'ont jamais cessé de considérer que la méthode déductive l'emportait sur les autres méthodes (notamment la méthode inductive) pour atteindre la certitude dans le domaine de la connaissance théorique. C'est pourquoi ils ont toujours soutenu que l'essentiel de notre savoir provenait de concepts fondamentaux, et non de l'expérience. (Rappelons que la déduction, prise en ce sens, est la méthode qui n'emploie que le raisonnement, précisément comme en mathématiques pures, sans jamais faire appel à l'expérience.) Les principaux philosophes rationalistes furent: dans l'antiquité, Platon et les néoplatoniciens (Plotin, Porphyre, Proclus...); dans les temps modernes, Descartes, Spinoza, Malebranche, Leibniz et Christian Wolff (1679-1754); à l'époque contemporaine, Hegel, Félix Ravaisson-Mollien (1813-1900) et Gaston Bachelard (1884-1962).

Le débat le plus célèbre de tous ceux qui opposèrent des rationalistes et des empiristes est sans doute celui où s'affrontèrent Leibniz et le disciple de Locke Samuel Clarke (1675-1729). Comme nous l'avons déjà dit, c'est pour répondre aux arguments empiristes contenus dans l'*Essai sur l'entendement humain* de Locke que Leibniz écrivit les *Nouveaux essais sur l'entendement humain*. Locke, disait Leibniz, n'a certes pas eu tort d'écrire: *Nihil est in intellectu quod non fuerit in sensu*[2]; mais il aurait dû ajouter: *nisi ipse intellectus*[3, 4].

---

[2] «Rien n'existe dans l'intellect qui n'ait d'abord été dans les sens». Cet adage scolastique était devenu, en quelque sorte, la devise des empiristes.
[3] «Si ce n'est l'intellect lui-même».
[4] Leibniz, *Nouveaux essais sur l'entendement humain*, liv. II, chap. 1.

2. *Nominalistes, conceptualistes et réalistes dans la querelle des universaux*

De l'épistémologie relève aussi la fameuse querelle des universaux, qui se déchaîna surtout au moyen-âge, mais qui n'en demeure pas moins, aujourd'hui encore, un sujet de vive controverse philosophique. Cette querelle est appelée ainsi parce qu'elle porte sur le statut des termes *universels*, qui sont applicables aux choses individuelles ayant quelque chose en commun. Les nominalistes (ou terministes) nient que les universaux soient des êtres réels, parce que, selon eux, l'usage d'un *nom* (ou *terme*) universel (par exemple, le nom ou terme *humanité*, qui s'applique à l'universalité des hommes) n'implique aucunement l'existence d'une *chose* universelle désignée par ce terme. Mais ils ne nient pas forcément l'existence d'une certaine ressemblance entre les choses particulières auxquelles s'appliquent un même terme universel. Seuls les tenants d'un nominalisme extrême refuseraient sans doute de concéder cette existence. Mais ont-ils jamais existé réellement? On dit certes que ce fut le cas du nominaliste médiéval Roscelin de Compiègne (1050-1120), qui affirmait effectivement que les universaux étaient de simples *voces* (des mots) ou des *flatus vocis* (des souffles de la voix). Néanmoins, si l'on n'admet pas une telle ressemblance, on avouera que l'application des termes universels aux choses particulières devient complètement arbitraire et que le langage lui-même se trouve menacé dans ses fondements. Dès lors, si ce nominalisme extrême a vraiment existé au moyen-âge, c'est peut-être seulement par réaction contre un réalisme lui-même outré, comme celui de Guillaume de Champeaux (1070-1121), qui affirmait que les universaux «existent dans les choses corporelles, comme des substances uniques, communes aux individus, lesquels se distinguent par des accidents»[5]. Ce qui est sûr, c'est que les excès du réalisme médiéval, notamment chez le franciscain écossais Jean Duns Scot (1266-1308), finirent par susciter une sorte d'«alliance défensive» entre le nominalisme et l'empirisme, dont l'exemple le plus caractéristique fut, au XIVe siècle, l'enseignement de Guillaume d'Occam. Cette alliance devait d'ailleurs subsister jusqu'à l'époque contemporaine, puisque, aujourd'hui encore, la plupart des empiristes sont des nominalistes. Cependant, déjà dans l'antiquité, des philosophes comme les cyniques et les stoïciens avaient soutenu des positions nominalistes (bien qu'évidemment ce terme n'existât pas encore).

---

[5] F. Van Steenberghen, *Histoire de la philosophie. Période chrétienne,* Louvain, Publications Universitaires, 1964, p. 48.

C'est ainsi qu'Antisthène (vers 440-vers 365 av. J.-C.), le fondateur de l'École cynique, aurait dit un jour à Platon: «Je vois bien le cheval, mais pas la chevalité»! De même, on attribue à son disciple Diogène de Sinope (vers 400-vers 325 av. J.-C.) l'anecdote suivante:

> Platon, parlant des Idées, nommait l'Idée de table et l'Idée de tasse. «Pour moi, Platon, dit Diogène, je vois bien la tasse et la table, mais je ne vois pas du tout l'Idée de table ni l'Idée de tasse». «Bien sûr, répliqua Platon, car pour voir la table et la tasse tu as les yeux, mais pour voir les Idées qui leur correspondent, il te faudrait plus d'esprit que tu n'en as[6]».

Au XVIIe siècle, Hobbes défendit un nominalisme plutôt modéré en admettant l'existence d'une certaine ressemblance entre les choses particulières désignées par un terme universel, parce qu'il avait bien vu que, sans cette condition, la pensée et le discours seraient tout simplement impossibles.

Il faut se rendre compte que, dès qu'il explique le fonctionnement de la pensée et du langage par l'usage de symboles tels que les images mentales ou les termes linguistiques, le nominalisme tend à évoluer naturellement vers le *conceptualisme*, qui est la doctrine selon laquelle les universaux, bien que n'étant pas des réalités extérieures à l'esprit humain, sont tout de même des entités mentales (ou *concepts*), qui ne se réduisent pas à de simples noms. Une forme de conceptualisme fut défendue au moyen-âge par le dialecticien Pierre Abélard (1079-1142), qui avait été l'élève à la fois du nominaliste Roscelin et du réaliste Guillaume de Champeaux et qui essaya ainsi d'ouvrir une voie moyenne entre les positions antithétiques de ses deux maîtres. À l'époque moderne, le conceptualisme fut la théorie que défendit Locke dans son *Essai sur l'entendement humain*.

Au nominalisme, s'oppose le *réalisme*, qui affirme que les universaux correspondent à de véritables réalités, lesquelles existent en dehors de l'esprit humain, soit en elles-mêmes, soit dans les choses particulières. Platon fut le premier philosophe à poser l'existence de «formes» (εἴδη) intelligibles subsistant en elles-mêmes, dans un monde «séparé» du monde sensible. Pour lui, les choses sensibles n'étaient que des copies ou des imitations plus ou moins imparfaites des modèles éternels, immuables et divins qu'étaient les formes intelligibles (ou «Idées»), car c'est d'après ces modèles que l'Artisan divin avait façonné le monde visible. C'était là l'expression d'un réalisme extrême, qui fut repris avec

---

[6] Diogène Laërce, VI, 53.

des modifications au moyen-âge, non seulement par Guillaume de Champeaux, mais déjà, bien avant lui, par saint Augustin (354-430) et saint Anselme de Cantorbéry (1033-1109) (lesquels soutenaient que les universaux subsistent comme des choses, des *res*, dans la pensée divine), puis par certains platoniciens de l'école de Chartres. Bien qu'ayant été l'élève de Platon pendant une vingtaine d'année à l'Académie, Aristote proposa une variante moins «forte» de ce réalisme platonicien, en soutenant que les formes intelligibles n'existent pas séparées du monde sensible, mais bien dans les choses particulières qui composent le monde, desquelles l'esprit humain les tire par abstraction. Un tel réalisme modéré fut également professé au moyen-âge par plusieurs philosophes, dont le plus illustre fut saint Thomas d'Aquin.

Comme nous l'avons dit plus haut, la querelle des universaux a certes beaucoup perdu de la virulence qu'elle avait au moyen-âge, mais elle n'en reste pas moins, aujourd'hui encore, un sujet de vives discussions entre philosophes. Car il est fondamental de croire qu'on pense ou qu'on parle *correctement* chaque fois qu'on classe tel objet parmi les lits (si c'en est effectivement un) plutôt que parmi les hippopotames! Cependant, la nature de cette *correction* de la pensée ou du langage demeure difficile à cerner. Pour les réalistes, les catégories (les genres et les espèces) qui nous permettent de classer les êtres et les objets reflètent bel et bien des distinctions qui sont inscrites dans la réalité des choses. En revanche, les conceptualistes considèrent que les universaux n'ont d'autre réalité que celle de concepts classificatoires qui existent seulement dans notre esprit. Enfin, les nominalistes radicaux restreignent encore plus cette réalité des universaux, puisqu'ils vont jusqu'à faire de ceux-ci de simples mots ou, comme on disait donc au moyen-âge, de simples *flatus vocis*; autrement dit, ils refusent d'admettre qu'une conception réaliste ou même conceptualiste des universaux soit la condition nécessaire pour penser et parler en termes généraux. Cependant, la difficulté de la position nominaliste vient de ce que, dans ce cas, on ne voit plus très bien comment en prononçant des mots, on pourrait encore porter des *jugements* sur les choses, puisqu'il n'y a plus rien dans la réalité ni même dans notre esprit qui puisse garantir qu'un jugement comme «ceci est un lit» soit correct ou incorrect... C'est pourquoi, à l'époque contemporaine, un nominaliste comme Wittgenstein a lutté désespérément pour éviter cette conséquence désastreuse pour la doctrine. Cependant, pour les réalistes, le fait qui permet de parler de jugements *corrects* ou *incorrects* résiste aussi bien à sa «réduction» nominaliste au statut de simple *flatus vocis* qu'à sa transformation conceptualiste en idée dépendante de notre esprit. C'est la raison pour laquelle les réalistes maintiennent que les universaux doivent avoir une certaine réalité autonome. En tout état de cause, il est clair que cette controverse est liée à l'analyse de la nature du jugement de vérité ou de fausseté, de sorte que par là elle affecte indirectement les autres grandes questions philosophiques.

3. Monistes, dualistes et pluralistes en métaphysique

Quelle est la nature profonde de *l'être*? Telle est, avons-nous vu[7], la question fondamentale de la métaphysique. Or, à cette question aussi, les philosophes ont apporté des réponses divergentes. C'est que la philosophie — comme la science d'ailleurs — peut être considérée comme un effort d'unification du divers, et même comme une quête inlassable d'*unité*, dans la mesure où elle s'efforce de «comprendre» (non seulement au sens courant de ce verbe, mais aussi au sens étymologique de «prendre ensemble») la multiplicité des êtres sous le plus petit nombre possible de principes ou de lois. Or certains philosophes ont été tellement fascinés par l'unité qu'ils en sont venus à poser un principe *unique* d'explication du réel. Ces philosophes sont traditionnellement appelés *monistes* (du grec μόνος, «un seul»). Au sens rigoureux du terme, le monisme est ainsi la doctrine métaphysique selon laquelle il n'existe au fond qu'un seul être, une seule réalité. Ceux qui affirment que cet être ou cette réalité est de nature matérielle sont des monistes *matérialistes*, tandis que ceux qui affirment qu'il (ou elle) est de nature idéelle ou spirituelle sont, au contraire, des monistes *idéalistes* ou *spiritualistes*. Les premiers monistes, au sens large du terme, furent les tout premiers philosophes, qui posèrent comme principe unique de toutes choses l'un ou l'autre des quatre éléments matériels de la chimie ancienne: l'eau pour Thalès (VIIe-VIe siècle av. J.-C.), l'air pour Anaximène (vers 585-vers 525 av. J.-C.), le feu pour Héraclite (vers 576-vers 480 av. J.-C.), et la terre (peut-être) pour Xénophane[8]. Leur monisme était donc essentiellement matérialiste. Mais le premier monisme au sens strict fut celui de Parménide d'Elée (vers 515-vers 440 av. J.-C.), qui affirma avec éclat que l'être était *un*. Dans son cas cependant, il est difficile de dire si son monisme était spiritualiste ou

---

[7] Cf. chap. 3.

[8] Les sources anciennes divergent quant à savoir si Xénophane avait réellement posé la terre comme premier principe de toutes choses.

matérialiste, car les philosophes présocratiques ne distinguaient pas encore nettement l'esprit de la matière. Un autre grand moniste dans la tradition philosophique occidentale est Baruch Spinoza, pour qui il n'existait qu'une seule substance, qu'il appelait «Dieu ou la Nature» (*Deus sive Natura*)[9]. Cette substance unique, affirmait-il, a une infinité d'attributs, mais nous n'en connaissons que deux: l'étendue (nous dirions plutôt aujourd'hui: la matière) et la pensée. Quant aux réalités individuelles, ce ne sont, ajoutait-il, que des modes finis de l'unique substance infinie. Ici aussi il est difficile de dire si le système de Spinoza est un monisme matérialiste ou spiritualiste. En effet, comme il identifie Dieu et la Nature, on a pu en donner une interprétation aussi bien matérialiste que spiritualiste, selon que l'on choisissait de mettre l'accent sur l'un ou l'autre de ces deux noms qu'il donne à la substance. C'est ainsi que Pierre Bayle (1647-1706), l'auteur du célèbre *Dictionnaire historique et critique* (1697), a dit de Spinoza qu'il était un «athée de système», alors que le grand poète allemand Novalis (1772-1801) voyait en lui «un penseur ivre de Dieu». En revanche, le système de Hegel, lui, se présente nettement comme un monisme idéaliste, car, pour ce philosophe, l'Être n'était autre que l'Idée se développant selon le processus dialectique qu'on a vu plus haut. Les néo-hégéliens anglais Francis Herbert Bradley et Bernard Bosanquet (1848-1923) furent également des monistes idéalistes ou spiritualistes: ainsi Bradley affirmait l'unité du monde, mais, pour lui, la véritable réalité était l'Absolu, qui était de nature spirituelle, tandis que la multiplicité sensible, l'individualité et le temps n'étaient qu'apparences. Par contre, les hégéliens de gauche Karl Marx et Friedrich Engels furent des monistes matérialistes, comme l'avaient déjà été avant eux le médecin breton Julien Offroy de La Mettrie (1709-1751), le baron allemand Paul-Henri d'Holbach (1723-1789) et l'écrivain français Denis Diderot, et comme le fut aussi plus tard l'apôtre de l'évolutionnisme darwinien Ernst Haeckel (1834-1919), lequel tenta même de fonder une «religion moniste», en s'appuyant sur une «Ligue moniste allemande», dont le but avoué était de combattre le christianisme, et particulièrement le catholicisme, dans tous les domaines. Haeckel résuma lui-même sa doctrine dans les termes suivants:

---

[9] Spinoza eut un précurseur en la personne du philosophe de la Renaissance Giordano Bruno.

> Unité de l'univers, sans antithèse entre l'esprit et la matière; identité de Dieu et du monde, qui n'a pas été créé, mais qui évolue d'après des lois éternelles; négation d'une force vitale indépendante des forces physiques et chimiques; mortalité de l'âme; rejet de l'opposition établie par le christianisme entre les fins de la chair et les fins de l'esprit; excellence de la nature; rationalisme; religion de la science, du bien et de la beauté[10].

Vers la fin de sa vie cependant, Haeckel évolua vers l'animisme, soutenant que toutes les choses de la nature, y compris la matière brute, possédaient la vie à des degrés divers…

Au sens strict du terme, le *dualisme* métaphysique admet, au contraire, deux principes hétérogènes et irréductibles pour expliquer l'ensemble de la réalité. Ces deux principes peuvent être conçus comme complémentaires ou comme antinomiques: c'est tantôt la matière et l'esprit, tantôt le corps et l'âme, tantôt encore le bien et le mal. Historiquement, la première manifestation d'une pensée dualiste est liée à la réforme de la religion iranienne entreprise par le prophète Zoroastre (ou Zarathoustra) au VIIe siècle av. J.-C. En effet, reprenant et approfondissant l'antique croyance dans l'affrontement entre les puissances de la lumière et celles des ténèbres, Zoroastre enseigna l'existence duelle d'un dieu bon (Ahura Mazdâh) et d'un dieu mauvais (Ahriman) qui se livraient une lutte sans merci. Cet enseignement devait se retrouver dans le manichéisme, religion fondée au IIIe siècle de notre ère, par l'hérésiarque persan Mani (ou Manès, ou encore Manichéus), qui voulut fusionner le christianisme, le zoroastrisme et même le bouddhisme dans une religion universelle. Cette religion se répandit et se maintint en Asie jusqu'au XIe siècle, et en Occident elle exerça une forte influence sur les cathares. On sait d'ailleurs que le terme *manichéisme* est resté dans la langue pour désigner toute doctrine religieuse ou philosophique qui pose le bien et le mal comme deux principes cosmiques coéternels, et même, plus généralement, pour désigner toute attitude qui tend à réduire n'importe quel problème moral ou politique à une opposition entre les «bons» et les «méchants». En philosophie pure, si l'on excepte l'opposition entre l'amitié et la haine qu'on trouve dans la cosmologie d'Empédocle (mais qui relève peut-être encore d'une conception mythologique de l'univers), ainsi qu'une table pythagoricienne de dix principes contraires (dont on sait fort peu de choses), la première doctrine manifestement dualiste est sans conteste celle de Platon. Celui-ci, en effet, expliquait tout le réel par deux principes ultimes: l'Un ou le Bien

---

[10] E.H. Haeckel, *Les énigmes de l'univers*, chap. XVIII et XIX.

(appelé aussi l'Égal ou la Limite), principe de toute détermination et de toute perfection (dans l'univers intelligible aussi bien que sensible), et la Dyade indéfinie (appelée aussi l'Inégal ou le Grand-et-Petit), représentant l'indéterminé évoluant dans les deux sens opposés du quantitatif, c'est-à-dire vers l'infiniment grand et l'infiniment petit. L'*hylémorphisme* d'Aristote et des scolastiques, doctrine dérivée de la précédente et expliquant les êtres également par deux principes, à savoir la matière, principe indéterminé, et la forme, principe déterminant, est aussi une variété de dualisme. À l'époque moderne, le dualisme fut essentiellement représenté par la philosophie de Descartes, qui posa l'existence de deux substances irréductibles: l'âme, dont l'attribut fondamental était la pensée, et le corps, dont la propriété essentielle était l'étendue (nous dirions plus volontiers la matière). On a vu que Spinoza réduisit en quelque sorte ce dualisme à un monisme, en faisant de la pensée et de l'étendue, non plus deux substances, mais bien deux attributs d'une seule et même substance: Dieu ou la Nature. On parle parfois aussi de dualisme pour caractériser l'opposition de la réalité et de l'apparence chez Parménide ou Démocrite, des formes intelligibles et des choses sensibles chez Platon, des créatures finies et du Dieu infini chez les scolastiques, du fait et de la valeur chez Hume, des phénomènes empiriques et des noumènes transcendantaux chez Kant, de l'être et du temps chez Heidegger, ou même de l'être et du néant chez Sartre. Notons cependant que, dans la majorité de ces usages, il ne s'agit pas d'un dualisme au sens strict, car dans la plupart des cas précités, l'un des deux termes en opposition est conçu comme le principe ou la cause de l'autre: par exemple, chez Platon, les formes intelligibles sont les principes des choses sensibles, de même que dans la métaphysique scolastique, Dieu est la cause des êtres finis… Mieux vaudrait alors parler de *dualisme au sens large* ou de *dualisme faible*…

Enfin, le *pluralisme* est la doctrine des philosophes qui sont frappés davantage par la multiplicité et la diversité des choses que par leur unité, et qui affirment, par conséquent, que les êtres qui composent le monde sont multiples, individuels et indépendants les uns des autres, de sorte qu'ils ne sauraient être ramenés à l'unité d'un principe ou d'une substance unique (comme dans le monisme), ni même à un couple unique de causes ou de substances opposées (comme dans le dualisme). Les premiers pluralistes furent les présocratiques Empédocle d'Agrigente (vers 495-vers 443 av. J.-C.), Anaxagore de Clazomène (vers 500-428 av J.-C.), ainsi que Leucippe (Ve siècle av. J.-C.) et Démocrite d'Abdère (vers 460-vers 370 av. J.-C.). Le premier, en effet, soutenait que toutes les choses étaient constituées par le mélange de quatre substances fondamentales ou «racines» (ῥιζώματα), qui étaient les quatre éléments de la chimie ancienne (la terre, l'eau, l'air et le feu); le second affirmait que l'univers était constitué d'une infinité de particules divisibles à l'infini et comprenant les qualités de toutes choses; enfin, les deux derniers, qui furent appelés *atomistes*, pensaient que le monde était fait aussi d'une infinité de particules, mais cette fois indivisibles et dépourvues de déterminations qualitatives, qu'ils appelaient des atomes[11]. À l'époque moderne, le pluralisme est devenu en règle générale la doctrine des empiristes, pour lesquels le monde se réduit, comme chez Hume, à une série de perceptions, d'expériences ou d'impressions, indépendantes les unes des autres. En tout cas, ce fut la doctrine déclarée de William James, qui intitula un de ses livres *A Pluralistic Universe*, car il estimait que le monde se compose, non pas de substances, mais d'une multitude innombrable de faits de conscience absolument isolés, ainsi que de consciences, tout aussi isolées, qui en font l'expérience. James remarquait d'ailleurs qu'en général, les philosophes qui ont une mentalité empiriste ont précisément pour caractéristique essentielle de souligner et de prendre comme base de leur philosophie le caractère multiple et changeant des choses, aussi bien en elles-mêmes que dans leurs relations les unes avec les autres: «Le pluralisme, plaidait-il, permet que les choses existent individuellement ou que chacune d'elles ait sa forme particulière»[12]. Mais l'épithète de *pluraliste* a été aussi appliquée à la philosophie de l'idéaliste français Charles Renouvier, qui concevait l'univers comme un ensemble de *personnes*, c'est-à-dire de sujets libres, conçus comme autant de substances dynamiques isolées se représentant le monde chacune à sa façon. Toutefois, Renouvier lui-même préférait appeler son système un *personnalisme*. L'idéaliste néo-hégélien anglais John Ellis McTaggart (1866-1925) construisit également un système pluraliste, où la multitude des esprits individuels et de leurs contenus constituait la réalité fondamentale et où l'existence des objets matériels, de l'espace et du temps était tout simplement niée. À ses yeux, l'Absolu avait ainsi la forme d'une «société des esprits», unie par l'Amour. Enfin, du côté des athées matérialistes, Bertrand Russell soutint une position pluraliste en rapport avec ce qu'il appelait sa «philosophie de l'atomisme logique»:

---

[11] Du grec ἄτομος, «insécable».
[12] W. James, *La philosophie de l'expérience,* trad. de *A Pluralistic Universe*, Paris, Flammarion, 1910, p. 191.

Quand je dis que ma logique est atomiste, j'entends par là que je partage la croyance du sens commun, selon laquelle il existe une multitude de choses séparées[13].

Russell abandonna plus tard l'atomisme logique, mais il n'en resta pas moins un pluraliste convaincu. D'ailleurs, en 1931, il avait écrit à propos de la thèse moniste, selon laquelle le monde constitue une unité:

Ma croyance la plus fondamentale dans le domaine intellectuel est que cette thèse est une sottise. Je pense que l'univers est plein de taches et de trous, sans unité, sans continuité, sans cohérence, sans ordre, ni aucune des autres propriétés qu'aiment les gouvernantes...[14]

4. *Matérialistes et idéalistes en philosophie de la nature*

Comme nous l'avons vu, la question centrale de la philosophie de la nature porte sur la constitution fondamentale des êtres particuliers qui composent l'univers. Or, à cette question, le *matérialisme* répond en affirmant que la matière est la seule réalité qui existe, de sorte que tout dans le monde, y compris la pensée, la volonté et le sentiment, peut s'expliquer exclusivement en termes de matière (comprise au sens de «la substance dont sont faits les corps perçus par les sens»[15]). Les principales doctrines associées au matérialisme sont en général: le déterminisme[16] (sauf dans l'épicurisme), l'athéisme (au moins à partir du XVIIIe siècle), le rejet du finalisme, la négation de la survie de l'âme, et surtout l'épiphénoménisme (théorie selon laquelle la conscience est un épiphénomène[17], c'est-à-dire un simple reflet des phénomènes organiques du cerveau, de sorte qu'elle «est aussi incapable de réagir sur eux que l'ombre sur les pas du voyageur»[18]). Il faut cependant distinguer le matérialisme *classique* ou *mécaniste* (parfois appelé simplement *mécanisme* ou *mécanicisme*), qui

---

[13] B. Russell, *Logic and Knowledge*, New York, 1956, p. 178.

[14] B. Russell, *The Scientific Outlook*, New York, 1931.

[15] P. Foulquié, *Dictionnaire...*, s.v. «Matière», p. 424.

[16] Doctrine de ceux qui pensent que l'état du monde à un moment donné détermine un avenir unique et que la connaissance de toutes les positions des choses et des forces naturelles agissant à ce moment-là permettrait à une intelligence suffisamment puissante de prédire l'état futur du monde avec une précision absolue.

[17] Épiphénomène: «D'une façon générale, phénomène accessoire dont la présence ou l'absence n'importe pas à la production du phénomène essentiel que l'on considère: par exemple, le bruit ou la trépidation d'un moteur» (définition d'A. Lalande, *Vocabulaire...*, p. 293).

[18] Cité par A. Lalande, *ibid*.

explique tout par des processus *mécaniques* et des changements *quantitatifs* de la matière, et le matérialisme *dialectique* de Marx et Engels, qui admet en elle des changements *qualitatifs*. Le matérialisme mécaniste a fleuri à toutes les époques de l'histoire de la philosophie: dans l'antiquité, avec l'atomisme de Leucippe et de Démocrite, puis avec l'épicurisme; au moyen-âge avec certains penseurs hétérodoxes du XIVe siècle, comme Nicolas d'Autrécourt (vers 1295-1369) et Jean de Mirecourt (vers 1310-vers 1349); à la Renaissance avec l'épicurien français Pierre Gassendi (1592-1655) et le théoricien politique anglais Thomas Hobbes; au siècle des Lumières, avec La Mettrie, Helvétius (1715-1771) et d'Holbach; au XIXe siècle, enfin et surtout, tout d'abord avec les «idéologues»[19] français Antoine Destutt de Tracy (1754-1836), Georges Cabanis (1757-1808) et Constantin de Volney (1757-1820); puis avec des médecins philosophes, comme Franz Joseph Gall (1758-1828), l'inventeur de la phrénologie[20], François Broussais (1772-1838), le fondateur de la médecine physiologique[21], Jakob Moleschott (1822-1893), le précur-

[19] «Les idéologues sont proprement le groupe philosophique et politique dont les principaux représentants étaient Desttut de Tracy, Cabanis, Volney, Garat, Daunou» (Lalande, *Vocabulaire...*, p. 459, s.v. «Idéologie»). Cette dénomination vient du mot *idéologie*, qui avait été créé par Destutt de Tracy lui-même, pour désigner «la science des idées au sens le plus général du mot, c'est-à-dire des états de conscience. Ce néologisme était destiné à remplacer psychologie, qui avait l'inconvénient d'évoquer l'âme» (Foulquié, *Dictionnaire...*, p. 337, s.v. «Idéologie»).

[20] Selon le titre d'un livre de Gall lui-même, la phrénologie (du grec φρήν, «intelligence», et λόγος, «discours») était «l'art de reconnaître les instincts, les penchants, les talents et les dispositions morales et intellectuelles des hommes et des animaux par la configuration de leur cerveau et de leur tête». Notons cependant que Gall appelait cette science *cranioscopie* ou *craniologie* et que c'est son disciple G. Spurzheim (1776-1832) qui la baptisa *phrénologie*. Malgré les critiques, d'ailleurs justifiées, de Hegel («Je prends un os pour la réalité effective», faisait-il dire à Gall), l'intuition de Gall devait se révéler juste, puisqu'en 1861, le chirurgien français Paul Broca démontra l'existence d'un centre du langage dans le cerveau. Gall fut aussi le premier à identifier la matière grise avec le tissu actif (les neurones) et la matière blanche avec le tissu conducteur (les ganglions). «Précurseur de la neurophysiologie, il [Gall] étudia le cerveau chez l'animal et chez l'embryon, et [...] il soutint [...] que les diverses fonctions correspondent à une pluralité d'organes cérébraux. En rapportant les phénomènes de l'intelligence à l'organisation physiologique, il fonda la psychologie moderne, ce que comprirent [...] Broussais et Comte...» (*Encyclopaedia Universalis*, art. «Phrénologie».) Aujourd'hui, la localisation des fonctions psychiques dans le cerveau a fait de grands progrès.

[21] Broussais fut l'un des plus célèbres médecins du XIXe siècle. Il encouragea vivement la pratique de l'autopsie et démontra que la maladie n'est pas un être en soi, car elle n'existe pas indépendamment de la lésion locale d'un organe ou d'un tissu. Dans la foulée, il montra également que les maladies mentales ont toujours une origine organique (ce que beaucoup admettent aujourd'hui). De ce point de vue, il fut un des premiers en France à remarquer et à souligner l'importance des travaux de Gall dans le domaine de la physiologie cérébrale. D'autre part, il établit le grand principe de la continuité du normal

seur de la diététique moderne, ou Cesare Lombroso (1835-1909), le père de la criminologie scientifique; et finalement avec des savants partisans du transformisme darwinien, tels que le physiologiste Karl Vogt (1817-1895), le médecin Ludwig Buchner (1824-1899), le zoologiste Haeckel (qui inventa l'écologie[22]), les biologistes Thomas Huxley (1825-1895) et Félix Le Dantec (1869-1917). Les matérialistes du XVIIIe et du XIXe siècle poussèrent le mécanicisme jusqu'à ses plus extrêmes conséquences. La Mettrie, par exemple, considérait que la pensée est «si peu incompatible avec la matière organisée qu'elle semble en être une propriété, telle que l'électricité, la faculté, motrice, l'impénétrabilité, l'étendue, etc.»[23] Aussi en concluait-il «que les choses de l'esprit sont une vaine chimère; que les jouissances matérielles ont seules de la valeur; que l'homme n'est qu'une *machine* un peu plus parfaite que l'animal; et que, lorsqu'il meurt, la farce est jouée»[24]. Dans le même ordre d'idées, le médecin Cabanis estimait que la pensée était une fonction du cerveau exactement de la même façon que la digestion en est une de l'estomac. Il allait même jusqu'à proclamer que «l'homme intérieur, c'est l'organe cérébral»! Après lui, Broussais ne craignit pas non plus d'affirmer que «l'idée est une modification de la substance cérébrale»! Poursuivant dans la même veine, Vogt devint célèbre en déclarant, dans ses *Lettres physiologiques*, que «la pensée est à peu près au cerveau ce que la bile est au foie et l'urine aux reins»! Moleschott devait reprendre à son compte cette théorie («Le cerveau est aussi indispensable pour l'élaboration de la pensée que le foie pour la production de la bile et le rein pour la sécrétion de l'urine»), tout en insistant sur l'importance d'une bonne nourriture pour une pensée saine et forte: «Sans phosphore, proclamait-

---

et du pathologique: la vie elle-même, disait-il, consiste dans l'excitation et la maladie, quelle qu'elle soit, n'est jamais que le défaut ou, le plus souvent, l'excès de celle-ci, lequel excès s'appelle alors «irritation». C'est ce qu'Auguste Comte devait appeler «le principe de Broussais», qui fut à l'origine de l'idée féconde de «médecine expérimentale», développée par Claude Bernard. Enfin, sa théorie de l'irritabilité des tissus amena Broussais à concevoir que presque toutes les maladies étaient de nature inflammatoire et dérivaient de la gastro-entérite. Il a laissé son nom à un grand hôpital de Paris. Il demeure cependant ce qu'il était déjà de son temps: une personnalité controversée. Ainsi, dans son *Histoire de la médecine* (Paris, Hachette, 1964, p. 32), Pierre Merle considère qu'il «fit du mal à la médecine. Bourré d'idées fausses, il en imposait grâce à sa carrure et à ses qualités de tribun. (...) Il eut la très mauvaise idée, pour l'estime de la postérité, de contrecarrer Laënnec».

[22] Définie par lui comme «la totalité de la science des relations de l'organisme avec son environnement, comprenant au sens large toutes les conditions d'existence».

[23] La Mettrie, *L'homme-machine*, Paris, éd. J.-J. Pauvert, 1966, p. 150.

[24] Cité par J. Mantoy, *Précis d'histoire de la philosophie*, Paris, Éditions de l'École, 1981, p. 63.

il, pas de pensée!»[25] Sans doute admettait-il que «la pensée [...] n'est pas un fluide ni un liquide, pas plus que ne le sont la couleur ou le son»[26]. Mais il s'empressait d'ajouter: «La pensée est un mouvement, une transformation de la substance du cerveau»[27]. Enfin, au début du XXe siècle, Le Dantec résuma parfaitement la conception épiphénoméniste de l'activité mentale dans les termes suivants:

> Toutes les opérations dans lesquelles nous considérons la conscience comme active sont dirigées par des changements matériels qui sont conscients, mais qui agissent en tant que changements matériels, et non parce qu'ils sont conscients[28].

De ce point de vue, le matérialisme dialectique de Marx et d'Engels peut être considéré comme une sorte de bâtard du matérialisme classique, car il attribue à la matière des processus dialectiques, qui sont au fond caractéristiques de la *pensée*, et, comme nous l'avons déjà vu[29] il admet que l'accumulation de changements quantitatifs finit par provoquer, nécessairement et soudainement, des modifications qualitatives. Aussi reconnaît-il l'existence d'un *psychisme*, qui reste certes une production de la matière, mais qui n'en est pas moins différent des phénomènes purement matériels. On voit donc qu'il s'agit là d'un matérialisme mitigé, contaminé, en quelque sorte, par l'idéalisme hégélien. Le philosophe existentialiste russe Nicolas Berdiaeff (1874-1948) allaient même jusqu'à dire, en parlant des marxistes, qu'ils

> affirment une monstruosité logique, à savoir l'union de la dialectique au matérialisme. Hegel doit en frémir dans son cercueil et Platon s'en indigner dans le monde de l'au-delà. Si vous êtes matérialistes, vous ne pouvez pas prétendre être des dialecticiens[30].

Et il ajoutait que si un tel matérialisme dialectique est possible, c'est tout simplement «qu'on transporte des qualités spirituelles dans la matière même»[31]. Mais, comme nous l'avons vu, ce matérialisme est de nos jours nettement en perte de vitesse.

---

[25] D'où vient le verbe français *phosphorer*, qui, comme on sait, signifie «penser intensément».

[26] Cités par O. Bloch, *Le matérialisme*, Paris, P.U.F. («Que sais-je?», n° 2256), p. 85.

[27] *Ibid.*

[28] Y. Le Dantec, *Science et conscience: philosophie du XXe siècle*, Paris, Flammarion, 1908, p. 49.

[29] Cf. *supra*, chap. 4.

[30] N. Berdiaeff, *Le christianisme et la lutte des classes*, Paris, Éditions Demain, 1932, pp. 48-49.

[31] N. Berdiaeff, in A. Siegfried *et al.*, *Progrès technique et progrès moral*, Neuchâtel, La Baconnière, 1948, p. 148.

En revanche, le matérialisme mécaniste est aujourd'hui plus florissant que jamais, surtout chez les savants et chez les philosophes proches des milieux scientifiques. En effet, après une période de relative éclipse vers le milieu du XXᵉ siècle, due principalement à la critique du scientisme exercée tant par les marxistes que par les phénoménologues et les existentialistes, il a effectué un retour en force à la fin de ce siècle, à la faveur des immenses progrès accomplis dans les domaines de la biochimie et de la psychologie physiologique, ainsi que dans le traitement de l'intelligence artificielle. Parmi les savants qui ont contribué le plus à ce renouveau du matérialisme, citons les illustres biologistes français Jacques Monod (1910-1976), prix Nobel de médecine en 1965 et auteur de l'ouvrage célèbre: *Le hasard et la nécessité* (1970), et Jean-Pierre Changeux (né en 1936), professeur au Collège de France et auteur de *L'homme neuronal* (1983), ainsi que le généticien américain Richard Dawkins (né en 1941), qui a acquis une grande célébrité avec ses livres: *Le nouvel esprit biologique* et *Le gène égoïste* (1976). Ajoutons que le matérialisme mécaniste est particulièrement bien représenté dans le monde philosophique anglo-saxon depuis la fin du XXᵉ siècle, notamment avec les Australiens J. J. C. Smart et D. M. Armstrong, le Britannique U. T. Place, et les Américains D. K. Lewis, P. K. Feyerabend, J. W. Cornman et M. E. Levin. C'est que le monisme matérialiste s'accorde parfaitement avec une vision unifiée de la science, qui est devenue, ces dernières années, *extrêmement plausible* aux yeux d'un nombre croissant de savants. En effet, la chimie peut être ramenée à la physique, puisqu'il existe une théorie de la mécanique quantique qui explique les liaisons chimiques. De même, la biologie actuelle consiste principalement en une application de la physique et de la chimie aux structures des êtres vivants. Enfin, sous l'influence de la neurophysiologie et de la science cybernétique, les explications de la psychologie scientifique rentrent de plus en plus dans des schémas mécanistes. Seuls les phénomènes de conscience paraissent résister au réductionnisme mécaniste, bien que la plupart des matérialistes contemporains cités ci-dessus n'hésitent pas à reprendre à leur compte l'épiphénoménisme radical des matérialistes du XIXᵉ siècle. Ainsi, Jean-Pierre Changeux déclarait-il naguère que pour lui il était parfaitement naturel de considérer

> que toute activité mentale, quelle qu'elle soit, réflexion ou décision, émotion ou sentiment, conscience de soi... est déterminée par l'ensemble des influx nerveux circulant dans des ensembles définis de cellules nerveuses, en réponse ou non à des signaux extérieurs.

Et il ajoutait:

> J'irai même plus loin en disant qu'elle n'est que cela![32]

Néanmoins, comme le reconnaissait naguère Smart lui-même, le défi le plus sérieux que le matérialisme a rencontré au XXe siècle est venu des philosophes estimant qu'il ne saurait rendre justice au concept d'intentionnalité, dont Franz Brentano avait fait, avant Husserl, la marque distinctive des phénomènes psychiques ou mentaux par rapport aux phénomènes physiques. Brentano, en effet, soutenait que les phénomènes et les états psychiques ont comme propriété spécifique de viser des objets au-delà d'eux-mêmes (ou d'avoir des *contenus*):

> Ce qui caractérise tout phénomène psychique, écrivait-il à ce propos, c'est ce que les scolastiques du moyen-âge ont appelé la présence intentionnelle (ou encore mentale) d'un objet et ce que nous pourrions appeler nous-mêmes […] rapport à un contenu, direction vers un objet […]. Tout phénomène psychique contient en soi quelque chose à titre d'objet, mais chacun le contient à sa façon. Dans la représentation, c'est quelque chose qui est représenté, dans le jugement quelque chose qui est admis ou rejeté, dans l'amour quelque chose qui est aimé, dans la haine quelque chose qui est haï, dans le désir quelque chose qui est désiré, et ainsi de suite. Cette présence intentionnelle appartient exclusivement aux phénomènes psychiques. […] Nous pouvons donc définir les phénomènes psychiques en disant que ce sont les phénomènes qui contiennent intentionnellement un objet en eux[33].

Beaucoup de philosophes contemporains admettent, à la suite de Brentano, que des entités purement physiques ne sauraient avoir une telle propriété. Si l'on dit, par exemple, que des trous sur une carte perforée d'un appareil mécanographique peuvent faire référence à un au-delà d'eux-mêmes exactement de la même manière que le font des pensées, les défenseurs de l'irréductibilité de la conscience ont beau jeu de rétorquer qu'*en eux-mêmes*, ces trous ne sauraient faire référence à quoi que ce soit, ni avoir un contenu, et que ce qu'on appelle leur référence ou leur contenu appartient en réalité aux *pensées* qui sont dans l'esprit de celui qui lit la carte perforée. La réponse des matérialistes consiste alors à dire que la notion même d'intentionnalité manque fondamentalement de clarté ou que des systèmes purement physiques peuvent, après tout, être eux-mêmes pourvus d'intentionnalité[34]. Mais on peut se demander

---

[32] Interview paru dans *Le monde* du 21/10/1982.

[33] F. Brentano, *Psychologie du point de vue empirique* (trad. M. de Gandillac), Paris, Aubier-Montaigne, 1944, p. 102.

[34] J.C. Smart, art. «Materialism», in *Encyclopaedia Britannica* (1974), vol. 25, p. 634.

si de telles réponses ne ressemblent pas à des échappatoires, ou si elles ne reviennent pas à introduire dans la matière des propriétés spécifiques de l'esprit, un peu comme le faisait le matérialisme marxiste quand il attribuait à la matière les processus dialectiques que Hegel avait reconnus à l'Esprit.

Le matérialisme pose aussi le problème de la légitimité de la morale. En effet, si nos pensées ne sont que des reflets de phénomènes organiques régis par les lois de la physique et de la chimie moléculaire, on ne voit pas comment la vie psychique et morale pourrait échapper au déterminisme mécaniste qui règne dans le monde de la matière. En d'autres termes, si toute pensée n'est jamais qu'une modification de la matière grise du cerveau, si nos réflexions, nos affections et nos volitions ne sont rien d'autre que la prise de conscience de réactions physico-chimiques de nos cellules nerveuses ou cérébrales, on ne voit pas comment on pourrait encore parler d'autonomie de la vie intellectuelle, affective et morale, ou même, tout simplement, de volonté et de liberté humaines. Au contraire, tout apparaît alors comme le fruit de la nécessité mécanique et linéaire de la grande loi de l'évolution (le deuxième principe de la thermodynamique) qui gouverne tous les systèmes macro-physiques. Certes, on entend souvent dire que le matérialisme moderne serait indéterministe, parce que l'indéterminisme a été introduit dans la physique moderne (quantique). Mais, en réalité, même aujourd'hui, les vrais matérialistes restent des déterministes convaincus. Car la physique contemporaine suppose que les corps macroscopiques se comportent d'une manière qui est effectivement déterministe; or même un simple neurone (une fibre nerveuse) est un objet *macroscopique* selon les critères de la mécanique quantique, de sorte qu'un matérialiste physicaliste contemporain peut continuer à considérer le cerveau humain comme quelque chose qui est très proche d'un mécanisme fonctionnant d'une manière entièrement déterminée (ce qui nous ramène pratiquement à la théorie de l'homme-machine de La Mettrie). À la limite, le matérialiste, s'il était conséquent avec lui-même, devrait donc nier le problème du mal moral, voire du mal physique (Descartes et les cartésiens disaient de leurs animaux-machines qu'ils ne souffraient pas vraiment!). Il devrait même considérer que la vie humaine est tout simplement dénuée de *sens*[35]. En tout état de cause, il apparaît que chez beaucoup de ses adeptes, le matérialisme n'est pas

---

[35] Ce n'est pas un hasard si le grand poète pessimiste Giacomo Leopardi (1798-1837), auquel on doit les chants peut-être les plus désespérés de toute la littérature mondiale, fut en philosophie un élève des idéologues français du début du XIXe siècle...

seulement une conception scientifique; c'est aussi toute une vision morale de l'homme et de la vie humaine, que Vogt a peut-être bien résumée par cette formule, tirée de ses *Leçons sur l'homme:* «Il vaut mieux être un singe perfectionné qu'un Adam dégénéré»!

Enfin, il faut se rendre compte que le regain d'intérêt actuel pour le matérialisme est dû en grande partie à l'emprise extraordinaire que la théorie darwinienne (ou néo-darwinienne) de l'évolution exerce sur les milieux scientifiques. En effet, l'immense majorité des matérialistes contemporains appuient leur philosophie sur l'évolutionnisme hérité de Darwin. Or l'idée fondamentale de cet évolutionnisme est bien que le monde, tel que nous le connaissons aujourd'hui, c'est-à-dire avec toutes les espèces animales, y compris l'espèce humaine, est la résultante d'un long enchaînement de mécanismes matériels aléatoires et dépourvus de toute finalité. Pourtant, comme l'a bien montré Popper, et contrairement à l'idée que l'on s'en fait généralement et qui est d'ailleurs largement propagée par les évolutionnistes eux-mêmes, l'évolutionnisme darwinien ou néo-darwinien n'est pas une théorie scientifique au sens strict du terme (c'est-à-dire une théorie scientifiquement vérifiable). C'est plutôt une position *métaphysique*, qui ressortit précisément au matérialisme athée[36]. Comme tel, il relève donc, au même titre que n'importe quelle autre position métaphysique, d'une option philosophique qui, ainsi que nous l'avons montré, procède, au moins pour une part, d'un acte de *foi* de la part celui qui l'adopte... Au demeurant, malgré ses prétentions à la scientificité, c'est le matérialisme tout entier qui «n'est pas une science, mais une foi»[37].

À l'opposé du matérialisme, l'*idéalisme* affirme que la véritable réalité consiste au contraire en *idées*, c'est-à-dire en entités intellectuelles. Cependant, ici aussi, il faut distinguer entre l'idéalisme *objectif*, pour lequel les idées sont des réalités objectives qui existent en dehors ou indépendamment de l'esprit humain et qui s'imposent à sa vision, et l'idéalisme *subjectif*, pour lequel, en revanche, les idées dépendent du sujet, c'est-à-dire de notre esprit.

La première philosophie qu'on peut qualifier d'idéalisme objectif fut celle de Platon. Pour lui, en effet, le *réel*, au sens authentique et plein du terme, était constitué d'«Idées»[38], c'est-à-dire de formes suprasensibles,

---

[36] Voir, à ce sujet, l'excellente étude de P. E. Johnson, *Le darwinisme en question*, Chambéry, Éditions Exergue, 1996 (2ᵉ éd., 1997).

[37] N. Berdiaeff, *Au seuil de la nouvelle époque*, Neuchâtel, Delachaux et Niestlé, 1947, p. 144.

[38] Du grec ἰδέαι, «formes».

modèles intelligibles et immuables d'après lesquels le divin Créateur de la nature avait façonné les choses sensibles et que l'âme avait contemplés avant d'être unie au corps, mais qui existaient de toute éternité et qui n'étaient donc pas des productions du dieu lui-même, encore moins de notre esprit. Par comparaison avec ce monde intelligible, «dur comme le diamant et toujours le même» (Alain), le monde sensible n'était jamais, aux yeux de Platon, qu'un reflet incertain, une ombre évanescente, une pâle copie de l'être véritable. La preuve que le monde sensible est inconsistant et fantomatique, c'est, disait-il en substance, qu'il est inexorablement soumis au devenir (c'est-à-dire à la naissance et à la mort) et que, tout le temps qu'il existe, il ne cesse de changer et de présenter des contradictions internes. Ainsi, un cercle sensible, dessiné ou fabriqué dans une matière donnée, n'est jamais parfaitement curviligne: il contient toujours en lui du rectiligne, car sa courbure confine, en tous ses points, avec la ligne droite. De même, toute jeune fille en fleur est à la fois belle (par certains aspects, ou à certains moments, ou encore aux yeux de certains hommes, ou enfin comparée à une autre femme) et laide (par d'autres aspects, ou à d'autres moments, ou encore aux yeux d'autres hommes, ou enfin comparée à une deuxième autre femme). Mais le Cercle en soi (c'est-à-dire l'Idée du cercle) n'est jamais rectiligne, de même que le Beau en soi (l'Idée de la beauté) n'est jamais laid... À la fin de l'antiquité, saint Augustin reprit à son compte cette théorie des Idées, tout en faisant de celles-ci, non plus des paradigmes transcendants s'imposant au regard du Créateur, mais des pensées de Dieu lui-même, contemplées par nos propres esprits dans la lumière intérieure que prodigue le Verbe divin (théorie dite de l'illumination divine). Ce platonisme chrétien fut professé au moyen-âge par plusieurs théologiens-philosophes, comme saint Anselme de Cantorbéry, Guillaume d'Auvergne (1180-1249) et saint Bonaventure (1221-1274). Au début de l'époque contemporaine, une autre variété d'idéalisme objectif fut défendue par le philosophe allemand Friedrich Wilhelm Joseph von Schelling (1775-1854): le moi et le non-moi (c'est-à-dire le sujet et l'objet, ou l'esprit et la nature, ou, pour parler comme Spinoza, la pensée et l'étendue) existent indépendamment l'un de l'autre, mais ils procèdent d'un principe supérieur, l'Absolu, dans lequel les contraires, comme le sujet et l'objet, ou la matière et la forme, s'identifient.

L'idéalisme subjectif, quant à lui, est la doctrine selon laquelle l'existence du monde extérieur se ramène à la perception ou aux idées que nous en avons. Ce fut notamment la doctrine de Berkeley, qui écrivait à ce propos:

Je dis que la table sur laquelle j'écris existe, c'est-à-dire que je la vois et la touche; et, si je n'étais pas dans mon bureau, je dirais que cette table existe, ce par quoi j'entendrais que, si j'étais dans mon bureau, je pourrais la percevoir; ou bien, que quelque autre esprit (*spirit*) la perçoit actuellement. «Il y eut une odeur», c'est-à-dire, elle fut sentie; «il y eut un son», c'est-à-dire, il fut entendu; «il y eut une couleur ou une figure»: elle fut perçue par la vue ou le toucher. C'est tout ce que je puis entendre par des expressions telles que celles-là. Car, quant à ce que l'on dit de l'existence absolue de choses non pensantes, sans aucun rapport avec le fait qu'elles soient perçues, cela semble parfaitement inintelligible. L'*esse* [être] de ces choses-là, c'est leur *percipi* [être perçu]; et il n'est pas possible qu'elles aient une existence quelconque en dehors des esprits ou des choses pensantes qui les perçoivent[39].

Il faut toutefois remarquer que, pour Berkeley, c'est Dieu lui-même qui met ces idées ou ces perceptions dans notre esprit (ce qui rappelle la théorie augustinienne de l'illumination divine), et que celui-ci, aussi bien que Dieu, existe en soi. D'ailleurs, Berkeley ne qualifiait pas sa doctrine d'idéalisme, mais bien d'*immatérialisme*. Kant lui opposa son idéalisme transcendantal des phénomènes, par quoi il entendait «la doctrine d'après laquelle nous les envisageons dans leur ensemble comme de simples représentations, et non comme des choses en soi»[40]. Mais il faut souligner que Kant ne rejetait pas l'existence de choses en soi:

L'idéalisme consiste à soutenir qu'il n'y a pas d'autres êtres que des êtres pensants [...]. Moi, je dis, au contraire: des objets nous sont donnés, objets de nos sens et extérieurs à nous, mais nous ne savons rien de ce qu'ils peuvent être en eux-mêmes, nous n'en connaissons que les phénomènes, c'est-à-dire les représentations qu'ils produisent en nous en affectant nos sens[41].

En fait, l'expression d'*idéalisme subjectif* fut forgée (comme celle d'*idéalisme objectif*) par Schelling pour caractériser la doctrine du philosophe post-kantien Johann-Gottlieb Fichte (1762-1814), par contraste avec sa propre doctrine. Pour Fichte, en effet, il n'existait pas d'autre principe ni d'autre réalité que le *Moi* (non pas empirique, mais transcendantal) qui ne se pose qu'en s'opposant un Non-Moi. Autrement dit, selon Fichte, le Moi n'était autre que le créateur du monde. Lui-même appelait sa doctrine *égoïsme transcendantal*.

Enfin, Hegel présenta son propre système, baptisé *idéalisme absolu*, comme la synthèse de la thèse représentée par l'idéalisme subjectif de

---

[39] G. Berkeley, *Traité des principes de la connaissance humaine*, §3.
[40] E. Kant, *Critique de la raison pure* (trad. Trémesaygues et Pacaud), Paris, P.U.F, 1967, p. 299.
[41] E. Kant, *Prolégomènes...*, §13, remarque II.

Fichte et de l'antithèse incarnée par l'idéalisme objectif de Schelling. D'après Hegel, en effet, tout dérive de l'Idée pure et indéterminée (thèse), qui se détermine en s'extériorisant dans la nature (antithèse), laquelle s'intériorise en retour dans l'Idée absolue ou Esprit (*Geist*) (synthèse).

Dans la deuxième moitié du XIXᵉ siècle et au début du XXᵉ, l'idéalisme fleurit principalement dans le néo-hégélianisme des philosophes britanniques Bradley, Bosanquet et McTaggart, ainsi que des penseurs italiens Benedetto Croce (1866-1952) et Giovanni Gentile (1875-1944). Mais il fut aussi brillamment illustré en France par Octave Hamelin (1856-1907), qui qualifiait son système d'*idéalisme synthétique*, ainsi que par Renouvier, qui professait un *idéalisme relatif* et qui regardait «le sujet matériel pur des écoles matérialistes comme une fiction scientifique»[42]. Citons également dans cette pléiade des grands idéalistes français le nom de Léon Brunschvicg (1869-1944), dont l'*idéalisme critique* consistait à dire que, l'être étant contenu tout entier dans la copule de nos jugements, «l'homme ne peut s'évader du circuit de ses propres jugements»[43], de sorte que rien n'existe en dehors de sa pensée: l'univers de la perception, aussi bien que celui de la science, doivent être considérés comme «des produits authentiques de l'esprit humain»[44]. Enfin, une place à part doit être faite à l'*idéalisme existentiel* de René Le Senne (1882-1954), co-fondateur, avec le philosophe spiritualiste Louis Lavelle, du mouvement de la philosophie de l'esprit.

5. *Utilitaristes, formalistes et naturalistes en éthique*

On sait enfin que le problème fondamental de l'éthique est celui de la détermination du principe de nos actions morales. Selon les *utilitaristes*, ce principe résiderait dans l'*utilité*, entendue comme la chose qui nous procure les plaisirs les plus nombreux et les plus intenses. En ce sens, l'utilitarisme a été fort bien défini par un de ses plus chauds partisans, John Stuart Mill, de la manière suivante:

> La doctrine qui prend pour fondement de la morale l'utilité ou le principe du plus grand bonheur, soutient que les actions sont bonnes dans la mesure

---

[42] C. Renouvier, *Essais de critique générale*. Tome I: *Traité de logique générale et de logique formelle*, 2ᵉ éd., Paris, Colin, 1912, p. 39.

[43] L. Brunschvicg, *Le progrès de la conscience dans la philosophie occidentale*, vol. II, Paris, Alcan, 1927, p. 782.

[44] L. Brunschvicg, *La modalité du jugement*, Paris, Alcan, 1897, p. 179.

où elles tendent à augmenter le bonheur, mauvaises en tant qu'elles tendent à en produire le contraire. Par bonheur, on entend le plaisir et l'absence de douleur; par son contraire, la douleur et l'absence de plaisir[45].

Comme on le voit, cet utilitarisme se ramène donc, en définitive, à l'*hédonisme*[46], qui est la doctrine selon laquelle le plaisir est le seul bien ou, du moins, le bien principal. L'hédonisme a été défendu, dès l'antiquité, par les philosophes de l'école de Cyrène, ainsi que par les épicuriens. Cependant, alors que les Cyrénaïques ne comprenaient le plaisir qu'au sens de la jouissance présente, individuelle et corporelle, Épicure et ses disciples l'entendaient au sens du plaisir «en repos», consistant dans l'ataraxie (l'absence de troubles et de craintes dans l'âme et de douleurs dans le corps), plutôt qu'au sens du plaisir «en mouvement» (les explosions de joie débridée et de sensualité effrénée), et ils affirmaient également que les plaisirs de l'âme étaient nettement supérieurs à ceux du corps. Dans la suite de l'histoire de la philosophie, la plupart des utilitaristes et même des hédonistes ont pris soin d'expliquer que leur doctrine n'avait pas pour conséquence l'égoïsme (la recherche exclusive du plaisir individuel), ni le sensualisme au sens vulgaire du terme (la vie de débauche). C'est ainsi que Jeremy Bentham (1748-1832) estimait que, comme les plaisirs de chacun dépendent en grande partie d'autrui, il est raisonnable de chercher à procurer aux autres aussi du plaisir, de manière à en avoir plus pour soi-même, la formule de cette morale étant: «Le plus grand bonheur du plus grand nombre». Mais Bentham voulait quand même s'en tenir à une conception purement *quantitative* des plaisirs, niant toute différence qualitative entre eux. C'est pourquoi, de son propre aveu, sa morale utilitariste se ramenait à une «arithmétique des plaisirs», grâce à laquelle il déterminait la *quantité* des plaisirs en tenant compte tout à la fois de leur durée, de leur intensité, de leur certitude, de leur proximité, de leur fécondité et de leur étendue (un plaisir collectif étant plus grand qu'un plaisir individuel). Et à ceux qui lui objectaient que les plaisirs ne sauraient être comparés seulement par la quantité, puisqu'ils sont hétérogènes, il répondait en invoquant l'existence d'un «thermomètre moral», qui n'était autre que l'argent («Combien d'argent donneriez-vous pour acheter tel ou tel plaisir?»)... John Stuart Mill, pour sa part, s'efforça de dépasser cette morale de commerçants ou de businessmen en tenant compte, précisément, de la *qualité* des plaisirs. Il distinguait en effet des plaisirs bas et des plaisirs nobles, parce que,

---

[45] J. S. Mill, *L'utilitarisme*, chap. II.
[46] Du grec ἡδονή, «plaisir».

disait-il, de l'aveu même de ceux qui ont fait l'expérience des différents plaisirs, «il vaut mieux être un Socrate mécontent qu'un pourceau repu…»[47] En outre, il remplaça le critère de l'intérêt personnel, où en était resté Bentham, par celui de l'intérêt général:

> Le bonheur qui est le critérium utilitaire de ce qui est bien dans la conduite n'est pas le bonheur propre de l'agent, mais celui de tous les intéressés. Entre le propre bonheur de l'individu et celui des autres, l'utilitarisme exige que l'individu soit aussi strictement impartial qu'un spectateur désintéressé et bienveillant[48].

Enfin, outre les penseurs que nous venons d'évoquer, on peut aussi rattacher à l'utilitarisme les conceptions morales de Hobbes et du philosophe évolutionniste anglais Herbert Spencer (1820-1903).

Aux antipodes de l'utilitarisme, se situe le formalisme éthique, qui est la doctrine selon laquelle la valeur morale d'une action ne vient pas de sa matière (c'est-à-dire de ce qu'on fait) ni de ses résultats, mais uniquement de sa *forme* (c'est-à-dire de l'intention qui l'anime). Le principal représentant de cette doctrine fut Kant, qui la développa dans ses *Fondements de la métaphysique des mœurs* (1785), ainsi que dans sa *Critique de la raison pratique* (1788). On peut la résumer comme suit: étant donné que le devoir s'impose à la conscience morale comme un impératif catégorique, c'est-à-dire inconditionnel, on doit l'accomplir pour la seule raison que c'est le devoir, sans le faire dépendre d'aucun motif extrinsèque, tel que le plaisir, l'intérêt ou même le bonheur personnel (comme si l'on disait: «Fais-le si ça te fait plaisir», ou: «si tu y trouves ton intérêt», ou encore: «si ça peut te rendre heureux»). Car ce que nous dit la loi morale, ce n'est rien d'autre que ceci: «Fais-le, parce que tu *dois* le faire». C'est donc bien l'intention (la forme) de l'acte qui en fait la valeur morale, et non ses fins matérielles. Cette intention d'accomplir son devoir uniquement par respect du devoir est ce que Kant appelait la *bonne volonté*.

Alors que les débats de la philosophie morale de l'époque contemporaine ont été surtout dominés par l'opposition entre formalistes et utilitaristes, il faut encore mentionner une doctrine éthique qui était largement répandue dans l'antiquité et au moyen-âge, et qui a suscité ces dernières années un vif regain d'intérêt. Il s'agit du *naturalisme*, compris comme la doctrine selon laquelle le fondement de la morale consiste dans la nature humaine. Dans l'antiquité, ce courant fut principalement illustré

---

[47] J. S. Mill, *L'utilitarisme*, chap. II.
[48] *Ibid.*

par Aristote, qui partait de la constatation suivante: tout le monde, ou presque, est d'accord pour dire que le bien suprême de l'homme (c'est-à-dire ce vers quoi tendent en fin de compte toutes ses activités, tous ses travaux, toutes ses recherches intellectuelles et tous ses choix), c'est le bonheur. Mais l'accord cesse dès qu'il s'agit de préciser quelle est la nature de ce bonheur. En effet, la plupart des gens croient qu'il est dans le plaisir ou dans l'argent; d'autres, déjà moins nombreux, mais aussi moins grossiers, estiment qu'il consiste plutôt dans la gloire et les honneurs que procurent les succès politiques et mondains; quelques-uns enfin, qui sont plus rares encore, pensent qu'il se trouve dans l'étude et la contemplation intellectuelle du monde et de ses causes, en particulier de la cause première, qui n'est autre que Dieu[49]. Ce sont évidemment ces derniers qui ont raison. Car cette contemplation est l'activité spécifique de notre *intellect*. Or celui-ci est en nous la faculté qui nous dirige, qui possède la connaissance de ce qui est noble et divin (le Premier Moteur), et qui constitue elle-même la partie la plus divine de notre être et donc notre *vraie* nature d'homme, celle qui nous distingue des animaux[50]. Aussi, pour Aristote, toutes nos actions, recherches, activités et décisions doivent-elles avoir pour but ultime cette contemplation intellectuelle, qui représente en quelque sorte la vocation propre de l'homme. Notons que cet idéal moral fut repris, dans l'ensemble, par les philosophes néoplatoniciens de la fin de l'antiquité, ainsi que par les penseurs chrétiens du moyen-âge, lesquels, il est vrai, insistèrent davantage sur la dimension mystique et religieuse de la contemplation, alors qu'Aristote avait plutôt envisagé celle-ci sous la forme de la recherche intellectuelle de l'homme de science (sans toutefois que la mystique et l'imitation de Dieu en fussent absentes).

---

[49] Cf. Aristote, *Éthique à Nicomaque*, I, 2-3.
[50] Cf. *ibid.*, I, 13 et X, 7.

CHAPITRE 6

L'ACCÈS AUX TEXTES

1. *Le problème des traductions*

La littérature philosophique écrite en français n'est certes pas négligeable, mais elle ne représente malgré tout qu'une infime partie de la littérature philosophique mondiale et même occidentale. En nous limitant précisément à l'Occident, nous pouvons dire qu'à côté du français, les grandes langues de la philosophie sont le grec ancien, le latin, l'anglais, l'allemand, l'espagnol et l'italien. L'idéal, pour un philosophe occidental, serait donc de connaître ces sept langues, de manière à pouvoir lire directement les textes philosophiques qui ont été rédigés dans ces idiomes. En tout cas, on ne saurait trop insister sur la nécessité, pour un jeune philosophe, d'apprendre sérieusement quelques-unes au moins de ces grandes langues occidentales. Cependant, on admettra qu'il est très rare d'être capable de les maîtriser toutes les sept parfaitement. Et quand bien même les maîtriserait-on, il ne faut pas oublier qu'un nombre non négligeable de textes philosophiques importants de l'Occident ont quand même été écrits dans des langues que, de toute façon, la grande majorité des occidentaux ne lisent pas. Citons, à titre d'exemple, l'œuvre de Kierkegaard écrite en danois, ou celles de Soloviev, de Chestov, de Berdiaeff ou de Lénine, rédigées pour la plus grande part en russe, ou encore celle de Jan Patocka, composée partiellement en tchèque. Et cela pour ne rien dire des langues orientales, telles que l'arabe, le persan, le sanskrit, le tibétain, le chinois et le japonais, qui contiennent les productions de la pensée islamique, hindoue, bouddhique, confucéenne et taoïste. Ainsi, lorsqu'il veut avoir accès à ces textes qui lui sont linguistiquement étrangers, le philosophe doit forcément recourir à des traductions, ce qui n'est pas sans poser un problème que les philosophes eux-mêmes ont rarement l'habitude de traiter, alors qu'il s'agit véritablement d'une question cruciale pour la philosophie.

On admettra en effet que toute pensée est étroitement solidaire de la langue dans laquelle elle s'exprime. Pour s'en convaincre, il suffit de lire les réflexions, anciennes certes, mais encore si justes, que faisait à ce propos le grand écrivain français Antoine de Rivarol (1753-1801):

si la parole est une pensée qui se manifeste, il faut que la pensée soit une parole intérieure et cachée. L'homme qui parle est donc l'homme qui pense tout haut; et si on peut juger un homme par ses paroles, on peut aussi juger une nation par son langage. La forme et le fond des ouvrages dont chaque peuple se vante n'y font rien: c'est d'après le caractère et le génie de leur langage qu'il faut prononcer; car presque tous les écrivains suivent des règles et des modèles, mais une nation entière parle d'après son génie. On demande souvent ce qu'est le génie d'une langue, et il est difficile de le dire. Ce mot tient à des idées très composées [...]: on peut dire que la douceur ou l'âpreté des articulations, l'abondance ou la rareté des voyelles, la prosodie et l'étendue des mots, leurs filiations, et enfin le nombre et la forme des tournures et des constructions qu'ils prennent entr'eux sont les causes les plus évidentes du génie d'une langue; et ces causes se lient au climat et au caractère de chaque peuple en particulier[1].

On a suffisamment disserté, depuis longtemps déjà, sur ce génie propre à chaque langue pour qu'il nous faille ici insister sur le fait qu'une traduction est toujours, dans une certaine mesure, une trahison. On connaît d'ailleurs, à ce propos, l'adage italien: «Traduttore, traditore!» Nous nous contenterons donc ici de citer quelques réflexions d'un spécialiste de la traduction, et de les illustrer par des exemples choisis dans le domaine de la philosophie:

> Quand on passe d'une langue à une autre, on ne trouve pour ainsi dire jamais de l'identique, ni pour les sons, ni pour le vocabulaire — sauf peut-être pour les termes scientifiques ou techniques [...] —, ni pour la façon de combiner les mots. En ce qui concerne le vocabulaire, par exemple, chaque langue a sa manière à elle de répartir en mots l'ensemble de l'expérience humaine. [...] Quelqu'un a comparé un jour le vocabulaire d'une langue à un épervier, ce filet rond que le pêcheur arrive, d'un geste adroit, à étaler à plat sur la surface de l'étang ou du lac. Chaque mot du vocabulaire d'une langue correspondrait à une maille du filet. Si on jette maintenant un second filet au même endroit, il sera tout à fait exceptionnel que deux mailles coïncident. De même, d'une langue à l'autre, il n'y a pratiquement rien d'identique: les mots ne recouvrent pas exactement le même champ de signification[2].

Cette non-coïncidence des mailles des filets des diverses langues explique qu'à un seul mot de la langue de départ peuvent correspondre plusieurs mots dans la langue d'arrivée ou, à l'inverse, qu'à plusieurs mots de la langue de départ peut ne correspondre qu'un seul mot dans la langue d'arrivée, ce qui ne manque pas de poser des problèmes aux traducteurs.

---

[1] A. de Rivarol, *Discours sur l'universalité de la langue française*, §§XXV-XXVI.
[2] J.-M. Babut, *Lire la Bible en traduction*, Paris, Le Cerf, 1997, pp. 24-26.

Pour illustrer la première de ces deux situations, on peut prendre l'exemple du mot grec οὐσία, qui est un des termes spécifiques les plus importants de la philosophie antique et qui a été traduit en latin tout d'abord par *essentia*, puis par *substantia*, voire par *natura*. Ces différentes traductions sont évidemment passées dans les langues modernes, telles que le français, l'anglais, l'espagnol, l'italien, etc. C'est ainsi que dans les traductions françaises des textes philosophiques grecs, on trouve οὐσία traduit tantôt par *essence*, tantôt par *substance*, tantôt encore par *nature*, mais parfois aussi par *réalité, existence* ou *être*. Un traducteur anglais d'Aristote a même proposé de le traduire par *entity*, et un traducteur français a forgé, pour le traduire, le néologisme «étance»! Il est pourtant évident que tous ces mots sont loin d'avoir la même signification. En particulier, *essence* est loin d'avoir le même sens que *substance*. La preuve en est qu'on dira assez facilement, en français, que l'eau, qui était pour Aristote une οὐσία, est une substance, mais plus difficilement qu'elle est une essence! De même, on parlera de l'essence ou de la substance de l'homme, mais certainement pas de son «entité», quand on voudra désigner par là sa nature propre.

Quant à la deuxième situation, elle peut être illustrée par l'exemple d'un terme certes «non technique», mais occupant tout de même une place importante dans le vocabulaire philosophique et théologique. Les langues latine, italienne, espagnole et anglaise ont deux mots pour nommer ce que le français désigne du seul mot d'*esprit*: *mens* et *spiritus* pour la première, *ménte* et *spirito* pour la deuxième, *mente* et *espíritu* pour la troisième, et enfin *mind* et *spirit* pour la quatrième. Or, dans aucune de ces langues, ces deux mots ne sont exactement synonymes. La preuve en est qu'on y emploie les expressions de *Spiritus Sanctus*, *Spirito Santo*, *Espíritu Santo* et *Holy Spirit* pour désigner le Saint-Esprit, et jamais des expressions telles que *Mens Santa*, *Holy Mind*, etc. Une autre preuve de cela est la difficulté de traduire en français l'expression anglaise *philosophy of mind*, devenue de nos jours très courante. Car l'expression française *philosophie de l'esprit*, par laquelle on traduit parfois *philosophy of mind* prête au contresens. En effet, cette expression a reçu, depuis le milieu du XXe siècle, un sens très précis, puisqu'à cette époque elle servit à désigner le mouvement philosophique fondé par Louis Lavelle et René Le Senne, lequel avait pour but «une restauration des droits de l'esprit considéré comme la source éternelle de lui-même, c'est-à-dire de toutes les opérations de la pensée et du vouloir». Il s'agissait donc, pour les fondateurs de ce mouvement, de mettre en valeur l'expérience spirituelle qui donne sens aux choses et nous fait communier aux autres esprits. On admettra que cette *philosophie de l'es-prit* était ainsi quelque chose de fort différent de ce que les Anglo-Saxons appellent aujourd'hui *philosophy of mind*[3], Aussi conviendrait-il peut-être de traduire *philosophy of mind* par *philosophie du mental*, même si cette dernière expression manque incontestablement d'élé-gance...

Cela dit, dès que l'on entreprit, dans l'antiquité même, de traduire la Bible en grec, puis en latin, deux méthodes de traduction s'affrontè-rent, qui continuent de susciter des débats passionnés aujourd'hui encore. La première méthode est celle de la traduction littérale (ou *ad litteram*), qui veut que l'on soit le plus fidèle possible au texte original, en allant «jusqu'à respecter sa forme: un vocabulaire concordant, un ordre des mots autant que possible identique, un décalque des locu-tions, etc.»[4] Ceux qui défendent cette méthode considèrent donc qu'il ne saurait y avoir de fidélité au texte original si l'on ne reproduit pas également *la forme* de ce dernier. Cette manière de traduire remonte aussi loin que le IIᵉ siècle de notre ère, époque à laquelle un certain Aquila traduisit en grec la Bible hébraïque en faisant correspondre à chaque mot du texte original un mot grec unique et en traduisant sys-tématiquement un même mot de l'hébreu partout par le même mot grec. Cependant, cette traduction poussait la fidélité à l'original si loin qu'elle était difficilement compréhensible à un lecteur grec ignorant l'hébreu. Aussi une réaction se produisit dès la fin de ce même IIᵉ siècle, avec la traduction de Symmaque, qui donna une version de l'Ancien Testament écrite dans un grec «naturel»: celui-là même qui servait de langue véhiculaire aux peuples du bassin méditerranéen. Cette version de Symmaque peut être considérée comme l'ancêtre et le modèle des traductions selon le sens (ou *ad sensum*), parce que son auteur avait en quelque sorte estimé «que la fidélité concernait d'abord le sens, et que celle-ci n'est possible que si le traducteur rend pleine-ment justice aux exigences de la langue d'arrivée»[5]. Une théorie de la traduction *ad sensum* a été élaborée dans les années 1950 par le lin-guiste américain E. A. Nida, qui conseillait au traducteur d'appliquer dans son travail le principe de l'équivalence dynamique, par opposition à l'équivalence formelle. Voici, en effet, comment Nida concevait le travail du traducteur:

[3] Cf. chap. 3.
[4] Babut, *Lire la Bible* ..., p. 65
[5] *Ibid.*, p. 67.

> La traduction, à ses yeux, ne consiste pas à traduire un mot de l'original par un mot parallèle dans la langue d'arrivée, un syntagme par un syntagme, une proposition par une proposition, mais bien à saisir le sens du texte, à globaliser le message qu'il veut communiquer puis à rendre la substance de celui-ci comme si on avait soi-même à le formuler dans sa propre langue[6].

Il ne faut cependant pas s'y tromper: si la traduction *ad sensum* a été ainsi théorisée à une époque relativement récente, elle n'a jamais cessé, depuis l'époque de Symmaque, d'être pratiquée «plus ou moins consciemment» par la plupart des traducteurs.

Or ce débat ne concerne pas seulement la traduction biblique. Longtemps, en effet, les textes des philosophes grecs et latins de l'antiquité et du moyen-âge, puis ceux des philosophes de l'époque moderne écrits dans des langues étrangères ont été traduits en français bien plus souvent selon le sens ou, comme on disait alors, «littérairement», que littéralement, précisément parce que, estimait-on, chaque langue a son génie propre. Cependant, vers la fin du XIXe siècle et dans le courant du XXe, avec les progrès et le développement des travaux historiques et philologiques, les limites de cette méthode de traduction ont commencé à apparaître. Les exigences de rigueur et d'honnêteté quant au respect du texte original sont devenues plus grandes, si bien que, de plus en plus, de nouvelles traductions, scientifiquement plus rigoureuses, plus littérales, plus fidèles au texte de départ, ont vu le jour. Mais, là aussi, des excès dans le sens de la littéralité ont amené récemment des théoriciens de la traduction à plaider pour un certain retour à la traduction *ad sensum*.

Les deux méthodes comportent évidemment chacune des avantages et des inconvénients. Il est vrai qu'une trop grande littéralité risque de rendre le texte incompréhensible dans la langue d'arrivée. Mais une trop grande «adaptation» du texte à la langue d'arrivée comporte aussi un risque, qui n'est pas moins grand: celui de travestir l'original et d'en faire un texte qui n'a plus qu'un rapport assez lointain avec lui. De ce point de vue, le danger le plus grand de certaines traductions qui prétendent rendre le sens plutôt que la lettre est d'accroître la part d'interprétation du traducteur. Ainsi, il est certain que de nombreuses versions *ad sensum* distillent implicitement, pour ne pas dire insidieusement, une exégèse, orientée dans telle ou telle direction, du texte traduit. Un exemple suffira, espérons-nous, pour illustrer ce point.

---

[6] C. Cannuyer, «Les traductions et le mouvement bibliques depuis 1943», in P.-M. Bogaert (éd.), *Les Bibles en français. Histoire illustrée du moyen âge à nos jours*, Turnhout, Brepols, 1991, p. 244.

Les mots εἶδος et ἰδέα, qui sont pratiquement des synonymes en grec ancien, apparaissent un assez grand nombre de fois dans l'œuvre de Platon. Or un des meilleurs connaisseurs de la langue de cet auteur a pu distinguer pas moins de six sens différents que ces deux mots peuvent revêtir dans son œuvre, à savoir: 1° «forme extérieure», «aspect»; 2° «figure» (notamment géométrique); 3° «image»; 4° «espèce, classe»; 5° «caractère» (général), «nature»; 6° «Idée»[7]. Le dernier sens est bien sûr celui qui est lié à la fameuse théorie des Idées, c'est-à-dire des formes intelligibles, que nous avons déjà évoquée. Pourtant c'est loin d'être le sens le plus fréquent des mots εἶδος et ἰδέα dans les dialogues platoniciens. Il y a bien sûr de nombreux contextes où il est clair que ces deux mots signifient indiscutablement «forme intelligible», «Idée» (écrite le plus souvent, dans les traductions, avec une majuscule), et d'autres où il n'est pas moins évident qu'ils signifient simplement «forme» ou «espèce» dans le sens banal de ces termes, c'est-à-dire sans aucune connotation métaphysique. Mais il y a aussi des contextes où il n'est pas du tout évident qu'ils signifient l'une de ces deux choses plutôt que l'autre. Or c'est là, justement, que le traducteur est amené à interpréter: s'il «voit» (ou *croit* voir) que, dans tel passage qu'il est en train de traduire, le mot εἶδος (ou ἰδέα) signifie «forme intelligible», il sera évidemment tenté de le traduire par «Idée» ou «Forme» (souvent avec une majuscule pour distinguer la forme intelligible de la forme sensible); par contre, s'il ne «voit» pas cela, il se contentera de traduire simplement par «forme» (avec une minuscule), «espèce» ou «sorte». Le problème est que les traducteurs ne voient pas toujours les choses, c'est-à-dire ici les textes, de la même façon! Ainsi, en ce qui concerne la *République*, qui est incontestablement le dialogue central de Platon, nous avons pu nous-même constater que, pour certains traducteurs, εἶδος apparaît avec le sens de «forme intelligible» ou «Idée» dès le livre III, alors que pour d'autres, le mot ne revêt ce sens métaphysique qu'à partir du livre V ou même du livre VI! Dans l'intervalle, on trouve donc εἶδος traduit tantôt par «Idée», avec tout le poids métaphysique dont ce terme (affecté d'une majuscule) est chargé, tantôt par «espèce» ou «sorte» avec toute la banalité que ces deux mots peuvent avoir dans le langage courant.

Or on conviendra aisément que ces variations dans la traduction ne vont pas sans affecter le sens du texte traduit, et donc aussi son *interprétation*. Mais, comme les traductions sont elles-mêmes partiellement déterminées

---

[7] É. des Places, *Lexique de la langue philosophique et religieuse de Platon*, in Platon, *Œuvres complètes*, tome XIV (coll. «Budé»), pp. 159 et 260.

par l'idée que le traducteur se fait du texte à traduire, c'est-à-dire finalement par l'interprétation qu'il en donne plus ou moins consciemment (ou inconsciemment), on tourne dans un cercle. Celui-ci ne peut être brisé, au moins partiellement, que par une méthode de traduction qui se rapproche de la méthode *ad litteram*, sans cependant verser dans les excès d'une trop grande littéralité. Cette méthode consiste, pensons-nous, en deux règles très simples. La première est de s'efforcer de traduire un terme significatif[8], qui, dans le texte original, revêt à la fois un sens banal (ou courant) «neutre» et un (ou plusieurs) sens philosophique spécialisé, par le terme de la langue d'arrivée qui correspond au sens courant, de manière à ne pas «déterminer» philosophiquement le terme en question. C'est le contexte, et uniquement lui, qui doit déterminer le sens. Dans l'exemple que nous avons donné, on traduira donc εἶδος (et ἰδέα) de préférence par le sens «neutre» de *forme* (avec une minuscule[9]), qui peut s'appliquer au plus grand nombre de cas (y compris celui du sens métaphysique de *forme intelligible*). La deuxième règle est de se donner pour consigne de traduire, partout où ce n'est pas rigoureusement impossible, le même mot de la langue de départ par le même mot de la langue d'arrivée. Ainsi, en suivant toujours notre exemple, on traduira εἶδος le plus souvent possible par *forme*. Une expérience faite sur la *République* de Platon nous a montré que sur les 96 occurrences conjuguées de εἶδος et ἰδέα, la traduction par *forme* n'était impossible que dans très peu de cas. Le contexte doit suffire à déterminer quand Platon emploie les mots εἶδος et ἰδέα à coup sûr pour parler de ce que nous appelons les Idées ou les formes intelligibles, et quand il les emploie non moins sûrement dans le sens banal de *sorte* ou *espèce*, voire d'*image* sensible. Quand le contexte ne permet pas cette détermination, il faut laisser, croyons-nous, ouverte la possibilité que le mot en question puisse avoir l'un ou l'autre sens. L'avantage de cette seconde règle, selon laquelle à un mot unique du texte original doit correspondre, dans la mesure du possible, un mot unique du texte d'arrivée, est évidemment de refléter, le plus fidèlement qu'il se peut, la manière de s'exprimer de l'auteur lui-même, et ainsi de réduire au minimum la part d'interprétation du traducteur dans la traduction. Par exemple, dans la *République*, en traduisant partout (ou presque) εἶδος et ἰδέα par *forme* (avec une minuscule), on évitera de trancher dans le débat que nous évoquions et qui oppose ceux

---

[8] Nous excluons de cette catégorie les mots-outils tels que les prépositions, les conjonctions, les pronoms, etc.

[9] Faut-il rappeler que dans les manuscrits anciens et médiévaux les mots sont toujours écrits sans majuscule?

qui voient la théorie des Idées déjà présente dans le livre III, et ceux qui ne la voient apparaître qu'au livre V (ou VI). Nous considérons, en effet, que le travail du traducteur doit être distinct de celui de l'interprète ou de l'exégète: il doit respecter le plus possible le texte qu'il traduit et, pour ce faire, il doit s'efforcer d'être le plus neutre possible. Tout cela, bien entendu, sans faire violence à la langue d'arrivée et en gardant le souci d'écrire un texte compréhensible pour celui qui ne connaît pas l'original.

Il est donc clair que l'idéal dans ce domaine est d'arriver à un certain équilibre entre la traduction *ad sensum* et la traduction *ad litteram*. Mais il est clair aussi que cet équilibre demeure, si l'on ose dire, un exercice d'équilibriste, bien difficile à réussir parfaitement, de sorte que les bonnes traductions sont, il faut le reconnaître, relativement rares. En tout état de cause, l'étudiant en philosophie devrait toujours se dire que lire un texte philosophique en traduction n'est jamais qu'un pis-aller, qui fait qu'entre lui et l'auteur s'interpose, en quelque sorte, un *filtre coloré*, qui dénature toujours plus ou moins les couleurs de l'original. Aussi devrait-il se donner pour règle de contrôler, quand il le peut, la traduction qu'il a sous les yeux en la comparant continuellement au texte original. C'est pourquoi on ne saurait trop conseiller, à ceux qui veulent faire des travaux scientifiques en philosophie, d'avoir recours à des éditions bilingues, qui comportent la traduction avec le texte original en regard, de manière à pouvoir toujours garder un œil sur celui-ci.

2. *Les problèmes posés par les textes manuscrits*

Outre des problèmes de traduction, les textes philosophiques de l'antiquité et du moyen-âge, et même parfois ceux de l'époque moderne et contemporaine, posent aussi des problèmes spécifiques, qui concernent essentiellement la tradition manuscrite, l'authenticité et l'état fragmentaire des sources.

a) Les problèmes posés par la tradition manuscrite

Il est très rare qu'on ait conservé des manuscrits autographes[10] des auteurs de l'antiquité et du moyen-âge. Et même lorsque c'est le cas, on est loin d'être sûr qu'on dispose de la version définitive, c'est-à-dire de

---

[10] C'est-à-dire: écrits de la main même de l'auteur.

celle qui était destinée à la diffusion. Aussi bien l'immense majorité des textes de ces deux époques nous sont-ils parvenus sous la forme de copies, manuscrites ou imprimées[11], du texte original. Encore, dans beaucoup de cas, surtout en ce qui concerne la littérature antique, les copies dont nous disposons n'ont même pas été faites sur l'original, mais sur des copies éloignées de plusieurs rangs de celui-ci. Par exemple, les manuscrits les plus anciens contenant la *République* de Platon, rédigée dans la première moitié du IVe siècle av. J.-C., ne remontent pas plus haut que le IXe siècle de notre ère, ce qui veut dire que plus de treize siècles s'écoulèrent entre le moment où Platon écrivit ou dicta ce texte à des scribes pour le diffuser dans le public, et l'époque où les premiers manuscrits que nous en avons conservés furent écrits, treize siècles pendant lesquels les copies de la *République* se succédèrent, remplacées continuellement les unes par les autres. Nous avons évidemment choisi là un exemple extrême, puisque les dialogues de Platon sont parmi les plus anciens textes de la littérature philosophique occidentale, mais cela est aussi vrai, bien qu'à un degré moindre, des textes médiévaux. Or on comprendra aisément que, tout au long de ce travail de recopiage à la main, réalisé dans des conditions matérielles dont nous avons peine à nous faire une idée aujourd'hui (mauvaise vue des copistes, longtemps dépourvus de lunettes, manque d'éclairage ou de lumière, mauvaise qualité du papier ou de la plume, etc.), se soient accumulées des fautes de toutes sortes[12]: *graphies erronées* (par exemple, *ditraction* au lieu de *distraction*, *chevals* au lieu de *chevaux*, *dilemne* au lieu de *dilemme*); *lapsus*, c'est-à-dire erreurs dues à la fatigue ou à la distraction (par exemple, si l'on trouve l'expression «l'intellect agent et l'intellect sensible» dans un manuscrit de psychologie médiévale, on peut être sûr qu'il faut lire en réalité «l'intellect agent et l'intellect possible», car l'intellect sensible est un concept complètement dénué de sens à cette époque); *omissions* (quand l'auteur ou le copiste a oublié d'écrire un ou deux mots pour rendre le texte compréhensible); *lacunes* (omissions plus importantes, portant sur une partie de phrase, ou une phrase entière, ou même tout un paragraphe); *répétitions* (le copiste, par distraction, a transcrit deux fois le même mot, la même phrase ou le même paragraphe); *substitutions* (déplacements de l'ordre

---

[11] Ces copies imprimées sont des éditions qui ont été faites dans les débuts de l'imprimerie (XVe-XVIe siècle) sur la base de copies manuscrites qui ont souvent été détruites par les imprimeurs après usage, mais qui représentent donc des témoins du texte qui doivent être pris en compte au même titre que les copies manuscrites.

[12] Nous avons repris les exemples donnés par B. Patar, «Édition critique», annexe I du *Dictionnaire actuel de l'art d'écrire* (Éd. Fides, 1995), pp. 409-410.

des paragraphes, également dus à la distraction du copiste); *interpolations* (ajouts, par une seconde main, d'un passage au texte original)...

À l'exception de ceux qui sont experts en paléographie, les philosophes, même chevronnés, et *a fortiori* les étudiants en philosophie ne lisent jamais les textes philosophiques de l'antiquité et du moyen-âge dans des manuscrits, mais bien — quand ce n'est pas directement en traduction — dans des *éditions critiques*, réalisées par des chercheurs qui ont reçu une longue formation scientifique pour mener à bien ce travail, dont on peut donner la définition suivante:

> L'édition critique d'un texte est un travail dont le but est de reconstituer aussi fidèlement que possible l'œuvre originale par l'examen de toutes les copies, manuscrites ou imprimées, auxquelles on peut avoir accès. En notes, un premier apparat doit permettre au lecteur érudit de prendre connaissance des variantes ou lacunes relevées dans les différents témoins de la transmission du texte. Un second apparat doit identifier les citations relevées dans cet écrit[13].

La tâche de l'éditeur critique comporte dès lors plusieurs opérations, qui sont en bref les suivantes. Tout d'abord, il lui faut inventorier et examiner tous les manuscrits et les imprimés existant, puis, si ceux-ci sont nombreux (il peut y en avoir plusieurs dizaines), opérer un tri, en écartant les textes trop corrompus et les copies les moins bonnes. Après cela, il se livrera à un examen attentif et à une description minutieuse des copies retenues. Cela fait, il dressera alors le *stemma codicum*, c'est-à-dire l'arbre généalogique de ces copies, de manière à se rapprocher le plus près possible des premières d'entre elles. Enfin, il procédera au choix du *texte de base*, c'est-à-dire de celui qui lui servira pour son édition critique. Ce choix se fera en tenant compte de ce qui suit:

> Il faut noter [...] que l'ancienneté d'un document n'est pas nécessairement synonyme de qualité. Il est fréquent, en effet, qu'un texte plus récent soit plus soigné et corresponde davantage à l'œuvre originale: cela dépend, en fait du témoin utilisé, et de la fiabilité du copiste ou de l'éditeur. Ce n'est pas non plus le meilleur texte du point de vue syntaxique ou du point de vue paléographique qui est nécessairement le plus fidèle; il peut arriver, en effet, qu'un écrit corrompu en de nombreux endroits et pas très bien rédigé corresponde davantage à l'œuvre originale. Seul l'examen attentif des variantes permettra de déterminer la valeur de chaque témoin de la tradition. Le choix du texte de base est parfois difficile et quelque peu arbitraire. En réalité, les choses sont souvent plus simples, le texte de base s'imposant de lui-même[14].

[13] *Ibid.*, p. 401.
[14] *Ibid.*, p. 406.

Pour finir, quand le texte de base a été choisi, on en fait la transcription. S'il s'agit d'un texte moderne, ce travail est relativement facile, car il suffit de connaître l'écriture de l'auteur. En revanche, pour un texte de l'antiquité ou du moyen-âge, il est nécessaire d'avoir été initié à la paléographie[15], car ce genre de texte est souvent écrit dans un système d'abréviation complexe. C'est parfois aussi le cas pour des textes de l'époque moderne ou contemporaine: par exemple, les manuscrits de Husserl, qui constituent la plus grande partie de son œuvre (car ce philosophe a très peu publié de son vivant), ont été écrits dans une sténographie très particulière, que ceux qui en réalisent l'édition critique (toujours en cours actuellement) doivent évidemment maîtriser. Dans tous ces cas, la transcription est alors, en réalité, une translittération[16]. Toujours est-il que c'est la transcription ou la translittération publiée qui constitue l'édition critique proprement dite.

Soulignons ici, parce qu'on l'ignore trop souvent, que le travail d'édition critique concerne non seulement les textes de l'antiquité et du moyen-âge, mais aussi bien des textes des époques moderne et contemporaine. Sans doute est-il vrai qu'en ce qui concerne les deux premières grandes périodes de l'histoire, ce travail est fondamental, puisque la littérature que nous avons conservée de ces époques ne nous est parvenue que sous la forme de *manuscrits*. Et ce n'est, évidemment, qu'avec l'invention de l'imprimerie que les conditions de publication et de diffusion des textes changèrent radicalement. Toutefois, il ne faut pas oublier qu'un grand nombre d'écrivains et, en particulier, de philosophes des époques moderne et contemporaine ont laissé à leur mort des manuscrits que, pour une raison ou pour une autre, ils n'avaient pas publiés de leur vivant (par exemple, parce qu'ils ne le voulaient pas, ou bien parce qu'il ne s'agissait que de brouillons ou de notes préparatoires, ou encore parce qu'ils en furent empêchés par la censure, ou par le refus des maisons d'édition consultées, ou simplement par leur mort prématurée…). Souvent, on peut aussi ajouter à ces inédits des notes d'étudiants ayant suivi les cours ou des séminaires des grands maîtres des universités de l'époque contemporaine, tels que Hegel, Bergson, Kojève (1902-1968), Merleau-Ponty, etc. Or ces manuscrits peuvent très bien faire l'objet, eux aussi, d'une édition critique, qui peut aller de la simple transcription jusqu'à la translittération (comme dans le cas des manuscrits de Husserl,

---

[15] Science du déchiffrage des écritures anciennes et médiévales.
[16] Transcription (en principe lettre par lettre) d'un système d'écriture en un autre système.

que nous venons d'évoquer). À titre d'exemple, outre l'œuvre inédite de celui-ci, on peut aussi citer le cas célèbre des *Pensées* de Pascal. On sait, en effet, que ce qu'on appelle ainsi est en réalité un ensemble de notes, que Pascal avait rédigées au jour le jour en vue d'écrire une apologie du christianisme, qu'il n'eut pas le temps de terminer avant sa mort. Ces notes furent retrouvées dans ses papiers sous la forme de liasses désordonnées, qui demandèrent un travail considérable de classement et de mise en ordre de la part des ceux qui en réalisèrent plus tard l'édition critique. Il y a d'ailleurs plusieurs manières de faire ce classement, ce qui explique qu'il existe plusieurs éditions critiques de ce même texte (les plus connues sont l'édition Brunschvicg et l'édition Lafuma).

La brève description que nous venons de donner du travail d'édition critique suffit à faire comprendre que les textes qui en font l'objet sont toujours des textes *reconstitués*, ce qui veut dire qu'il se trouve en eux une part d'intervention de l'éditeur critique. Sans doute cette part est-elle, en principe, assez petite et un éditeur sérieux s'efforce toujours de la réduire le plus possible. Mais on ne peut pas l'éliminer complètement. Comme le disait le Professeur Patar dans l'extrait que nous avons cité plus haut, le choix d'un texte de base a parfois quelque chose d'arbitraire et de toute façon l'éditeur critique doit toujours faire, parmi les leçons des manuscrits, des choix qui peuvent avoir des conséquences relativement importantes sur le contenu doctrinal du texte édité. Ici aussi un exemple suffira pour illustrer ce point.

Il y a, dans la *Métaphysique* d'Aristote, un passage fameux où, parlant des sciences théorétiques, l'auteur distingue la physique, les mathématiques et la philosophie première (ou théologie) dans les termes suivants:

> La physique, en effet, étudie des êtres *séparés*, mais non immobiles, et quelques branches des mathématiques étudient des êtres, immobiles il est vrai, mais probablement inséparables de la matière, et comme engagés en elle; tandis que la science première [la philosophie première] a pour objet des êtres à la fois séparés et immobiles[17].

Tel est, du moins, ce passage, *tel qu'il apparaît dans la traduction de J. Tricot*. Mais il faut savoir que cette traduction a été faite sur la base de l'édition critique du philologue allemand W. Christ (1898), qui, pour le mot grec correspondant à l'adjectif *séparés* (en italiques dans la citation), a retenu une correction d'un autre philologue allemand, A. Schwegler. Car celui-ci, pour des raisons de symétrie et de cohérence dans les

---

[17] Aristote, *Métaphysique*, VI, 1, 1026 a 13-16.

comparaisons faites ici par Aristote, avait corrigé l'adjectif ἀχώριστα (*non séparés*), qui se trouve dans tous les manuscrits, en χωριστά (*séparés*). En effet, un copiste peut très bien avoir été induit en erreur par la présence de la locution οὐ χωριστά (que Tricot a traduit par *inséparables*) à la ligne suivante. Cependant, cette correction de Schwegler n'a pas été acceptée par tous les éditeurs et commentateurs de la *Métaphysique*. En effet, ceux qui l'ont rejetée ont estimé que le passage incriminé restait parfaitement cohérent même si l'on conservait la leçon des manuscrits ἀχώριστα. Sans entrer dans les détails complexes de cette controverse philologique, nous pouvons déjà voir, par cet exemple, qu'une variation minime dans un texte ayant fait l'objet de plusieurs éditions critiques peut affecter considérablement l'interprétation qu'on est amené à en donner. Dans ce cas-ci, en effet, si l'on retient la correction de Schwegler, on dira forcément qu'Aristote voyait dans la physique l'étude des êtres non immobiles existant *à l'état séparé* (c'est-à-dire de façon autonome, pour leur propre compte, comme des substances, par opposition aux accidents, qui n'existent que de manière parasite, comme des affections d'une substance). En revanche, si l'on rejette cette correction et qu'on s'en tient au texte des manuscrits, on dira qu'Aristote envisageait la physique comme l'étude des êtres non immobiles et non séparés [de la matière].

Tout ceci nous montre que l'édition critique d'un texte constitue donc, au même titre que la traduction mais à un degré moindre, un autre filtre coloré faisant écran entre le texte original (à jamais perdu) et le lecteur. Tout philosophe travaillant sur un auteur dont la totalité ou une grande partie de l'œuvre a fait l'objet d'une telle édition critique, doit toujours rester conscient de ce fait et donc s'efforcer, s'il en est capable, de garder aussi un œil sur cette édition pour voir comment elle a été réalisée.

b) Les problèmes d'authenticité

Les anciens et les médiévaux n'avaient pas une notion de la propriété littéraire comparable à celle des modernes. Aussi existe-t-il dans la littérature de l'antiquité et du moyen-âge une quantité assez importante d'écrits appelés pseudo-épigraphiques parce qu'ils ont été mis par leurs auteurs (inconnus) sous le nom d'écrivains ou de philosophes célèbres. Dans certains cas, l'inauthenticité de ces écrits est patente aux yeux des spécialistes et ne soulève donc pas de difficultés: les textes en cause sont tout simplement rangés dans la catégorie des œuvres apocryphes. Dans d'autres cas, cependant, le doute subsiste et les controverses se poursuivent entre les experts, de sorte que ces derniers écrits sont alors classés dans la catégorie des œuvres d'authenticité douteuse ou incertaine. Il existe ainsi des écrits tant douteux qu'apocryphes de Platon, d'Aristote, de Sénèque, de saint Augustin, de saint Thomas d'Aquin, de Duns Scot.., pour ne citer que des philosophes de premier plan. Par exemple, dans sa traduction des œuvres complètes de Platon, publiée dans la célèbre collection de la Pléiade, l'helléniste français Léon Robin a répertorié 28 dialogues authentiques, 8 œuvres considérées comme douteuses et 7 écrits manifestement apocryphes. Mais, comme il fallait s'y attendre, beaucoup d'autres spécialistes de Platon ne sont pas d'accord sur le contenu de ces listes. C'est ainsi que l'*Hippias Majeur* et le *Premier Alcibiade*, classés par Robin parmi les œuvres authentiques, sont considérés par beaucoup comme douteux, voire comme carrément apocryphes. Il arrive aussi que l'inauthenticité ne soit prouvée qu'au terme de recherches laborieuses, de sorte que ce n'est que récemment qu'on a pu montrer qu'un certain nombre d'œuvres philosophiques de l'antiquité et du moyen-âge étaient apocryphes. Un des cas les plus célèbres est celui d'un *Traité des catégories et de la signification* qui fut longtemps attribué à Duns Scot et sur lequel Heidegger fit sa thèse d'habilitation (en croyant qu'il était de lui), alors qu'on a prouvé depuis lors que c'était l'œuvre d'un faussaire. En tout état de cause, tout chercheur commençant une recherche sur un texte peu connu de l'antiquité et du moyen-âge doit commencer par se demander si ce texte est bien de l'auteur auquel la tradition l'a attribué.

c) L'état fragmentaire des sources de la philosophie ancienne

Une dernière difficulté, propre cette fois à la philosophie antique, consiste dans le fait qu'on a conservé très peu d'œuvres entières des penseurs de cette période. À vrai dire, nous ne possédons aujourd'hui les œuvres complètes que de deux grands philosophes de l'antiquité: Platon et Plotin. À ces deux noms, on peut ajouter, dans une certaine mesure, celui d'Aristote, car nous avons conservé les cahiers de cours qu'il avait rédigés en vue de ses leçons orales, mais qui n'étaient pas destinés à être diffusés en dehors de son école philosophique (le Lycée). En revanche, nous n'avons plus les écrits qu'il avait publiés à l'intention du grand public. En effet, ces écrits, qui étaient pour la plupart des dialogues et qui étaient très lus à l'époque hellénistique, tombèrent dans l'oubli et disparurent à l'époque de l'empire romain. De même, des recueils de documents qu'il avait constitués dans le domaine des sciences naturelles et

des institutions, ne nous sont parvenus que l'*Histoire des animaux* et la
Constitution d'Athènes. Enfin, nous possédons aussi des œuvres d'un cer-
tain nombre de philosophes secondaires et relativement tardifs, comme
Lucrèce, Cicéron, Philon d'Alexandrie, Plutarque, Albinus, Maxime de
Tyr, Apulée, Sénèque, Epictète, Musonius Rufus, Marc-Aurèle, Sextus
Empiricus, Porphyre, Jamblique, Marius Victorinus, Macrobe, Proclus,
Salluste le Philosophe, Olympiodore et Damascius. Par ailleurs, nous
avons aussi conservé de nombreux et copieux *commentaires*, datant de
l'antiquité tardive (du IIe au VIe siècle ap. J.-C.) et portant sur les œuvres
de philosophes antérieurs, essentiellement Platon et Aristote. Les plus
intéressants de ces commentaires sont ceux d'Alexandre d'Aphrodise
(IIe-IIIe s. ap. J.-C.), Proclus et Simplicius (V^e-VIe s. ap. J.-C.). Mais,
pour tous les autres philosophes de l'antiquité, c'est-à-dire pour tous les
présocratiques (y compris les sophistes), les cyniques, les Cyrénaïques,
les Mégariques, les membres de l'Académie et du Lycée (à l'exception
de Platon et d'Aristote), les épicuriens (à l'exception de Lucrèce), les
anciens et les moyens stoïciens, ainsi que les néo-pythagoriciens, nous
devons nous contenter de *fragments* et quelquefois de petits ouvrages,
comme, par exemple, les trois *Lettres* d'Épicure que cite en entier Diogène Laërce dans la biographie de ce philosophe.

   Où trouve-t-on ces fragments? Chez toutes sortes d'auteurs, mais surtout dans des commentaires anciens d'œuvres philosophiques et dans
des anthologies philosophiques composées dans l'antiquité tardive. C'est
ainsi qu'une des sources les plus importantes pour la philosophie présocratique n'est autre que le commentaire de Simplicius sur la *Physique*
d'Aristote, où se trouvent cités de nombreux passages extraits des
œuvres des philosophes de cette période. Quant aux anthologies composées vers la fin de l'antiquité, les principales sont la *Préparation évan-
gélique* d'Eusèbe de Césarée (composée vers 340 ap. J.-C.), la *Théra-
peutique des maladies helléniques* de Théodoret de Cyr (env. 450 ap.
J.-C.) et l'*Anthologie* de Jean Stobée (VIe siècle ap. J.-C.). Notons que
les fragments littéraux et les principaux témoignages (*testimonia*) sur la
vie et la doctrine des philosophes anciens dont les œuvres ne nous sont
pas parvenues, ont été rassemblés dans des ouvrages spécialisés, dont
certains sont cités dans le chapitre 8.

   Aussi nombreux soient-ils, les fragments seraient cependant souvent
insuffisants pour nous donner une idée substantielle de la pensée de leurs
auteurs, si nous ne disposions pas par ailleurs de sources *indirectes*, qui
sont de trois types: les renseignements occasionnels, les doxographies et
les biographies.

On trouve des *renseignements occasionnels* chez des auteurs en tout genre, historiens, lexicographes ou essayistes, mais surtout chez des vulgarisateurs philosophiques, tels que Cicéron, Philon d'Alexandrie et Plutarque, ou encore chez des philosophes sceptiques (critiquant les philosophes «dogmatiques») comme Sextus Empiricus. Toutefois, ce sont les *doxographes* qui constituent le type de sources indirectes le plus important pour notre connaissance de la philosophie grecque. On appelle ainsi les auteurs qui ont entrepris de *transcrire* (γράφειν) les *opinions* (δόξαι) des philosophes anciens, pour les faire connaître ou les critiquer. Les principaux sont Cicéron, Plutarque (vers 50-vers 125 ap. J.-C.), le Pseudo-Plutarque (IIᵉ siècle ap. J.-C.), Clément d'Alexandrie (vers 150-vers 215), saint Hippolyte de Rome (175-235), Eusèbe de Césarée (vers 265-340), Théodoret de Cyr (vers 393-vers 460) et Stobée, déjà cités. On peut y ajouter le travail des *biographes*, qui firent des recherches sur la vie et l'œuvre des philosophes grecs, ainsi que sur la succession des scolarques à la tête des différentes écoles philosophiques. Les principaux ouvrages dans ce domaine furent les *Successions des philosophes* de Sotion (début du IIᵉ siècle av. J.-C.) et les *Chroniques* d'Apollodore d'Athènes (rédigées vers 140 av. J.-C.), mais ils sont aujourd'hui perdus. Tout ce qu'il nous en reste se trouve dans les *Vies, doctrines et sentences des philosophes illustres* de Diogène Laërce, compilation assez désordonnée et peu critique d'un grand nombre de sources antérieures (souvent citées de deuxième ou de troisième main), bourrée d'informations sérieuses aussi bien que fantaisistes, mais qui demeure l'une des sources indirectes principales, sinon la principale, de notre connaissance de la philosophie ancienne.

CHAPITRE 7

LES GENRES LITTÉRAIRES DE LA PHILOSOPHIE

En philosophie, pas plus qu'ailleurs, le fond n'est séparable de la forme littéraire. Or, contrairement à une idée largement répandue, la philosophie ne se trouve pas toujours exposée dans des traités techniques et austères. Au contraire, les œuvres philosophiques de la tradition occidentale, aussi bien qu'orientale, appartiennent aux genres littéraires les plus variés: exposés systématiques, certes, mais aussi recueils d'aphorismes, poèmes, dialogues, lettres (réelles ou fictives), commentaires de textes classiques, questions disputées et quodlibétiques, notes de cours, romans, essais littéraires, journaux intimes et même pièces de théâtre. Dans les pages qui suivent, nous évoquerons brièvement la nature de ces différents genres, ainsi que les grandes œuvres philosophiques qui les ont illustrés, en suivant grosso modo l'ordre historique de leur apparition.

1. *L'aphorisme*

Les tout premiers écrits de nature philosophique furent sans doute des *aphorismes*, condensés de sagesse populaire gravés sur des stèles ou des frontons et attribués plus tard à des «sages». Une antique tradition de la Grèce ancienne fait état d'un groupe de Sept Sages ayant vécu aux alentours de l'an 600 av. J.-C. et qui représentaient, aux yeux des Grecs de l'époque classique, la sagesse morale des temps anciens. La liste en apparaît pour la première fois dans le *Protagoras* de Platon et comprend les noms suivants: Thalès de Milet, Pittacos de Mytilène, Bias de Priène, Solon d'Athènes, Cléobule de Lindos, Myson de Chénée et Chilon de Lacédémone. Dans d'autres listes, plus tardives, certains de ces noms sont remplacés par d'autres, mais ceux de Thalès et de Solon figurent dans toutes.

Dans le même *Protagoras*, Platon a bien décrit en quoi consistait le style «laconique» (c'est-à-dire pratiqué par les Lacédémoniens, qui étaient réputés pour la concision de leur langage) des apophtegmes de ces sages:

En fait, c'est en Crète et à Lacédémone que l'amour du savoir (φιλοσοφία) est le plus ancien et le plus répandu chez les Grecs, et c'est là que,
sur la terre, il y a le plus grand nombre de sophistes[1]. Mais ces gens-là le
nient et se déguisent en ignorants, afin que la supériorité de leur savoir, par
rapport au reste des Grecs, n'apparaisse pas avec éclat [...].

Or voici comment vous pourriez reconnaître que je dis vrai et que les
Lacédémoniens sont élevés on ne peut mieux par rapport à la philosophie et
à l'art de parler: c'est que, si l'on veut s'entretenir avec le moins distingué
des Lacédémoniens, on commencera par lui trouver le plus souvent une évidente pauvreté de parole; puis ensuite, au hasard de la conversation, il aura
décoché un propos qui compte, court et bien ramassé, à la façon d'un habile
lanceur de javelot, au point que son interlocuteur fait l'effet de ne pas valoir
mieux qu'un enfant! Aussi n'a-t-il pas manqué de gens, de nos jours
comme dans le passé, pour avoir conscience que «laconiser», c'est aimer le
savoir, bien plutôt qu'aimer les exercices du corps, se rendant compte en
effet que la capacité d'énoncer de semblables propos est le fait d'un homme
dont la culture a été parfaite. Au nombre de ces hommes étaient Thalès de
Milet, etc. [suit la liste donnée ci-dessus]. Tous, ils étaient des zélateurs, des
amoureux, des disciples de la culture lacédémonienne; et que leur sagesse
ait été de même sorte, ce qui le ferait comprendre, ce sont les courtes et
mémorables sentences formulées par chacun d'eux et dont, au jour d'une
commune réunion, ils vinrent faire offrande à Apollon, comme des prémices
de leur sagesse, dans son temple de Delphes, avec ces inscriptions universellement célèbres: «Connais-toi toi-même» et «Rien de trop»[2].

Après les Sept Sages, le style «laconique» de l'aphorisme fut adopté
par divers philosophes, davantage soucieux de «donner à penser» par
des formules à la fois énigmatiques et frappantes, que de délivrer de
longs discours explicatifs qui bloquent la réflexion au lieu de l'éveiller.
Les principaux représentants de cette manière de philosopher furent, en
totalité ou en partie: dans l'antiquité, probablement Héraclite, dont il
semble que l'ouvrage *Sur la nature* ait consisté en de tels aphorismes[3],

---

[1] C'est-à-dire de sages: le terme *sophistes* n'a pas ici de sens péjoratif.

[2] Platon, *Protagoras*, 342 a-343 b (trad. Robin).

[3] Les spécialistes divergent quant à la question de savoir si les extraits de l'ouvrage
d'Héraclite que nous avons conservés nous sont parvenus sous forme de sentences simplement parce qu'il s'agit de fragments (comme pour les autres présocratiques), ou bien
parce que l'ouvrage était effectivement écrit comme une suite d'aphorismes. Cette
deuxième opinion est cependant la plus probable. Cf. ce jugement du P. de Strycker (*Précis d'histoire de la philosophie ancienne*, p. 27): «Il [Héraclite] écrivit un livre en prose,
dont il nous reste environ 125 fragments. Ce sont pour la plupart des aphorismes concis,
énigmatiques, dont plusieurs ont la forme de phrases nominales. Il semble que l'œuvre ait
consisté uniquement en de telles maximes, sans texte pour les lier. Héraclite ne démontre
rien; il révèle le sens des choses qu'une profonde réflexion lui a permis de découvrir, un
sens qui comporte une pluralité de niveaux. Une seule phrase de style oraculaire peut
receler trois ou quatre significations différentes».

et, dans une certaine mesure, Démocrite et Épicure; dans les temps modernes, François, duc de La Rochefoucauld (1613-1680), Luc de Clapiers, marquis de Vauvenargues (1715-1747), Nicolas de Chamfort (1741-1794), Georg Christoph Lichtenberg (1742-1799), et Antoine de Rivarol; enfin, à l'époque contemporaine, Joseph Joubert (1754-1824), Schopenhauer et Nietzsche.

2. *L'exposé écrit ou «traité»*

Selon les doxographes anciens, c'est Anaximandre de Milet qui écrivit le premier ouvrage *en prose* de toute la littérature grecque. Peut-être était-ce là l'expression d'une volonté de rédiger dans un style «laïque» et de se démarquer ainsi de la pensée épique et mythologique qui avait produit les chefs d'œuvre de la poésie archaïque: l'*Iliade* et l'*Odyssée* d'Homère, ainsi que la *Théogonie* d'Hésiode. Malheureusement, de cet ouvrage d'Anaximandre, intitulé sans doute *Sur la nature*, nous n'avons conservé qu'un court fragment. Mais il est certain qu'il contenait l'exposé d'un système de la nature de caractère rationnel et scientifique. Comme tel, il devait servir de modèle à d'autres traités *Sur la nature* composés par des Présocratiques, comme celui de son disciple Anaximène ou celui d'Anaxagore. On peut aussi le considérer comme le lointain ancêtre de tous les traités de philosophie ou de science qui ont vu le jour depuis l'antiquité jusqu'aujourd'hui.

Parmi ceux-ci, il faut faire une place à part aux «sommes» théologiques du moyen-âge, dans la mesure où il s'agit là de grands ouvrages de synthèse des doctrines philosophiques et théologiques, généralement écrits par des maîtres de l'université médiévale à l'intention de leurs étudiants. D'où le style particulièrement didactique et stéréotypé de cette sorte d'exposés, caractérisés par un procédé d'exposition, proposé par Pierre Abélard dans son *Sic et non* et se développant selon le schéma suivant:

> Quaeritur utrum… Videtur quod sic (ou) quod non…
> Sed contra…
> Dicendum… (ou) Intelligendum… (ou) Solutio, Responsio…
> Ad rationes dicendum…

3. *Le poème*

Concurremment avec les exposés en prose, la littérature présocratique contient aussi plusieurs poèmes philosophiques. Le premier philosophe qui écrivit un poème de ce genre est Xénophane de Colophon. Mais le plus célèbre poème philosophique de cette période est sans conteste celui de Parménide, qui s'intitulait, comme les ouvrages en prose des autres présocratiques, *Sur la nature*. Que ce philosophe ait choisi la forme poétique pour exprimer sa pensée n'est sans doute pas le fruit du hasard, car le majestueux prologue de l'œuvre, dans lequel la déesse Vérité s'adresse à lui comme à un candidat à une initiation rituelle, est visiblement fait pour donner au lecteur l'impression qu'il va lire le contenu d'une révélation quasi religieuse, et, de fait, ce poème est bien une sorte d'initiation au mystère de l'être. C'est aussi sous la forme de deux poèmes d'inspiration religieuse (qui d'ailleurs, selon des recherches récentes, n'étaient peut-être que les deux parties d'un poème unique): *Les Purifications* et *Sur la nature* (encore), qu'Empédocle d'Agrigente coucha sa pensée, car, non seulement il croyait à la trans-migration des âmes, mais encore il concevait les quatre racines de toutes choses (la terre, l'eau, l'air et le feu) et les deux forces cosmiques de l'univers (l'amour et la haine) comme de véritables divinités. Rappelons cependant que, de tous ces poèmes philosophiques écrits par les préso-cratiques, nous n'avons conservé que des fragments.

Bien que par la suite les autres formes littéraires aient accaparé l'es-sentiel de la production philosophique, il y a toujours eu des philosophes choisissant d'exprimer leur pensée sous la forme de poèmes. Citons, entre autres, dans l'antiquité, le *De natura rerum* de l'épicurien Lucrèce; au moyen-âge, le *De consolatione philosophiae* (*La consolation de Dame Philosophie*, mélange de prose et de vers) de Boèce le Romain (480-524), l'*Entheticus de dogmate philosophorum* (*Initiation à la doctrine des phi-losophes*) de Jean de Salisbury (1110-1180), l'*Anticlaudianus* (réfutation du dernier poète païen, Claudien) et le *De planctu naturae* (*La plainte de la nature*, imitation du *De consolatione* de Boèce, mêlant, comme lui, la prose et les vers) d'Alain de Lille (1128-1202), le *Livre de l'ami et de l'aimé* du bienheureux Raymond Lulle, la *Divine Comédie* de Dante; dans les temps modernes, le *De Immenso et innumerabilibus seu De uni-verso et mundis* (*De l'immense et des innombrables, ou De l'univers et des mondes*), le *De monade, numero et figura* (*De la monade, du nombre et de la figure*), et le *De triplici minimo et mensura* (*Du triple minimum et de la mesure*) de Giordano Bruno (1548-1600), ainsi que le *Poème sur le désastre de Lisbonne* de Voltaire; à l'époque contemporaine, *Ainsi parlait Zarathoustra* de Nietzsche[4] et *Citadelle* d'Antoine de Saint-Exupéry, que l'on peut considérer comme un immense poème en prose.

---

[4] Dans un de ses livres sur Nietzsche, Gilles Deleuze écrivait: «Nietzsche intègre à la philosophie deux moyens d'expression, l'aphorisme et le poème». C'est là le genre de

4. *Le dialogue*

Bien que Zénon d'Elée et peut-être aussi Parménide aient écrit des dialogues, nous n'en avons rien conservé. Pour nous, l'inventeur du dialogue philosophique reste donc Platon, qui lui donna d'ailleurs pour ainsi dire ses lettres de noblesse. Au demeurant, comme nous l'avons vu plus haut, le dialogue appartient, en quelque sorte, à l'essence même de la philosophie. Aussi les compositions de Platon ont-elles influencé, directement ou indirectement, la manière d'écrire de maints ouvrages philosophiques, même quand ils n'étaient pas composés sous la forme de discussions. C'est ainsi qu'on peut trouver comme des échos du dialogue platonicien dans les traités d'Aristote (où celui-ci «discute», pour ainsi dire intérieurement, avec ses devanciers et aussi avec le sens commun); dans les questions disputées ou quodlibétiques des universités médiévales; dans la succession des «difficultés», «cependant», «conclusions» et «solutions des difficultés» qui constitue des ouvrages comme la *Somme théologique* de S. Thomas d'Aquin; dans les échanges de lettres entre philosophes à la Renaissance et à l'époque classique; dans les objections et réponses aux objections aux *Méditations* de Descartes, etc. En outre, à toutes les époques de l'histoire de la philosophie, des philosophes ont écrit des dialogues proprement dits, en s'inspirant souvent, avec plus ou moins de bonheur, des dialogues de Platon. Citons, dans l'antiquité, Cicéron, Sénèque, Epictète, Plutarque et saint Augustin; au moyen-âge, saint Anselme de Cantorbéry, Pierre Abélard, Raymond Lulle et Nicolas de Cuse; à la Renaissance, Érasme, Machiavel, Giordano Bruno, Tommaso Campanella et Galilée; dans les temps modernes, Malebranche, Fontenelle, Berkeley, Voltaire, Hume, Diderot et Moses Mendelssohn; à l'époque contemporaine, Schelling, Ernest Renan, Paul Valéry, Jean Guitton, etc.

5. *La lettre*

La plupart des philosophes ont écrit des lettres à divers correspondants pour répondre à des objections, des questions ou des demandes d'éclaircissement sur des points de leur doctrine. Pour beaucoup d'entre eux, nous les avons conservées, au moins en partie, et elles sont souvent précieuses, parce qu'elles nous apportent des compléments d'information

déclaration rhétorique que les philosophes français contemporains affectionnent, mais nous avons pu voir qu'elle est tout à fait excessive: l'aphorisme et le poème ont été des genres littéraires cultivés par des philosophes à toutes les périodes de l'histoire.

ou des précisions sur des aspects importants de leur pensée. Celui qui étudie l'un de ces philosophes aurait donc grand tort de les négliger.

À certaines époques, l'échange de lettres devint même l'un des modes privilégiés de la philosophie «en train de se faire». Ce fut le cas, surtout, à la Renaissance et à l'époque classique, alors que les humanistes avaient conscience de former une *république des lettres*, dont les membres entretenaient entre eux une correspondance érudite. Sont ainsi d'une importance considérable pour l'histoire de la philosophie entre autres les lettres qu'échangèrent respectivement Érasme et Thomas More, Descartes et divers correspondants comme le physicien Constantin Huygens ou la princesse Élizabeth de Bohème, Spinoza et Henry Oldenbourg (l'un des premiers secrétaires de la Royal Society britannique), Leibniz et le théologien janséniste Antoine Arnauld, etc.

D'autre part, en plus d'une correspondance réelle, certains philosophes ont aussi écrit des lettres fictives, parce qu'ils considéraient que ce genre littéraire était plus à même d'exprimer ce qu'ils voulaient dire. C'est ainsi que la lettre fut, pour certains, un procédé commode pour résumer leurs doctrines (c'est le cas, par exemple, des *Lettres* d'Épicure); pour d'autres, un moyen pour donner une sorte de cours de philosophie par correspondance (comme les *Lettres à Lucilius* de Sénèque); pour d'autres encore, une façon d'utiliser un ton plus familier et moins sévère que celui du traité (comme la *Lettre sur les aveugles* de Diderot ou les *Lettres philosophiques sur le dogmatisme et le criticisme* de Schelling), etc.

6. *Le commentaire*

Dans beaucoup de cas, les commentaires que les philosophes eux-mêmes ont écrits sur les œuvres de leurs grands prédécesseurs ne contiennent pas seulement des explications ou des éclaircissements sur celles-ci, mais aussi bon nombre d'éléments de leur philosophie propre. On aurait donc tort de les lire avec moins d'attention, sous prétexte que ce ne seraient justement «que des commentaires». Au contraire, la manière dont un philosophe d'une époque donnée interprète la pensée d'un autre philosophe appartenant à une époque antérieure est souvent très instructive quant à la philosophie de l'interprète lui-même. D'autre part, les philosophes ne se sont pas contentés de commenter des œuvres d'autres philosophes; ils ont aussi, bien souvent, fait l'exégèse des textes sacrés des grandes religions, en particulier de l'Écriture sainte, surtout bien sûr à l'époque patristique et au moyen-âge. De même qu'ils ont aussi souvent glosé sur les écrits des poètes, ainsi que des mathématiciens et des savants.

Les premiers commentaires philosophiques proprement dits apparurent à l'époque hellénistique. En effet, des philosophes païens de cette période se mirent à commenter les œuvres d'Homère, et, un peu plus tard, le philosophe juif platonicien Philon d'Alexandrie (vers 20 av. J.-C.-vers 55 ap. J.-C.) entreprit à son tour de rédiger le premier commentaire philosophique de la Bible. D'autre part, dans le courant du Ier siècle av. J.-C., la redécouverte et la publication des manuscrits des cours d'Aristote firent naître toute une école de commentateurs de ces ouvrages, dont le plus illustre représentant fut, au début du IIIe siècle de notre ère, le péripatéticien Alexandre d'Aphrodise. À la fin de l'antiquité et au début du moyen-âge, les philosophes néoplatoniciens païens des écoles d'Athènes et d'Alexandrie fournirent également d'importants commentaires des œuvres, non seulement de Platon et d'Aristote, mais aussi d'Homère et des anciens géomètres comme Euclide.

Toutefois, la période de l'histoire de la philosophie la plus fournie en commentaires est incontestablement le moyen-âge. Cette situation vient du fait que, peu de temps après la création des premières universités européennes (Paris et Bologne, vers 1200; Oxford, vers 1214; Naples, 1224), la «lecture» des traités d'Aristote y fut rendue obligatoire. Précisons que la «lecture» (*lectio*, en latin), était un véritable cours d'explication et d'interprétation d'un texte «lu»[5]. Dès le début du XIIIe siècle, les *libri naturales* (c'est-à-dire les traités de philosophie de la nature) d'Aristote commencèrent ainsi à être «lus» à l'université de Paris. En 1210, cette «lecture» fut interdite par les autorités ecclésiastiques, mais cinq ans plus tard, le légat pontifical Robert de Courçon autorisa la «lecture» de l'*Éthique* d'Aristote, tout en maintenant l'interdiction pour ses traités de philosophie naturelle. Cette interdiction, toutefois, tomba rapidement en désuétude, et en 1255 fut promulgué un nouveau statut de la faculté des arts de Paris qui imposait aux candidats de faire des leçons sur tous les traités d'Aristote connus à cette époque. Les innombrables commentaires d'Aristote écrits par les philosophes du moyen-âge tardif ne sont autres que les fruits des «lectures» ainsi pratiquées au sein des universités. Quelques autres philosophes anciens, tels que Boèce le Romain et l'auteur du *Liber de Causis* (longtemps attribué à Aristote), firent aussi l'objet de tels commentaires. Enfin, il faut également mentionner les très

---

[5] L'anglais a ainsi conservé, dans un sens très voisin, les mots *lecture* («conférence», «leçon») et *lecturer* («conférencier»).

nombreux commentaires du *Livre des sentences* (*Liber sententiarum*), recueil de textes de Pères de l'Église et sorte de condensé de la foi chrétienne, qui avait été composé par le théologien Pierre Lombard (vers 1100-1160) et qui servit de manuel aux étudiants en théologie jusqu'à la Renaissance. Bien que ces derniers commentaires soient évidemment de nature essentiellement théologique, ils ne laissent pas de présenter un intérêt considérable pour l'étude de la philosophie médiévale.

Aux XVIIe et XVIIIe siècles, la mode du commentaire suivit le déclin de la philosophie universitaire, mais à partir du XIXe siècle, le renouveau de celle-ci provoqua tout naturellement la renaissance de ce genre littéraire, surtout dans la sphère de la «philosophie continentale». Citons, parmi les textes les plus célèbres dans ce domaine, ceux des cours et des séminaires consacrés par Heidegger, Fink, Gadamer ou Ricœur à des écrits de grands philosophes de la tradition, comme les présocratiques, Platon, Aristote, Kant, Hegel, Nietzsche, etc.

7. *La question disputée ou quodlibétique*

À côté de la *lectio*, l'autre mode d'enseignement dans l'université médiévale était la *disputatio*. Celle-ci était essentiellement un exercice de discussion et existait sous deux formes: la *disputatio ordinaria*, qui avait lieu toutes les semaines ou tous les quinze jours; et la *disputatio solemnis*, *generalis* ou *de quolibet*, qui se tenait deux fois par an, en présence de l'évêque, du chancelier de l'université et de toute la faculté de théologie. Dans une *disputatio* de cette dernière sorte, le maître ayant accepté de présider la séance était tenu de répondre à toutes les questions qu'on voulait lui poser: d'où le titre de *quodlibeta* ou disputes quodlibétiques donné à ce genre d'exercices. Un grand nombre de questions disputées, aussi bien que de questions quodlibétiques, ont été conservées sous forme de manuscrits, dont une partie a fait l'objet d'éditions critiques de la part des savants médiévistes. Le schéma d'exposition de ces écrits est en gros le même que celui établi par le *Sic et non* d'Abélard et suivi par les «sommes».

8. *Les notes de cours*

Dès l'antiquité, des élèves de philosophes se soucièrent de publier des notes de cours qui contenaient l'essentiel de l'enseignement de leurs maîtres. Ces notes pouvaient être aussi bien les notes personnelles du maître, rédigées par lui en vue de donner son cours, que des notes prises par un ou plusieurs étudiants ayant suivi celui-ci. C'est ainsi que, comme nous l'avons déjà vu plus haut, les ouvrages que nous appelons aujourd'hui les «traités» d'Aristote sont en réalité des recueils de telles notes de cours, qui furent publiés au Iᵉʳ siècle av. J.-C. par un membre de l'école péripatéticienne. Plus tard, mais toujours dans l'antiquité, l'historien et philosophe Arrien (vers 95-vers 175 ap. J.-C.), qui avait suivi les leçons orales (διατριβαί) d'Épictète, les mit par écrit et les publia sous ce nom de *Diatribes*. Plus tard encore, le néoplatonicien Porphyre (232/3-entre 301 et 305), disciple de Plotin, fit de même pour les 54 cours de son maître, qu'il repartit en six groupes de neuf traités ou *Ennéades* (du grec ἐννέα, «neuf»). Du moyen-âge, nous possédons de nombreuses *reportationes*, de valeur d'ailleurs très inégale, constituées par les notes d'auditeurs de *lectiones*, de *quaestiones disputatae* ou *quodlibetales*. Enfin, depuis un certain temps, on a entrepris d'éditer les notes de cours inédits de grands philosophes de l'époque moderne et contemporaine qui enseignèrent dans des écoles supérieures ou des universités, tels que Kant, Hegel, Hamelin, Boutroux, Lachelier, Bergson, Merleau-Ponty, etc.

9. *Le roman, le journal intime, l'autobiographie et le théâtre*

De nombreux philosophes ont cherché à répandre leurs idées parmi le grand public en écrivant des romans, des pièces de théâtre ou des récits autobiographiques. Là encore, cette tendance est très ancienne et remonte à la plus haute antiquité. D'une certaine façon, en effet, on peut dire que les dialogues de Platon ressemblent fort à des représentations théâtrales. On sait, en tout cas, que certains d'entre eux furent représentés sur scène dans l'antiquité et il existe aujourd'hui des critiques qui pensent que Platon écrivit ses dialogues pour qu'ils soient joués lors de festivals, où il était en compétition avec d'autres philosophes ayant également composé, pour la circonstance, des dialogues sur le même thème. Mais, indépendamment de ces œuvres proprement philosophiques, certains philosophes anciens écrivirent aussi de vraies pièces de théâtre, imprégnées plus ou moins de leur philosophie. Tel fut le cas, par exemple, du stoïcien Sénèque. La littérature antique contient également un certain nombre de romans philosophiques, comme les *Métamorphoses* d'Apulée ou la *Vie d'Apollonius de Tyane* de Philostrate. De même encore, on peut faire remonter à l'antiquité les textes philosophiques où l'auteur s'exprime à la première personne et décrit son expérience intérieure, comme on fait dans un journal intime ou un récit autobiographique: telles apparaissent, en effet, les *Pensées* de l'empereur stoïcien Marc-Aurèle[6] ou les *Confessions* de saint Augustin.

Mais c'est surtout à partir du XVIIIe siècle que des philosophes se sont mis à utiliser le roman, le théâtre, le journal intime ou le récit autobiographique pour répandre dans le grand public leurs idées philosophiques. Citons, entre autres, les romans de Voltaire et de Diderot, l'*Émile* et les *Confessions* de Rousseau, le *Journal intime* d'Amiel, le *Journal du séducteur* de Kierkegaard, *Ecce Homo* de Nietzsche, le *Journal métaphysique* et le théâtre de Gabriel Marcel, les romans et les pièces de Jean-Paul Sartre. À l'inverse, certains grands écrivains que l'on considère généralement comme des romanciers, des dramaturges ou des essayistes plutôt que comme des philosophes, ont écrit des romans, des pièces de théâtre ou des essais dont on a pu tirer une véritable philosophie. Tel est le cas de Dante, de Dostoïevski, de Camus ou de Saint-Exupéry[7].

---

[6] En réalité, ces *Pensées* sont une sorte de carnet personnel où Marc-Aurèle nota, pendant une certaine période de sa vie, les exercices spirituels que, comme tout stoïcien consciencieux, il était tenu de pratiquer chaque jour.

[7] On peut en donner deux preuves. Tout d'abord, dans son ouvrage inachevé *Les grands philosophes*, Karl Jaspers avait prévu de consacrer un chapitre à des auteurs comme Dante et Dostoïevski. Ensuite, on trouve dans des collections sur des philosophes, telles que «Philosophes de tous les temps» (Seghers) ou «Philosophes» (P.U.F.), des ouvrages consacrés à ce genre d'écrivains.

CHAPITRE 8

ÉLÉMENTS DE BIBLIOGRAPHIE PHILOSOPHIQUE

I. — INTRODUCTIONS À LA PHILOSOPHIE

Les introductions à la philosophie sont en principe des ouvrages destinés à initier les débutants dans cette discipline en leur donnant un premier aperçu de celle-ci. Cette initiation peut se faire soit par *l'histoire* de la philosophie, au moyen d'une présentation succincte des grandes doctrines du passé, soit par la présentation des *problèmes* classiques de la philosophie et l'évocation des solutions proposées par les différents philosophes, soit encore par l'exposé d'une *méthode* propre à la philosophie. Mais on peut aussi introduire à la philosophie en initiant à la pensée *d'une période déterminée* ou même à un *courant de pensée particulier*. Enfin, n'oublions pas qu'on peut toujours «entrer» en philosophie en lisant d'emblée l'un ou l'autre texte abordable d'un grand philosophe (voir la section V de ce chapitre).

1. *Introductions historiques à la philosophie*

CARATINI, R., *La philosophie. 1: Histoire*, Paris, Seghers, 1983. — Développe surtout la philosophie ancienne et médiévale. La philosophie moderne et contemporaine est plus sommairement présentée, en raison de la place importante qu'elle occupe dans le deuxième tome de cet ouvrage, intitulé «Thèmes». Ce livre contient aussi quelques cartes géographiques sommaires et surtout de nombreux tableaux pédagogiquement utiles.

DURANT, W., *The Story of Philosophy. The Lives and Opinions of the Greater Philosophers*, nouv. éd., New York, Time incorporated, 1962 (1re éd., 1926). Trad. française d'après la première édition: *Vies et doctrines des philosophes. Introduction à la philosophie*, Paris, Payot (coll. «Bibliothèque historique»), 1947. — Introduction historique très accessible et agréable à lire, mais de tendance antireligieuse et s'appuyant sur l'étude de quelques philosophes seulement: Platon, Aristote, F. Bacon, Spinoza, Voltaire, Kant, Schopenhauer, Spencer et Nietzsche.

FOLSCHEID, D., *Les grandes dates de la philosophie antique et médiévale*, 2ᵉ éd., Paris, P.U.F. («Que sais-je?», n° 3138), 1997.

— *Les grandes dates de la philosophie classique, moderne et contemporaine*, 2ᵉ éd., Paris, P.U.F. («Que sais-je?», n° 3131), 1997.

— *Les grandes philosophies*, 6ᵉ éd., Paris, P.U.F. («Que sais-je?», n° 47), 1998.

KUNZMANN, P., BURKARD, F.-P., WIEDMANN., F., *Atlas de la philosophie* (trad. Z. Housez et S. Robillard), Paris, Librairie Générale Française (coll. «Le livre de poche – La Pochotèque»), 1993 (rééd. 1994). — Ouvrage original donnant une vue synthétique de l'histoire de la philosophie. Des planches en couleurs alternent avec un texte explicatif concis et précis pour présenter les grands systèmes, les grands courants et les grandes œuvres philosophiques. Le lecteur peut ainsi «se familiariser avec les problèmes fondamentaux de la philosophie, les multiples méthodes et modes de conceptualisation qu'ils requièrent ou ont requis au cours de l'histoire, avec les diverses réponses qui y ont été apportées».

RUSS, J., *Panorama des idées philosophiques. De Platon aux contemporains*, Paris, Armand Collin, 2000. — Ouvrage destiné aux élèves des classes terminales des lycées et aux étudiants du DEUG.

STEVENS, B, *Une introduction historique à la philosophie*. Tome I: *Des origines à Hegel*, Louvain-la-Neuve, Éd. Ciaco, 1990. Tome II: *La philosophie post-hégélienne*, Louvain-la-Neuve, Éd. Artel, 1993.

2. *Introductions à la problématique philosophique*

CARATINI, R., *La philosophie*. Vol. II: *Thèmes*, Paris, Seghers, 1984. — Liste des thèmes: la logique, l'épistémologie, l'ontologie, le sujet et la connaissance, le monde et l'idée de Dieu, la philosophie de l'esprit et de la culture, l'axiologie, le problème moral.

DELACAMPAGNE, C., MAGGIORI, R. (éds.), *Philosopher. Les interrogations contemporaines. Matériaux pour un enseignement*, Paris, Fayard, 1980 (nouv. éd. 1991). — Série d'essais, par une quarantaine de philosophes français contemporains, sur différents aspects de la problématique philosophique: questions de méthodes; nature et culture; l'homme et sa vie; l'homme, les hommes et les institutions; l'homme et les valeurs; idéologie, connaissance et raison; l'art; la religion; la philosophie.

FAYE, J.-P., *Qu'est-ce que la philosophie?*, Paris, Colin (coll. «U»), 1997.

GRATELOUP, L.-L., *Problématiques de la philosophie*, Paris, Le Livre de Poche (coll. «Biblio. Essais»), 1996.

LE SENNE, R., *Introduction à la philosophie*, 5e éd. augm. et mise à jour par É. Morot-Sir et P. Levert, Paris, P.U.F., 1970. — Introduction de tendance idéaliste, en trois parties: (1) «Comment la pensée est conduite à l'idéalisme», où l'on parcourt un itinéraire menant de la pensée du sens commun à la réflexion philosophique proprement dite; (2) «Le spiritualisme en France au début du XXᵉ siècle»; (3) «Esquisse d'une description philosophique de l'esprit», qui est en fait une synthèse philosophique personnelle. Les 40 dernières pages présentent des ouvrages de référence et la bibliographie des livres fondamentaux dans chaque branche de la philosophie. Les principaux titres cités sont annotés.

MOURRAL, I., MILLET, L., *Cours de philosophie*. Tome 1: *Traité de philosophie*, Paris, Ed. Gamma, 1989. — Introduction thématique, destinée aux élèves des classes terminales et des classes préparatoires aux grandes écoles de France.

RUSSELL, B., *The Problems of Philosophy*, Oxford, Oxford University Press (coll. «Opus»), 1998 (1ʳᵉ éd. 1912). Trad. franç. par F. Rivenc: *Problèmes de philosophie*, Paris, Payot (coll. «Bibliothèque philosophique Payot»), 1989.

3. *Introduction à une méthode philosophique*

JASPERS, K., *Initiation à la méthode philosophique* (trad. Laurent Jospin), Paris, Payot, 1993. Éd. originale: *Kleine Schule des philosophischen Denkens*, Munich, Piper Verlag, 1964. — Introduction à la méthode philosophique d'un maître de l'existentialisme allemand.

RUSS, J., *Les méthodes en philosophie*, Paris, Armand Colin (coll. «Cursus. Philosophie»), 1992.

RUSSELL, B., *Our Knowledge of the External World, as a Field for Scientific Knowledge*. London, Routledge, 1993 (1ᵉ éd., 1915). Trad. française par P. Devaux: *La méthode scientifique en philosophie et notre connaissance du monde extérieur*, Paris, Payot, 1971. — Introduction à la méthode philosophique néo-réaliste par le fondateur du logicisme philosophique («L'essence de la philosophie: la logique»!).

VIALATOUX, J., *L'intention philosophique*, 10ᵉ éd., Paris, P.U.F. (coll. «SUP. Le philosophe» nᵒ 1), 1973.

4. *Introduction à la philosophie d'une période déterminée*

Antiquité:

FOLLON, J., Ἀκολουθεῖν τῷ θεῷ *(«Suivre la Divinité»). Introduction à l'esprit de la philosophie ancienne*, Louvain-Paris, Peeters, 1997.
HADOT, P., *Qu'est-ce que la philosophie antique?*, Paris, Gallimard (coll. «Folio-Essais», nᵒ 280), 1995.

Moyen-âge:

FLASCH, K. *Introduction à la philosophie médiévale* (trad. J. de Bourgnecht), Fribourg (Suisse)-Paris, Éditions Universitaires de Fribourg-Editions du Cerf (coll. «Vestigia - Pensée antique et médiévale», nᵒ 8), 1992.
IMBACH, R., *Dante. La philosophie et les laïcs. Initiations à la philosophie médiévale*, Fribourg (Suisse)-Paris, Éditions Universitaires de Fribourg - Editions du Cerf (coll. «Vestigia - Pensée antique et médiévale», nᵒ 21), 1996.

Période contemporaine:

COMETTI, J.-P., *Le philosophe et la poule de Kircher. Quelques contemporains*, Paris, Éd. de l'Éclat, 1997. — Réflexions sur Nelson Goodman, Karl Otto Apel, Jurgen Habermas, Jean-François Lyotard, Richard Rorty et Charles Taylor.
GEX, M., *La philosophie contemporaine*, Neuchâtel, Griffon, 1964.

5. *Quelques introductions à un courant de pensée particulier*

Existentialisme:

COLETTE, J., *L'existentialisme,* 2ᵉ éd., Paris, P.U.F. (coll. «Que sais-je?», nᵒ 253), 1996.
HUISMAN, D., *L'existentialisme,* Paris, Nathan, 1997.
MOUNIER, E., *Introduction aux existentialismes*, Paris, Gallimard (coll. «Idées», nᵒ 14), 1973.

SARTRE, J.-P., ELKAÏM-SARTRE, A., *L'existentialisme est un humanisme*, Paris, Gallimard (coll. « Folio. Essais», n° 284), 1996.

Marxisme:

FOUGEYROLLAS, P., *Marx*, 2e éd., Paris, P.U.F. (coll. «Que sais-je?», n° 2265), 1992.

JOUARY, J.-P., SPIRE, A., *Invitation à la philosophie marxiste*, Paris, Éditions sociales, 1983.

LEFEBVRE, H., *Le marxisme*, 22e éd., Paris, P.U.F. (coll. «Que sais-je?», n° 300), 1997.

SÈVE, L., *Une introduction à la philosophie marxiste, suivie d'un vocabulaire philosophique*, 3e éd., Paris, Éditions sociales, 1986.

Phénoménologie:

DESANTI, J.-T., *Introduction à la phénoménologie*, nouv. éd. rev., Paris, Gallimard, 1994.

HUNEMAN, P., *Introduction à la phénoménologie*, Paris, Armand Colin (coll. «Cursus. Philosophie»), 1997.

LYOTARD, J.-F., *La phénoménologie*, 12e éd., Paris, P.U.F. (coll. «Que sais-je?», n° 625), 1995.

SPIEGELBERG, H., SCHUHMANN, K., *The Phenomenological Movement: A Historical Introduction*, 3e éd. rev. et augm., La Haye, Nijhoff (coll. «Phaenomenologica», 5/6), 1982.

Philosophie analytique:

ENGEL, P., *La dispute. Une introduction à la philosophie analytique*, Paris, Éd. de Minuit, 1997.

HOSPERS, J., *An Introduction to Philosophical Analysis*, 4e éd., Londres, Routledge, 1996.

RORTY, R. (éd.), *The Linguistic Turn. Essays in Philosophical Method*, Chicago (Ill.), University of Chicago Press, 1992.

ROSSI, J.-G., *La philosophie analytique*, 2e éd., Paris, P.U.F. (coll. «Que sais-je?», n° 2450), 1993.

Pragmatisme:

GAUCHOTTE, P., *Le pragmatisme*, Paris, P.U.F. (coll. «Que sais-je?», n° 2688), 1992.

MURPHY, J. P., *Pragmatism: From Peirce to Davidson*, Boulder, Westview Press, 1990.

Thomisme:

GILSON, É., *Le thomisme. Introduction à la philosophie de saint Thomas d'Aquin)*, 6ᵉ éd. rev., Paris, J. Vrin (coll. «Études de philosophie médiévale», I), 1972.

ROSEMANN, P. W., *Omne ens est aliquid. Introduction à la lecture du «système» philosophique de saint Thomas d'Aquin*, Louvain-Paris, Peeters, 1996.

TORRELL, J.-P., *Initiation à saint Thomas d'Aquin. Sa personne et son œuvre*, Fribourg (Suisse) - Paris, Éditions Universitaires de Fribourg - Éditions du Cerf (coll. «Vestigia - Pensée antique et médiévale», n° 13), 1993.

— *Saint Thomas d'Aquin, maître spirituel*, Fribourg (Suisse) - Paris, Éditions Universitaires de Fribourg - Éditions du Cerf (coll. «Vestigia - Pensée antique et médiévale», n° 19), 1996.

VAN STEENBERGHEN, F., *Le thomisme*, 2ᵉ éd., Paris, P.U.F (Coll. «Que sais-je», n° 587), 1992.

II. — ANTHOLOGIES ET MANUELS DE PHILOSOPHIE

1. *Anthologies*

Dans les universités, comme dans les classes supérieures de l'enseignement secondaire ou supérieur, beaucoup de cours de philosophie s'appuient sur la lecture de textes choisis de grands philosophes. Les anthologies peuvent, à cet égard, rendre de grands services. En voici quelques-unes, en français:

Anthologies générales:

DE CASTÉRA, B. (éd.), *Recueil de philosophie comparée*, 2ᵉ éd. rev. et corr., Paris, Téqui, 1983. — Textes classés par thèmes, eux-mêmes regroupés en cinq chapitres: vérité, liberté, justice, culture et bonheur. Chaque thème est illustré par les textes les plus représentatifs des grandes options philosophiques avec, placés côte à côte, les auteurs qui s'opposent là-dessus le plus radicalement (par exemple, le thème de la perception, dans le chapitre sur la vérité, est illustré par deux textes, qui sont respectivement de Descartes et d'Aristote).

GRATELOUP, L.-L. (éd.), *Nouvelle anthologie philosophique. Éléments pour la réflexion*, Paris, Hachette (Classiques Hachette), 1988. — Textes et documents pour les classes terminales, également classés par thèmes, eux-mêmes regroupés sous quatre chefs: l'homme et le monde; la connaissance et la raison; la pratique et les fins; anthropologie, métaphysique, philosophie.

HUISMAN, D. (éd.), *Les pages les plus célèbres de la philosophie occidentale*, Paris, Perrin, 1989. – «Ce livre se propose d'offrir à ses lecteurs quelques-unes des pages les plus célèbres de la pensée occidentale, celles que chacun doit connaître. Chaque auteur se trouve présenté, des présocratiques à Michel Foucault, par une biographie écrite dans un style alerte et vif, riche en anecdotes, sans aucune ambition érudite. C'est un livre que tout le monde peut comprendre et où rien d'hermétique n'a été conservé» (extrait de la préface). Mais le moyen âge n'est représenté que par S. Thomas d'Aquin et la philosophie analytique est absente…

MÉDINA, J., MORALI, C., SÉNIK, A. (éds.), *La philosophie comme débat entre les textes*, Paris, Magnard, 1984 (réed. 1989). — Anthologie luxueuse, avec de nombreuses illustrations; textes groupés par thèmes et disposés de manière à les mettre en confrontation à propos de chaque thème.

MORVILLE, M.-R. (éd.), *Les grandes questions de la Philo. Anthologie de textes de l'Antiquité à nos jours*, Paris, Maisonneuve et Larose, 1998. — Anthologie thématique. Liste des thèmes: l'être, Dieu, le mal, la mort, l'amour, le bonheur, le progrès, la liberté, la responsabilité, la mémoire, la nature, l'État, la science, la raison, la vérité.

MOURRAL, I., MILLET, L. (éds.), *Cours de philosophie. Vol. II: Histoire de la philosophie par les textes*, Paris, Éd. Gamma, 1988. — Excellente anthologie: 247 textes de quelque 80 philosophes par ordre chronologique, d'Héraclite aux «nouveaux philosophes» français (Lévy, Glucksmann, Benoist). Présentation des grandes périodes, des auteurs et des textes. Exposés suivis pour les grands philosophes (Platon, Aristote, S. Thomas d'Aquin, Descartes, Spinoza, Kant, Hegel, Bergson). Les textes d'accès difficile sont accompagnés de notes explicatives et de commentaires. Réflexions finales sur l'histoire de la philosophie,

PASCAL, G. (éd.), *Les grands textes de la philosophie*, nouv. éd. mise à jour, Paris, Bordas, 1987.

Les philosophes par les textes, de Platon à Sartre, Paris, Nathan (coll. «Minerve»), 1989. — Textes classés par auteurs, selon l'ordre chronologique. Mais le moyen âge est sacrifié.

VERGEZ, A., HUISMAN, D., *Histoire des philosophes illustrée par les textes*, Paris, Nathan, 1973; rééd., 1996 (avec S. Le Strat). — Bonne anthologie classique, avec présentation pédagogique de chaque auteur des textes.

Anthologies de philosophie antique:

FOLLON, J., McEVOY, J. *Sagesses de l'amitié.* Vol. I: *Anthologie de textes philosophiques anciens*, Fribourg (Suisse)-Paris, Éditions Universitaires de Fribourg - Éditions du Cerf (coll. «Vestigia - Pensée antique et médiévale», n° 24), 1997. — Sélection de textes de philosophes antiques sur l'amitié.

LONG, A. A., SEDLEY, D. N. (éds.), *The Hellenistic Philosophers*, 2 vol., Cambridge, Cambridge University Press. Vol. I: *Translations of the principal sources with philosophical commentary*, 1987 (et réimpr.); vol. II: *Greek and Latin texts with notes and bibliography*, 1989. — Le premier volume présente les textes dans de nouvelles traductions, avec des commentaires philosophiques et historiques destinés à un large public, pas nécessairement familiarisé avec la culture classique. Le deuxième volume s'adresse plus précisément aux spécialistes, en donnant les textes originaux grecs et latins traduits dans le premier volume. Ces textes sont accompagnés d'apparats critiques, d'informations sur le contexte et de notes détaillées. On y trouve aussi une bibliographie raisonnée de 655 titres. — Trad. franç.: *Les philosophes hellénistiques*, 3 vol., Paris, Flammarion (coll. GF, n° 641-643), 2001.

Anthologie de philosophie médiévale:

IMBACH, R., MÉLÉARD, M.-H. (éds.), *Philosophes médiévaux. Anthologie de textes philosophiques (XIII-XIVᵉ siècles)*, Paris, Union Générale d'Éditions (coll. «10/18»), 1986.

Anthologies de philosophie contemporaine:

LE GALL, A., BRÉDELOUP, J. (éds.), *Textes nouveaux pour une philosophie nouvelle. Extraits d'ouvrages contemporains*, nouv. éd., Paris, Bordas, 1975.

PICON, G., CAILLOIS, R. (éds.), *Panorama des idées contemporaines*, nouv. éd. rev. et augm., Paris, Gallimard (coll. «Le point du jour»), 1968. — Anthologie de textes représentatifs, non seulement des idées philosophiques proprement dites, mais aussi de la psychologie, des sciences sociales, de la philosophie de l'histoire, des positions politiques, des réflexions sur l'art, de la pensée religieuse, des sciences et de l'humanisme de la première moitié du XXe siècle.

Anthologies de la philosophie allemande:

NEVEUX, J.-B. (éd.), *Anthologie de la pensée germanique, 1850-1914*, Paris, Didier, 1971.

RAULET, G. (éd.), *Aufklärung. Les Lumières allemandes*, Paris, Flammarion (coll. «GF», n° 793), 1995.

VAX, L., LUCAS, A. *et al.* (éds.), *Textes philosophiques allemands*, Paris, A. Colin (coll. «U2», n° 67), 1969.

Anthologies de la philosophie française:

CUVILLIER, A. (éd.), *Anthologie des philosophes français contemporains*, 2e éd. rev., Paris, P.U.F., 1965.

DOUAILLER, S., DROIT, R.-P., VERMEREN, P. (éds.), *Philosophie, France, XIXe siècle. Écrits et opuscules*, Paris, Librairie Générale Française (coll. «Le livre de poche. Classiques de la philosophie»), 1994. — Réunion d'un large ensemble de textes donnés en version intégrale, mais introuvables en librairie.

Anthologies de textes d'anthropologie philosophique:

DURING, E., *L'âme. Introduction, choix de textes, commentaires, vade-mecum et bibliographie*, Paris, Flammarion (coll. «GF-Flammarion», n° 3001), 1997

HUISMAN, B., RIBES, F., *Les philosophes et le corps*, Paris, Dunod, 1992.

RABOUIN, D., *Le désir. Introduction, choix de textes, commentaires, vade-mecum et bibliographie*, Paris, Flammarion (coll. «GF-Flammarion», n° 3015), 1997.

Anthologies de textes de métaphysique et de philosophie de la nature:

DURING, E., *La métaphysique. Introduction, choix de textes, commentaires, vade-mecum et bibliographie*, Paris, Flammarion (coll. «GF-Flammarion», n° 3037), 1998.

HUISMAN, B., RIBES, F., *Les philosophes et la nature*, Paris, Bordas, 1990.

MACÉ, A., *La matière. Introduction, choix de textes, commentaires, vade-mecum et bibliographie*, Paris, Flammarion (coll. «GF-Flammarion», nº 3020), 1998.

Anthologies de textes d'éthique:

BLONDEL, É., *L'amour. Introduction, choix de textes, commentaires, vade-mecum et bibliographie*, Paris, Flammarion (coll. «GF-Flammarion», nº 3010), 1998.

— *La morale. Introduction, choix de textes, commentaires, vade-mecum et bibliographie*, Paris, Flammarion (coll. «GF-Flammarion», nº 3018), 1999.

DESOCHE, P., *La volonté. Introduction, choix de textes, commentaires, vade-mecum et bibliographie*, Paris, Flammarion (coll. «GF-Flammarion», 3012), 1999.

HATZENBERGER, A., *La liberté. Introduction, choix de textes, commentaires, vade-mecum et bibliographie*, Paris, Flammarion (coll. «GF-Flammarion», nº 3023), 1999.

HUISMAN, B., SALEM, J. (éds.), *Les philosophes et la liberté: les grands textes philosophiques sur la liberté*, Paris, Huisman, 1982.

SAUVANET, P., *Les philosophes et l'amour*, Paris, Ellipses (coll. «Philo-essais»), 1998.

SZYMKOWIAK, M., *Autrui. Introduction, choix de textes, commentaires, vade-mecum et bibliographie*, Paris, Flammarion (coll. «GF-Flammarion», nº 3051), 1999.

Anthologies de textes de philosophie juridique et politique:

HUISMAN, B., RIBES, F., *Les philosophes et le droit: les grands textes philosophiques sur le droit*, Paris, Bordas, 1988.

— *Les philosophes et le pouvoir*, Paris, Dunod, 1994.

Anthologies de textes d'esthétique:

HUISMAN, B., RIBES, F., *Les philosophes et l'art: les grands textes philosophiques sur l'art*, Paris, Huisman, 1984.

2. *Manuels*

Certains ouvrages s'efforcent de présenter un tableau cohérent des thèmes discutés et étudiés dans l'une des branches de la philosophie[1]. La liste qui suit ne prétend indiquer que ceux qui sont les plus récents et les plus significatifs à cet égard.

Logique:

BLANCHÉ, R., *La logique et son histoire*, Paris, Colin (coll. «Collection U. Philosophie»), 1996.
GINISTI, J.-P., *La logique combinatoire*, Paris, P.U.F. (coll. «Que sais-je?», n° 3205), 1997.
LARGEAULT, J., *La logique*, 2ᵉ éd., Paris, P.U.F. (coll. «Que sais-je?», n° 225), 1998.
RIVENC, F., *Introduction à la logique*, Paris, Payot (coll. «Petite bibliothèque Payot»), 1989.
ROBAYE, R., *Introduction à la logique et à l'argumentation*, Louvain-la-Neuve, Academia, 1991.
RUYER, B., *Logique*, Paris, P.U.F., 1998.
SALEM, J., *Introduction à la logique formelle et symbolique, avec des exercices et leurs corrigés*, Paris, Nathan, 1992.

Philosophie du langage:

AUROUX, S., *La philosophie du langage*, Paris, P.U.F. (coll. «Premier Cycle»), 1996.
GRILLO, É, *La philosophie du langage*, Paris, Seuil (coll. «Mémo», n° 77), 1996.
KATZ, J. J., *La philosophie du langage* (trad. J. Gazio), Paris, Payot (coll. «Bibliothèque scientifique»), 1971.
RESWEBER, J.-P., *La philosophie du langage*, 4ᵉ éd., Paris, P.U.F. (coll. «Que sais-je?», n° 1765), 1995.

Métaphysique:

FAROUKI, N., *La métaphysique: un exposé pour comprendre, un essai pour réfléchir*, Paris, Flammarion (coll. «Dominos», n° 79), 1995.

---

[1] L'ordre des branches de la philosophie est l'ordre traditionnel des études philosophiques, inspiré du classement des œuvres du corpus aristotélicien.

IDE, P., *Introduction à la métaphysique*. Tome I: *L'amour des sommets*, Paris, Mame (coll. «Cahiers de l'École cathédrale», n° 8), 1994.

LEFRANC, J., *La métaphysique*, Paris, Armand Colin (coll. «Cursus. Série: Philosophie»), 1998.

TOURPE, E., *Donation et consentement. Une introduction méthodologique à la métaphysique*, Bruxelles, Éditions Lessius, 2000.

Éthique:

GRENIER, H., *Les grandes doctrines morales*, 2e éd., Paris, P.U.F. (coll. «Que sais-je?», n° 658), 1994.

HUDE, H., *Éthique et politique*, Paris, Éditions Universitaires (coll. «Philosophie européenne»), 1992.

KREMER-MARIETTI, A., *L'éthique*, 2e éd., Paris, P.U.F. (coll. «Que sais-je?», n° 2383, 1994.

RUSS, J., *La pensée éthique contemporaine*, 2e éd., Paris, P.U.F. (coll. «Que sais-je?», n° 2834), 1995.

WUNENBURGER, J.-J., *Questions d'éthique*, Paris, P.U.F. (coll. «Premier Cycle»), 1993.

Philosophie politique et juridique:

BATIFFOL,, H., *La philosophie du droit*, 10e éd.., Paris, P.U.F. (coll. «Que sais-je?», n° 857), 1997.

— *Problèmes de base de philosophie du droit*, Paris, Librairie Générale de Droit et de Jurisprudence, 1979.

DELACAMPAGNE, C., *La philosophie politique aujourd'hui. Idées, débats, enjeux*, Paris, Seuil, 2000.

FRYDMAN, B., HAARSCHER, G., *Philosophie du droit*, Paris, Dalloz (coll. «Connaissance du droit»), 1998.

OPPETIT, B., *Philosophie du droit*, Paris, Dalloz (coll. «Précis Dalloz»), 1999.

TENZER, N., *Philosophie politique*, Paris, P.U.F. (coll. «Premier Cycle»), 1994.

VILLEY, M., *Philosophie du droit*, 2 vol., Paris, Dalloz, 1984-1986.

Philosophie de la religion:

VIEILLARD-BARON, J.-L., KAPLAN, F., *Introduction à la philosophie de la religion*, Paris, Cerf, 1989.

Esthétique:

BOUVERESSE, R., *L'expérience esthétique*, Paris, Colin (coll. «Collection U. Philosophie»), 1998.

HUISMAN, D., *L'esthétique*, 13ᵉ éd., Paris, P.U.F. (coll. «Que sais-je?», nᵒ 635), 1998.

JIMENEZ, M., *Qu'est-ce que l'esthétique?*, Paris, Gallimard (coll. «Folio/Essais»), 1997.

LACOSTE, J., *La philosophie de l'art*, 7ᵉ éd., Paris, P.U.F. (coll. «Que sais-je?», nᵒ 1887), 1998.

PHILIPPE, M.-D., *Philosophie de l'art*, 2 vol., Paris, Editions Universitaires (coll. «Sagesse»), 1991-1994.

SHERRINGHAM, M. *Introduction à la philosophie esthétique*, Paris, Payot (coll. «Petite Bibliothèque Payot», n° 123), 1992.

3. *Initiations au travail de recherche et de composition en philosophie*

Il existe plusieurs ouvrages dont le but est d'initier les débutants à la recherche et à la composition littéraire en philosophie ou, plus largement, dans les sciences humaines. En voici quelques-uns.

BEAUD, M., *L'art de la thèse. Comment préparer et rédiger une thèse de doctorat, un mémoire de DEA ou de maîtrise, ou tout autre travail universitaire*, nouv. éd. mise à jour, Paris, Éditions La Découverte, 1994.

CAZALS, H., *La dissertation philosophique*, Paris, Albin Michel, 1997.

FOLSCHEID, D., WUNENBURGER, J.-J., CHOULET, P., *Méthodologie philosophique*, Paris, P.U.F. (coll. «Premier Cycle»), 1992. — Ouvrage de «premier cycle» universitaire, donnant les fondements théorique et les moyens d'applications, suivis d'exemples en situation, pour la lecture et l'interprétation des textes des philosophes, ainsi que pour la composition de dissertations philosophiques, la synthèse de textes, le passage d'épreuves orales et la préparation de leçons.

GOURMONT, R. DE, *La dissertation philosophique. Conseils pour préparer et rédiger une dissertation philosophique*, 5ᵉ éd. rev., Paris, Lanore, 1974.

GUITTON, J., *Le travail intellectuel. Conseils à ceux qui étudient et à ceux qui écrivent*, nouv. éd., Paris, Aubier-Montaigne, 1986.

HUISMAN, D., *L'art de la dissertation philosophique*, 6ᵉ éd., Paris, Société d'Édition d'Enseignement Supérieur, 1967.

JUCQUOIS, G., LEUSE, J., *Conventions pour la présentation d'un texte scientifique*, Louvain, Peeters, 1978.

LAUNAY, J., ZERNIK, E., *La dissertation philosophique: travaux d'approche*, Paris P.U.F. (coll. «Major Bac»), 1998.

LOFTS, S. *et al.*, *Éditer, traduire, interpréter: essais de méthodologie philosophique*, Louvain-la-Neuve, Éditions de l'Institut Supérieur de Philosophie (coll. «Philosophes médiévaux» n° 36), 1997.

MIQUEL, J., *La dissertation philosophique par l'exemple: sujets et développements, plans et textes commentés: baccalauréats, concours d'entrée aux grandes écoles, études de lettres*, nouv. éd., Paris, Roudil (coll. «Classiques Roudil»), 1984.

PATAR, B., *Dictionnaire actuel de l'art d'écrire*, Québec, Éditions Fides, 1995. — Dictionnaire unique en son genre, contenant des solutions claires et cohérentes aux multiples difficultés d'ordre rédactionnel que rencontrent ceux qui ont à rédiger des travaux scientifiques (mémoires, thèses, ouvrages destinés à la publication). À recommander.

PENA-RUIZ, H., *Méthodologie philosophique*. Tome 1: *Maîtrise de la dissertation*, Paris, Bordas, 1978. — Manuel scolaire visant à «assurer aux élèves de Terminale et aux étudiants des Classes préparatoires une maîtrise de la dissertation fondée sur une initiation méthodique à toutes les techniques de réflexion, d'organisation et de formulation nécessaires».

SÈVE, B., MANIN, B., *Exercices philosophiques. Quatorze dissertations et commentaires de textes*, Paris, Hachette (coll. «Hachette Université»), 1979.

THYRION, F., *La dissertation: du lieu commun au texte de réflexion personnelle*, Louvain-la-Neuve, Duculot, 1996.

VAN STEENBERGHEN, F., *Directives pour la confection d'une monographie scientifique, avec applications concrètes aux recherches sur la philosophie médiévale*, 3e éd., Louvain, Publications Universitaires, 1961.

III. — ENCYCLOPÉDIES, DICTIONNAIRES ET INDEX

Les encyclopédies, les dictionnaires philosophiques et les biographies de philosophes constituent une source d'information importante pour quiconque entreprend une recherche portant sur un problème philosophique spécifique, ou sur une période déterminée de l'histoire de la philosophie, ou même sur un philosophe particulier. En effet, ces ouvrages contiennent le plus souvent des articles signés, accompagnés d'une bibliographie plus ou moins fournie ou de références à des bibliographies plus complètes.

Pour faciliter la compréhension des titres mentionnés dans cette section, il n'est pas inutile de rappeler les définitions de quelques termes relatifs à la lexicographie:

Dictionnaire: Recueil de mots rangés par ordre alphabétique et suivis de leur définition (ou de leur traduction dans une autre langue).

Encyclopédie: Ouvrage où l'on expose méthodiquement ou alphabétiquement l'ensemble des connaissances universelles (*encyclopédie générale*) ou spécifiques d'un domaine du savoir (*encyclopédie spécialisée*).

Glossaire: Dictionnaire qui donne l'explication de mots anciens ou mal connus.

Index: Table alphabétique de sujets traités, de mots ou de noms apparaissant dans un livre, accompagnés de références, qui permettent de les retrouver.

Lexique: Dictionnaire succinct d'une science ou d'une technique, d'un domaine spécialisé. Voir *Glossaire*. — Recueil des mots employés par un auteur, dans une œuvre littéraire.

Thesaurus: Lexique de philologie ou d'archéologie. Anciennement: dictionnaire en une seule langue.

Concordance: Ouvrage réunissant, selon l'ordre alphabétique, les mots de l'ensemble des œuvres d'un auteur et donnant pour chaque mot les références des passages de ces œuvres où ils se trouvent, *ainsi qu'une brève citation du texte qui l'entoure*.

Il n'est pas toujours facile de distinguer entre un dictionnaire et une encyclopédie. Certes, comme il est écrit dans l'article de l'*Encyclopaedia Britannica* consacé à ce sujet, «un dictionnaire explique des *mots*, tandis qu'une encyclopédie explique des *choses*. Mais, comme les mots remplissent leur fonction en se référant à des choses, il est difficile de confectionner un dictionnaire sans prêter une attention considérable aux choses et aux abstractions désignées par eux. Néanmoins, alors qu'une encyclopédie moderne peut toujours être appelée un dictionnaire, aucun bon dictionnaire n'a jamais été appelé une encyclopédie». Cela dit, il faut noter qu'un dictionnaire comporte, en principe autant d'entrées qu'il y a de mots dans la langue concernée, alors qu'en général, une encyclopédie, même alphabétique, n'a comme entrées que les mots et les noms considérés comme les plus importants ou les plus significatifs du domaine traité. En outre, comme l'indiquent les définitions ci-dessus, les entrées d'un dictionnaire sont nécessairement présentées selon l'ordre *alphabétique*, alors que les articles d'une encyclopédie peuvent être disposés selon l'ordre *méthodique* des matières traitées. En pratique, on constate cependant que beaucoup d'encyclopédies *alphabétiques* portent le nom de *dictionnaires*.

1. *Encyclopédies*

Il convient de distinguer les encyclopédies *générales*, qui traitent de l'ensemble du savoir humain, et les encyclopédies *spécialisées* en philosophie ou même dans un domaine particulier de celle-ci. Les encyclopédies générales sont loin d'être négligeables pour le philosophe, car on y trouve souvent des articles relativement étendus sur un grand nombre de thèmes ou de questions philosophiques, ainsi que sur la vie et la pensée des grands philosophes. Ces articles sont même parfois plus fournis et leurs analyses plus approfondies que ce qu'on peut trouver dans beaucoup de dictionnaires ou d'encyclopédies spécifiquement philosophiques. Ils sont aussi une source précieuse pour l'établissement d'une première bibliographie et pour l'identification des ouvrages classiques concernant le sujet d'une recherche.

Principales encyclopédies générales :

Concise Columbia Electronic Encyclopedia. Adresse Internet : http://www.encyclopedia.com/ — Utile pour une information rapide et concise.

Enciclopedia italiana di scienze, lettere ed arti, 36 vol., Rome, Istituto della Enciclopedia italiana, 1929-1936. Des appendices, couvrant la période 1937-1960, ont été publiés entre 1938 et 1961. — Grande réalisation du fascisme, mais cette idéologie n'a pas altéré l'impartialité générale des textes. Les articles philosophiques sont souvent longs, détaillés et bien documentés. Bibliographies en italien, anglais et autres langues.

Enciclopedia universal ilustrada europeo-americana, 70 vol., Barcelone, Hijos de J. Espasa, 1905-1933 ; 10 appendices, 1931-1934. À partir de 1934, un *Suplemento anual* a été publié à intervalles irréguliers. — C'est l'encyclopédie la plus volumineuse du monde occidental, mais malheureusement les éditeurs ont reculé devant l'entreprise gigantesque qu'eût été une véritable réédition, pour lui préférer le système des suppléments annuels. Les articles importants (notamment ceux sur les grands philosophes ou les grands problèmes philosophiques) sont très longs et comportent des bibliographies internationales. Fonctionne aussi comme dictionnaire de langue, donnant les étymologies et les mots équivalents en français, italien, anglais, allemand, portugais, catalan et esperanto. Des éditions abrégées ont été publiées à différentes reprises, mais elles sont loin de valoir l'original.

Encyclopaedia Britannica, 15e éd., 32 vol., Chicago, 1997 (1re éd., 1768-71). Nouveaux tirages, avec mise à jour, chaque année. Suppléments annuels. — La plus célèbre et la meilleure des encyclopédies universelles. Les deux premiers volumes constituent l'index, tandis que le dernier volume, intitulé «Propaedia — Outline of Knowledge», est un «Guide to the Britannica», c.-à-d. une sorte de vaste tableau ou de plan général des connaissances contenues dans l'encyclopédie, lequel permet de s'orienter dans celle-ci. Les autres volumes se répartissent en 12 volumes de la *Micropaedia: Ready Reference*, qui contiennent des articles très nombreux mais relativement courts (d'une dizaine de lignes à une page et demie), et 17 volumes de *Macropaedia*, qui comprennent des articles moins nombreux, mais beaucoup plus longs, qui constituent souvent à eux seuls de véritables monographies. Les articles de la Britannica sont en général excellents: ils fournissent toutes les informations (biographiques, bibliographiques et doctrinales) qu'on est en droit d'attendre d'une encyclopédie. Signalons que la logique est traitée comme une branche distincte de la philosophie. Aujourd'hui, l'*Encyclopaedia Britannica* n'est plus disponible sur support «papier», mais seulement sur CD-ROM et sur les sites Internet suivant: http//www.eb.co.uk et http//www.britannica.com.

Encyclopaedia universalis, nouv. éd., 27 vol. + 2 vol. suppl., Paris, Éditions de l'*Encyclopaedia universalis* France, 1990-1992 (1 éd., 1968-1973). Suppléments annuels. Dernière version, sur CD-ROM: 1999. — Encyclopédie alphabétique la plus importante en langue française, composée de deux parties: un *corpus* de 23 volumes, constitué d'articles relativement longs et détaillés sur des sujets choisis, et un *thesaurus* de 4 volumes, qui sert d'index au corpus, mais contient aussi des articles beaucoup plus courts sur de nombreux sujets absents du corpus. Les différents articles du corpus sont accompagnés par des sélections de références bibliographiques.

Encyclopédie de la Pléiade, Paris, Gallimard, 1955 et suiv. — Encyclopédie méthodique, constituée d'ouvrages collectifs dont chacun (qui peut comporter plusieurs volumes) traite d'une branche du savoir, avec la collaboration de nombreux spécialistes. Les volumes intéressant la philosophie sont: *Histoire de la philosophie*, 3 vol., 1969-1974; réimpr. 1983; *Logique et connaissance scientifique*, 1 vol., 1986.

Gran enciclopedia Rialp, 5ᵉ éd., 25 vol., Madrid, Rialp, 1984-1987.

La grande encyclopédie, 21 vol., Paris, Larousse, 1984.

Grand dictionnaire encyclopédique Larousse, 10 vol., Paris, Larousse, 1982-1985. — Les articles philosophiques sont généralement courts. Des bibliographies figurent à la fin de chaque volume.

Der grosse Brockhaus, 18ᵉ éd, 13 vol., Brockhaus, Wiesbaden, 1977-1982 (1ʳᵉ éd., Leipzig, 1796-1809). — Depuis la 17ᵉ éd., cette encyclopédie a été complètement refondue et paraît sous le titre Brockhaus Enzyklopädie (voir ci-après).

Brockhaus Enzyklopädie, 19ᵉ éd., 24 vol., Mannheim, 1986 et suiv. — Bonnes bibliographies en allemand, anglais et d'autres langues.

Encyclopédies philosophiques générales:

The Concise Routledge Encyclopedia of Philosophy, Londres, Routledge, 2000. — Site Internet: http://www.rep.routledge.com/index.html.

EDWARDS, P. (éd.), *The Encyclopedia of Philosophy*, 8 vol. en 4, New York-Londres, Collier-Macmillan, 1972. — Contient 1450 articles classés par ordre alphabétique et écrits par 500 spécialistes originaires de 24 nations différentes. Source excellente pour presque tous les sujets philosophiques. Chaque article est suivi d'une bibliographie détaillée et annotée. Un des meilleurs livres de référence en philosophie — *Supplément* par D. M. Borchert: New York, Macmillan, 1996.

Enciclopedia filosofica, 2ᵉ éd., 6 vol., Florence, Sansoni, 1968-1969 (1ʳᵉ éd., 4 vol., 1957-1958), réimpr. en 8 vol., Rome, Edipem, 1979. Il existe aussi un retirage en deux séries: *Dizionario dei filosofi*, Florence, Sansoni, 1976; *Dizionario delle idee*, Florence, Sansoni, 1977. — Incontestablement, la meilleure et la plus complète des encyclopédies philosophiques jusqu'à ce jour. Ordre alphabétique unique des concepts et des auteurs. Bibliographie internationale à la fin de chaque article. Index théorique et index historique à la fin du 8ᵉ vol.

GLENDINNING, S. (éd.), *The Edinburgh Encyclopedia of Continental Philosophy*, Édimbourg, Edinburgh University Press, 1999.

JACOB, A. (éd.), *Encyclopédie philosophique universelle*, 4 tomes en 6 vol., Paris, P.U.F., 1989-1998. Tome I: *L'univers philosophique*, 1989; II: *Les notions philosophiques. Dictionnaire*, 2 vol., 1990; III: *Les œuvres philosophiques. Dictionnaire*, 2 vol., 1992; IV: *Le discours philosophique*, 1998. — Le premier tome est un recueil d'«essais» sans grand intérêt, mais qui comporte une bonne bibliographie établie par G. Varet, complétant le *Manuel de bibliographie philosophique* (1956) du même auteur. Le deuxième tome est un dictionnaire philosophique qui, malgré son intention première, ne remplace pas le *Vocabulaire technique et critique de la philosophie* de Lalande, puisqu'il ne comporte pas de définitions à proprement parler, mais des articles, plus ou moins longs, qui retracent le développement des notions philosophiques, notamment du point de vue historique. Le tome III paraît le plus utile, étant donnée la relative rareté des dictionnaires d'œuvres philosophiques. Enfin, le tome IV contient une série de réflexions, par différents spécialistes, sur les problématiques suivantes: l'inscription de la philosophie dans les aires linguistiques et culturelles (y compris les sociétés traditionnelles à culture orale), la diffusion de la philosophie par les chemins de la traduction et les voies du comparatisme, les formes de la philosophie (les genres et les commentaires, les textes et les contextes), et les champs de la philosophie (la philosophie et les sciences, la philosophie et les pratiques). Chaque article est accompagné de courts extraits de textes philosophiques classiques.

MITTELSTRASS, J. (éd.), *Enzyklopädie Philosophie und Wissenschaftstheorie*, 4 vol., Mannheim-Stuttgart, Bibliographisches Institut-Metzler, 1980-1996. — Encyclopédie alphabétique de noms communs et de noms propres en philosophie et en science.

The Routledge Encyclopedia of Philosophy (éd. gén. E. Craig), 10 vol., Londres, Routledge, 1998. — Existe aussi sur CD-ROM.

URMSON, J. O., RÉE, J. (éds.), *The Concise Encyclopedia of Western Philosophy and Philosophers*, nouv. éd., Londres, Routledge, 1996. — Contient des articles, écrits par différents spécialistes, sur les concepts, les termes et les auteurs de la philosophie. «Pour les deux tiers, c'est un dictionnaire de philosophes. L'approche philosophique de l'École d'Oxford y est présentée à l'usage du "public intelligent". Les œuvres philosophiques ne sont considérées que pour autant qu'elles ont pu donner lieu à des éditions en anglais» (G. Varet).

Encyclopédies de philosophie orientale:

LEAMAN, O. (éd.), *Encyclopedia of Asian Philosophy*, Londres, Routledge, 2001.
SCHUHMACHER, S., WOERNER, G. (éds.), *The Encyclopedia of Eastern Philosophy and Religion*, Boston (Mass.), Shambhala, 1994.

Encyclopédies d'éthique:

BECKER, L. C. (éd.), *Encyclopedia of Ethics*, 2ᵉ éd., New York, Routledge, 2001.
CHADWICK, R. (éd.), *Encyclopedia of Applied Ethics*, 4 vol, Londres, Academic Press, 1997.
HASTINGS, J., SELBIE, J. A., (éds.), *Encyclopaedia of Religion and Ethics*, 13 vol., Edimbourg, Clark Ed., 1908-1927; réimpr., 1994.
ROTH, J. K. (éd.), *International Encyclopedia of Ethics*, Londres, Dearborn, 1995.

Autres encyclopédies philosophiques spécialisées:

EMBREE, L. *et al.*, *Encyclopedia of Phenomenology*, Dordrecht, Kluwer (coll. «Contributions to Phenomenology», vol. 18), 1997.
KELLY, M. (éd.), *Encyclopedia of Aesthetics*, 4 vol., Oxford, Oxford University Press, 1998.
LAMARQUE, P. V., ASHER, R. E. (éds.), *Concise Encyclopedia of Philosophy of Language*, Oxford, Pergamon, 1997.
MILLER, D. (éd.), *The Blackwell Encyclopaedia of Political Thought*, Oxford, Blackwell, 1987 (réimpr., 1998).
TAYLOR, V. E., WINQUIST, C. E. (éds.), *Encyclopedia of Postmodernism*, Londres, Routledge, 2001.

2. *Dictionnaires généraux de philosophie*

La définition des termes représente un étape essentielle dans toute discussion philosophique sérieuse. À ce titre, les dictionnaires généraux de langue demeurent indispensables pour préciser l'usage ordinaire ou même spécialisé d'un mot, ainsi que ses acceptions usuelles ou dérivées, voire son étymologie ou l'histoire de son usage. Cependant, même si, dans ces dictionnaires de langue, le sens proprement philosophique des termes est souvent mentionné, il n'y est généralement pas détaillé. Dès lors, si l'on désire avoir une définition et une explication plus précises des termes utilisés en philosophie, il faut nécessairement recourir à des dictionnaires spécifiquement philosophiques. Souvent, ceux-ci donnent leurs définitions et leurs explications en faisant référence à l'usage des grands philosophes et à l'évolution du sens des termes tout au long de l'histoire de la philosophie. Il arrive aussi que leurs articles comportent une brève bibliographie.

Parmi les dictionnaires spécifiquement philosophiques, il faut distinguer tout d'abord ceux qui contiennent à la fois des noms communs et des noms propres de philosophes, puis ceux qui ne comprennent que les notions ou les noms communs du langage philosophique, et enfin ceux qui ne comportent que des notices sur des philosophes et qui sont donc, à proprement parler, des dictionnaires biographiques.

Dictionnaires de noms propres et de noms communs:

AUDI, R. (éd.), *The Cambridge Dictionary of Philosophy*, 2ᵉ éd., Cambridge, Cambridge University Press, 1999. — Ouvrage de référence.

BLACKBURN, S. (éd.), *The Oxford Dictionary of Philosophy*, Oxford, Oxford University Press (coll. «Oxford Paperback Reference»), 1996. — Ouvrage de référence.

DUROZOI, G., ROUSSEL, A., *Dictionnaire de philosophie*, Paris, Nathan (coll. «Les références»), 1997. — Bon dictionnaire pour débutants. Comprend des noms communs et des noms propres, avec de nombreux tableaux pédagogiques. Les articles concernant les principaux philosophes sont suivis de brèves indications bibliographiques.

JULIA, D., *Dictionnaire de la philosophie*, nouv. éd. rev. et corr., Paris, Larousse (coll. «Références Larousse»), 1995. — Dictionnaire pour débutants, comprenant de nombreuses illustrations.

LEGRAND, G., *Dictionnaire de philosophie*, Paris, Bordas, 1983. — Dictionnaire pour débutants.

REESE, W. L., *Dictionary of Philosophy and Religion: Eastern and Western Thought*, nouv. éd. augm., Atlantic Highlands (N. J.), Humanities Press, 1996. — Excellent dictionnaire alphabétique de noms communs et de noms propres en philosophie et en religion. Comporte plus de 3500 entrées. «One of the essential features of the volume is the extent of its cross-references. The analysis of each thinker is given in a numbered sequence of ideas, and references are made from concepts or topical headings to the location where the concept is treated in the entry of the individual thinker» (extrait de la préface).

Dictionnaires de noms communs (concepts):

BARAQUIN, N., BAUDART, A., DUGUÉ, J. (éds.), *Dictionnaire de philosophie*, Paris, Colin, 1995.

COMTE-SPONVILLE, A. (éd.), *Dictionnaire de la philosophie*, Paris, Albin Michel, 2001. — Dictionnaire constitué d'articles extraits de l'*Encyclopaedia Universalis*.

FOULQUIÉ, P., *Dictionnaire de la langue philosophique*, 4e éd., Paris, P.U.F., 1986 (1re éd., 1962). — Dictionnaire solide et utile, qui donne les étymologies, les définitions et les synonymes des termes philosophiques, avec de nombreuses citations de philosophes. Moins technique que le Lalande (voir ci-dessous), mais plus récent et donc plus proche de l'actualité philosophique. Le classement des termes est un peu particulier, car ils ont été regroupés par famille (par exemple, «Essence» se trouve sous la rubrique «Être»).

GASNIER, J., *Lexique de philosophie*, Paris, Hatier (coll. «Profil»), 1998. — Dictionnaire pour étudiants du baccalauréat.

JERPHAGNON, L. (éd.), *Dictionnaire des grandes philosophies,* nouv. éd., Toulouse, Privat, 1989. — Présente les grands courants et les domaines d'intérêt de la philosophie, comme, par exemple, le bergsonisme, l'épicurisme, l'épistémologie, le fidéisme, le matérialisme, la philosophie analytique, la philosophie islamique, la psychanalyse, etc.

LALANDE, A. (éd.), *Vocabulaire technique et critique de la philosophie*, 16e éd., Paris, P.U.F., 1988 (1re éd., en fascicules, 1902-1923, 2e éd., 1926); rééd. dans la coll. «Quadrige» (no 133-134), 2 vol., Paris, P.U.F., 1991. — Ouvrage de référence. Donne les définitions des termes philosophiques français, avec les équivalents en grec, latin, allemand, anglais et italien. Les définitions sont souvent accompagnées de notes de bas de page, reflétant les discussions de membres ou de correspondants de la Société Française de Philosophie au début du XXe siècle. Reste le meilleur dictionnaire philosophique en langue française. «Ce vocabulaire, sans intention bibliographique, est employé à distinguer et fixer les acceptions généralement admises des divers termes philosophiques en vue d'introduire le plus de rigueur possible dans la langue de la philosophie. Il ne peut échapper aux difficultés qui proviennent de ce que chaque terme, dans un ouvrage philosophique, dépend pour une bonne part de son contexte, ordinaire ou occasionnel, et plus encore de l'interaction des notions au sein de chaque pensée personnelle. Mais il apprend à mettre de la clarté et de la netteté dans la philosophie» (R. Le Senne, *Introduction à la philosophie*, p. 436).

LERCHER, A., *Les mots de la philosophie*, Paris, Belin (coll. «Le français retrouvé», 11), 1985.

MIQUEL, J., *Vocabulaire pratique de la philosophie à l'usage des élèves et des étudiants*, Paris, Roudil (coll. «Les études par l'exemple»), 1981.

MORFAUX, L.-M., *Vocabulaire de la philosophie et des sciences humaines*, nouv. éd., Paris, Colin (coll. «Collection L.-M. Morfaux»), 1998.

RITTER, J. *et al.*, *Historisches Wörterbuch der Philosophie*, Bâle-Darmstadt, Schwabe-Wissenschaftliche Buchgesellschaft, 1971 et suiv. — Ouvrage de référence, toujours en cours de parution. Jusqu'à présent (2000) 10 volumes ont paru (jusqu'à la lettre *T*). Excellent dictionnaire de concepts philosophiques, qui analyse ceux-ci dans leur évolution historique.

STIRN, F., VAUTRELLE, H., *Lexique de philosophie*, Paris, Colin (coll. «Synthèse. Philosophie», n° 56), 1998. — Dictionnaire pour débutants.

Dictionnaires de logique:

FEYS, R., FITCH, F. B. (éds.), *Dictionary of Symbols of Mathematical Logic*, Amsterdam, North-Holland Publishing (coll. «Studies in Logic and the Foundations of Mathematics», 1973. — Le but de ce dictionnaire est de permettre au lecteur de trouver facilement le sens et l'usage des symboles couramment utilisés en logique mathématique.

GREENSTEIN, C. H., *Dictionary of Logical Terms and Symbols*, New York, Van Nostrand, 1978.

MARCISZEWSKI, W. (éd.), *Dictionary of Logic as Applied in the Study of Language: Concepts, Methods, Theories*, La Haye, Nijhoff (coll. «Nijhoff International Philosophy Series», n° 9), 1981. — Se présente comme une encyclopédie de la logique en ses diverses branches.

VAX, L., *Lexique logique*, Paris, P. U. F., 1982.

Dictionnaires de philosophie des sciences:

DURBIN, P. T., *Dictionary of Concepts in the Philosophy of Science*, New York, Greenwood (coll. «Reference Sources for the Social Sciences and Humanities», n° 6), 1988.

MEDAWAR, P. B., *Aristotle to Zoos: A Philosophical Dictionary of Biology*, Oxford, Oxford University Press, 1985.

Dictionnaire de métaphysique:

BURKHARDT, H., SMITH, B. (éds.), *Handbook of Metaphysics and Onto-logy*, 2 vol., Munich, Philosophia (coll. «Analytica»), 1991. — Ce «manuel» est en réalité un dictionnaire contenant plus de 450 courts articles sur des thèmes et des méthodes spécifiques de la métaphysique et de l'ontologie, ainsi que des essais biogra-phiques résumant la pensée des philosophes les plus importants à l'intérieur des traditions considérées. En outre, il contient aussi une vingtaine d'articles plus longs parcourant, à la fois histori-quement et systématiquement, les principaux domaines de la métaphysique et de l'ontologie, comme, par exemple, «Analytic Philosophy», «Aristotelianism», «Metaphysics», «Ontology», «Part-Whole», etc.

Dictionnaires d'éthique:

CANTO-SPERBER, M. (éd.), *Dictionnaire d'éthique et de philosophie morale*, 2ᵉ éd. corr., Paris, P.U.F., 1997.

HÖFFE, O. (éd.), *Petit dictionnaire d'éthique*, éd. française adapt. et augm. par L. K. Sosoe avec la collab. du Dr Y. Lajeunesse, Paris, Cerf, 1993.

CLARKE, P. A. B., LINZEY, A., *Dictionary of Ethics, Theology and Society*, Londres, Routledge, 1996.

Dictionnaires de philosophie sociale et politique:

BOUDON, R., BOURRICAUD, F., *Dictionnaire critique de la sociologie*, nouv. éd., Paris, P.U.F. (coll. «Quadrige», n° 303), 2000.

RAYNAUD, P., RIALS, S. (éds.), *Dictionnaire de philosophie politique*, Paris, P.U.F., 1996.

Dictionnaire d'esthétique:

SOURIAU, É., SOURIAU, A., *Vocabulaire d'esthétique*, nouv. éd., Paris, P.U.F. (coll. «Quadrige»), 1999.

Dictionnaires de termes de la philosophie antique:

GOBRY, I, *Le vocabulaire grec de la philosophie*, Paris, Éd. Ellipses (coll. «Vocabulaire de…»), 2000.

GOCLENIUS, R., *Lexicon philosophicum quo tamquam clave philosophiae fores aperiuntur*, 2 vol., Marbourg, Rudolf Hutwelcker, 1615; réimpr., Hildesheim, Olms, 1964. — Définitions et explications, en latin, de termes et expressions philosophiques grecs et latins. A fortement influencé le développement de la terminologie philosophique. Demeure très utile.

PETERS, F. E., *Greek Philosophical Terms. A Historical Lexicon*, New York, New York University Press, 1967. — Traductions et définitions des termes philosophiques utilisés par les différents philosophes grecs, avec leurs références. Un index anglais-grec avec «cross-references» fait que la connaissance du grec n'est pas indispensable pour utiliser ce dictionnaire.

URMSON, J. O., *The Greek Philosophical Vocabulary*, Londres, Duckworth, 1990

Dictionnaires de termes de la philosophie patristique et médiévale:

DE VRIES, J., *Grundbegriffe der Scolastik*, Darmstadt, Wissenschaftliche Buchgesellschaft, 1980.

LAMPE, G. W. H., *A Patristic Greek Lexicon*, 7e éd., Oxford, Clarendon, 1984.

SIGNORIELLO, N., *Lexicon peripateticum philosophico-theologicum in quo scholasticorum distinctiones et effata praecipua explicantur*, 5e éd., Rome, Pustet, 1931.

WUELLNER, B., *Dictionary of Scholastic Philosophy*, Milwaukee, Bruce Publishing Co., 1966.

Dictionnaires de termes de la philosophie contemporaine:

BULLOCK, A., STALLYBRASS, O., *The Fontana Dictionary of Modern Thought*, 3e éd., Londres, Fontana, 1989.

BULLOCK, A., TROMBLEY, S., LAWRIE, A. (éds.), *The Norton Dictionary of Modern Thought*, New York, W.W. Norton, 1999.

GORDON, H. (éd.), *Dictionary of Existentialism*, Westport (Conn.), Greenwood Press, 1999.

MANTOY, J., *Les 50 mots-clés de la philosophie contemporaine*, Toulouse, Privat (coll. «Les 50 mots-clés»), 1971.

NAUMAN, S. E., *The New Dictionary of Existentialism*, New York, Philosophical Library, 1971.

SASSO, R., *Vocabulaire de la philosophie contemporaine de langue française*, numéro spécial des *Cahiers de Noesis*, Nice, Université de Nice-Sophia-Antipolis (Centre de Recherches d'Histoire des Idées), 1999.

3. *Dictionnaires, index et concordances de philosophes individuels*

Présocratiques:

DIELS, H., KRANZ (éds.), *Die Fragmente der Vorsokratiker*. Tome III: *Wortindex*, 13ᵉ éd. (identique à la 6ᵉ), Zurich, Weidmann, 1984.

Platon:

AST, F., *Lexicon Platonicum sive vocum Platonicarum index*, réimpr., 3 vol., New York, Franklin (coll. «Burt Franklin Bibliography and Reference Series», nᵒ 28), 1969 (1ʳᵉ éd., 1835-1838).
BRANDWOOD, L., *A Word Index to Plato*, Leeds, W. S. Maney and Son, 1976. — Index complet, réalisé par ordinateur.
BRISSON, L., PRADEAU, J.-F., *Le vocabulaire de Platon*, Paris, Éd. Ellipses (coll. «Vocabulaire de...»), 2000.
DES PLACES, É., *Lexique de la langue philosophique et religieuse de Platon*, 2 vol. (tome XIV des *Œuvres complètes* de Platon), Paris, Les Belles Lettres, 1964 (et réimpr.).
GIGON, O., ZIMMERMANN, L., *Platon. Lexikon der Namen und Begriffe*, Zurich, Artemis (coll. «Die Bibliothek der alten Welt»), 1975.
PERLS, H., *Lexikon der platonischen Begriffe*, Berne, Francke, 1973.

Aristote:

BONITZ, H., *Index Aristotelicus*, Berlin, Reimer, 1870; nouv éd. par O. Gigon, Berlin, W. de Gruyter, 1961.
DELATTE, L., RUTTEN, C. *et al.*, *Aristotelis Metaphysica. Index verborum. Liste de fréquence*, Hildesheim, Olms (coll. «Alpha-Omega. Reihe A: Lexika, Indizes, Konkordanzen zur klassischen Philologie», nᵒ 42), 1984.
ORGAN, T. W., *An Index to Aristotle in English Translation*, New York, Gordian Press, 1966. — Basé sur la traduction anglaise des œuvres d'Aristote par J. A. Smith et W. D. Ross (Oxford, 1902-1952).
PELLEGRIN, P., *Le vocabulaire d'Aristote*, Paris, Éd. Ellipses (coll. «Vocabulaire de...»), 2001.

WARTELLE, A., *Lexique de la Rhétorique d'Aristote*, Paris, Les Belles Lettres («Collection d'études anciennes»), 1982.
— *Lexique de la Poétique d'Aristote*, Paris, Les Belles Lettres («Collection d'études anciennes»), 1985.

Épicure:

USENER, H., *Glossarium Epicureum* (éds. M. Gigante et W. Schmid), Rome, Edizioni dell'Ateneo & Bizzarri, 1977.

Cicéron:

MERGUET, H., *Lexikon zu den philosophischen Schriften Ciceros*, 3 vol., Iéna, Fischer, 1887-1894; réimpr., Hildesheim, Olms, 1971.
NIZOLIUS, M., *Observationes in Ciceronem*, Bâle, per Ioannem Hervagium, 1548. Devenu ensuite: *Thesaurus Ciceronianus*, Venise, Ex officina Alduini, 1570.

Lucrèce:

GOVAERTS, S., *Lucrèce, De rerum natura: index verborum, listes de fréquence, relevés grammaticaux*, Liège, CIPL (coll. «ULg. Travaux publiés par le Centre informatique de philosophie et lettres. Série du Laboratoire d'analyse statistique des langues anciennes», n° 11), 1986.
PAULSON, J., *Index Lucretianus*, Göteborg, W. Zachrisson, 1911; réimpr., Darmstadt, Wissenschaftliche Buchgesellschaft, 1961.
ROBERTS, L., *A Concordance of Lucretius*, New York, Garland Pub., 1977.

Philon d'Alexandrie:

BIN GORION, E., LOEWENBERG, A. (éds.), *Philo-Lexikon. Handbuch des jüdischen Wissens*, réimpr. de la 3e éd., Francfort-sur-le-Main, Jüdischer Verlag, 1992.
LEISEGANG, H., *Indices ad Philonis Alexandrini opera*, 2 vol. (tome 7 des *Philonis Alexandrini Opera quae supersunt*), Berlin, W. de Gruyter, 1963 (réimpr. anast. de l'éd. de 1926-1930).
MAYER, G., *Index Philoneus*, Berlin-New York, W. de Gruyter, 1974.

Sénèque:

BUSA, R. ZAMPOLLI, A., *Concordantiae Senecanae*, 2 vol., Hildesheim, Olms (coll. «Alpha-Omega. Reihe A: Lexika, Indizes, Konkordanzen zur klassischen Philologie», n° 21), 1975.
PITTET, A., *Vocabulaire philosophique de Sénèque*, Paris, Les Belles Lettres, 1937.

Plotin:

SLEEMAN, J. H., POLLET, G., *Lexicon Plotinianum*, Louvain, Leuven University Press (coll. «De Wulf-Mansion Centre. Ancient and Medieval Philosophy», Series 1, 2), 1980.
ZANDEE, J., *The Terminology of Plotinus and of Some Gnostic Writings, Mainly the Fourth Treatise of the Jung Codex*, Istanbul, Nederlands Historisch-Archaeologisch Instituut in het Nabije Oosten, 1961.

Saint Thomas d'Aquin:

BUSA, R., *Index thomisticus. Sancti Thomae Aquinatis operum omnium indices et concordantiae in quibus verborum omnium et singulorum formae et lemmata cum suis frequentiis et contextibus variis modis referuntur quaeque... consociata plurium opera atque electronico IBM automato usus digessit Robertus Busa*, 49 vol., Stuttgart, Frommann-Holzboog, 1974-1980. Version sur CD-ROM: Milan, Elettronica editel, 1992. — Œuvre exemplaire de la lexicographie moderne, mais dont l'utilisation exige un certain apprentissage.
DEFERRARI, R. J., BARRY, M. I., *A Complete Index of the* Summa Theologica *of St. Thomas Aquinas*, Washington, The Catholic University of America Press, 1956.
DEFERRARI, R. J., BARRY, M. I., MCGUINESS, I., *A Lexicon of St. Thomas Aquinas Based on the* Summa Theologica *and Selected Passages of His Other Works*, 5 vol., Washington (D.C.), Catholic University of America Press, 1948-1953.
MONDIN, B., *Dizionario enciclopedico del pensiero di San Tommaso d'Aquino*, Bologne, Edizioni Studio Domenicano (coll. «In unum»), 1991.
NODÉ-LANGLOIS, M., *Le vocabulaire de saint Thomas d'Aquin*, Paris, Éd. Ellipses (coll. «Vocabulaire de...»), 1999.

PETRUS DE BERGOMO, *In opera sancti Thomae Aquinatis index seu Tabula aurea eximii doctoris*, Rome, Ed. Paulinae, 1960.

SCHÜTZ, L., *Thomas-Lexikon. Sammlung, Übersetzung und Erklärung der in sämtlichen Werken des h. Thomas von Aquin vorkommenden Kunstausdrücke und wissenschaftlichen Aussprüche*, réimpr. de la 2ᵉ éd. (1895), Stuttgart, Frommann-Holzboog, 1983.

Maître Eckhart:

JARCZYK, G., *Le vocabulaire de Maître Eckhart*, Paris, Éd. Ellipses (coll. «Vocabulaire de...»), 2001.

Jean Duns Scot:

FERNANDEZ GARCIA, M., *Lexicon scholasticum philosophico-theologicum in quo termini, definitiones, distinctiones et effata seu axiomaticae propositiones philosophiam ac theologiam spectantes a Ioanne Duns Scoto doctore subtili atque Mariano exponuntur, declarantur Mariani Fernandez Garcia*, réimpr. de l'éd. de Quarrachi (1910), Hildesheim, Olms, 1988.

Guillaume d'Ockham:

BAUDRY, L., *Lexique philosophique de Guillaume d'Ockham. Étude des notions fondamentales*, Paris, Lethielleux, 1958.

Nicolas de Cuse:

ZELLINGER, E., *Cusanus-Konkordanz, unter Zugrundelegung der philosophischen und der bedeutendsten theologischen Werke*, Munich, Hueber, 1960.

Montaigne:

LEAKE, R. E. *et al.*, *Concordance des* Essais *de Montaigne*, 2 vol., Genève, Droz (coll. «Travaux d'humanisme et Renaissance», nᵒ 187), 1981.

Suárez:

COUJOU, J.-P., *Le vocabulaire de Suárez*, Paris, Éd. Ellipses (coll. «Vocabulaire de...»), 2001.

Giordano Bruno:

CILIBERTO, M., *Lessico di Giordano Bruno*, Rome, Ateneo e Bizzarri (coll. «Lessico Intellettuale Europeo», n°17), 1979.

Francis Bacon:

DAVIES, D. W., WRIGLEY, E. S., *A Concordance to the* Essays *of Francis Bacon*, Detroit, Gale Research Co., 1973.

FATTORI, M., *Lessico del* Novum organum *di Francesco Bacone*, 2 vol., Rome, Ateneo & Bizzarri (coll. «Lessico Intellettuale Europeo», n° 23-24), 1980.

Hobbes:

MARTINICH, A. P., *A Hobbes Dictionary*, Cambridge (Mass.), Blackwell (coll. «Blackwell Philosopher Dictionaries»), 1995 (réimpr., 1996).

Descartes:

ARMOGATHE, J.-R., MARION, J.-L., CRAPULLI, G., *Index des* Regulae ad directionem ingenii *de René Descartes*, Rome, Ateneo (coll. «Lessico Intellettuale Europeo», n° 10; «Corpus Cartesianum», n° 1), 1976.

CAHNÉ, P.-A., *Index du* Discours de la méthode *de René Descartes*, Rome, Ateneo (coll. «Lessico Intellettuale Europeo», n° 12; «Corpus Cartesianum», n° 2), 1977.

COTTINGHAM, J., *A Descartes Dictionary*, Oxford, Blackwell (coll. «Blackwell Philosopher Dictionaries»), 1993.

GILSON, É., *Index scolastico-cartésien*, 2e éd., Paris, Vrin (coll. «Études de philosophie médiévale», n° 62), 1979.

MESCHINI, F. A., *Indice dei* Principia philosophiae *di René Descartes: indice lemmatizzati, frequenze, distribuzione dei lemmi*, Florence, Olschki (coll. «Lessico Intellettuale Europeo», n° 67; «Corpus Cartesianum», n° 3), 1996.

MORRIS, J.M., *Descartes Dictionary*, New York, Philosophical Library, 1971.

ROBINET, A. BECCO, A., *René Descartes, Méditations métaphysiques: «Cogito 75»: texte définitif avec indexation automatisée, tableau alphabétique des formes lexicales, tableau fréquentiel, concordances, tableaux de co-occurrences*, Paris, Vrin (coll. «Philosophie et informatique», nᵒ 4), 1976.

Pascal:

DAVIDSON, H. M., DUBÉ, P. H., *A Concordance to Pascal's* Pensées, Ithaca (N.Y.), Cornell University Press (coll. «The Cornell Concordances»), 1975.
DAVIDSON, H. M., DUBÉ, P. H., *A concordance to Pascal's* Les provinciales, New York, Garland Pub., 1980.

Spinoza:

BOSCHERINI-GIANCOTTI, E., *Lexicon Spinozanum*, 2 vol., La Haye, Nijhoff (coll. «International archives of the history of ideas», nᵒ 28), 1970.
GUÉRET, M., ROBINET, A., TOMBEUR, P., *Spinoza. Ethica: concordances, index, listes de fréquences, tables comparatives*, Louvain-la-Neuve, Publications du CETEDOC (coll. «Travaux publiés par le Centre de traitement électronique des documents de l'Université catholique de Louvain. Informatique et étude de textes», nᵒ 10), 1977.
RAMOND, C., *Le vocabulaire de Spinoza*, Paris, Éd. Ellipses (coll. «Vocabulaire de...»), 1999.

Locke:

YOLTON, J. W., *A Locke Dictionary*, Oxford, Blackwell (coll. «Blackwell Philosopher Dictionaries»), 1993.

Malebranche:

DESOCHE, P., *Le vocabulaire de Malebranche*, Paris, Éd. Ellipses (coll. «Vocabulaire de...»), 2001.

Leibniz:

FINSTER, R. (éd.), *Leibniz Lexicon: A Dual Concordance to Leibniz's Philosophische Schriften*, Hildesheim - New York, Olms-Weidmann, 1988.

ROBINET, A. (éd.), *Leibniz, Gottfried Wilhelm: Discours de métaphysique et monadologie: Monado 74*, 2 vol., Paris, Vrin (coll. «Philosophie et informatique», 1,2), 1974.

Vico:

GIRARD, P., *Le vocabulaire de Vico*, Paris, Éd. Ellipses (coll. «Vocabulaire de...»), 2001.

Christian Wolff:

MEISSNER, H. A., *Philosophisches Lexicon aus Christian Wolffs sämtlichen deutschen Schriften*, réimpr. de l'éd. de Bayreuth (1737), Düsseldorf, Stern-Verlag, 1970.

Hume:

SALTEL, P., *Le vocabulaire de Hume*, Paris, Éd. Ellipses (coll. «Vocabulaire de...»), 1999.

Rousseau:

DENT, N. J. H., *A Rousseau Dictionary*, Oxford, Blackwell (coll. «Blackwell Philosopher Dictionaries»), 1992.

Diderot:

IBRAHIM, A., *Le vocabulaire de Diderot*, Paris, Éd. Ellipses (coll. «Vocabulaire de...»), 2002.

Kant:

CAYGILL, H., *A Kant Dictionary*, 2e éd., Oxford, Blackwell (coll. «Blackwell Philosopher Dictionaries»), 1999.
EISLER, R., *Kant-Lexikon. Nachschlagewerk zu Kants sämtlichen Schriften, Briefen und handschriftlichem Nachlass*, Berlin, E. S. Mittler, 1930; réimpr., Hildesheim, Olms (coll. «Olms paperbacks», n° 2), 1979.
HINSKE, N. *et al.*, *Kant-Index*, Stuttgart, Frommann-Holzboog, 1986 et suiv. — Index et concordance des œuvres complètes de Kant. En cours de publication.

HOLGER, K., GERRESHEIM, E., LANGE, A., *Personenindex zu Kants gesammelten Schriften*, Berlin, W. de Gruyter (coll. «Allgemeiner Kantindex zu Kants gesammelten Schriften», 20), 1969.

KRALLMANN, D., MARTIN, H.-J., *Wortindex zu Kants gesammelten Schriften*, 2 vol., Berlin, W. de Gruyter (coll. «Allgemeiner Kantindex zu Kants gesammelten Schriften», 16-17), 1967.

RATKE, H., *Systematisches Handlexikon zu Kants* Kritik der reinen Vernunft, Leipzig, Meiner (coll. «Philosophische Bibliothek», n⁰ 37b), 1929; réimpr., Hambourg, Meiner, 1965.

SCHMID, C. C. E., HINSKE, N., *Wörterbuch zum leichtern Gebrauch der Kantischen Schriften*, 3ᵉ éd., Darmstadt, Wissenschaftliche Buchgesellschaft, 1998.

VAYSSE, J.-M., *Le vocabulaire de Kant*, Paris, Éd. Ellipses (coll. «Vocabulaire de…»), 1998.

VERNEAUX, R., *Le vocabulaire de Kant*, 2 vol., Paris, Aubier-Montaigne, 1967-1973.

Fichte:

BOURGEOIS, B., *Le vocabulaire de Fichte*, Paris, Éd. Ellipses (coll. «Vocabulaire de…»), 2000.

Maine de Biran:

MONTEBELLO, P., *Le vocabulaire de Maine de Biran*, Paris, Éd. Ellipses (coll. «Vocabulaire de…»), 2000.

Hegel:

GAUVIN, J., BAILLY, C., *Wortindex zu Hegels* Phänomenologie des Geistes, 2ᵉ éd., Bonn, Bouvier (coll. «Hegel-Studien.», Beihefte 14), 1984.

GLOCKNER, H., *Hegel-Lexikon*, 2ᵉ éd., 2 vol., Stuttgart, Frommann, 1957.
— Complète l'édition des œuvres complètes de Hegel dite «Jubiläumsausgabe».

INWOOD, M., *A Hegel Dictionary*, Oxford, Blackwell (coll. «Blackwell Philosopher Dictionaries»), 1992 (réimpr., 1993).

Schelling:

DAVID, P., *Le Vocabulaire de Schelling*, Paris, Éd. Ellipses (coll. «Vocabulaire de…»), 2001.

Schopenhauer:

FRAUENSTAEDT, J., *Schopenhauer-Lexikon. Ein philosophisches Wörterbuch nach Schopenhauers sämmtlichen Schriften und handschriftlichem Nachlass*, 2 vol., Leipzig, Brockhaus, 1871.

ROGER, A., *Le vocabulaire de Schopenhauer*, Paris, Éd. Ellipses (coll. «Vocabulaire de...»), 1999.

WAGNER, G. F., HÜBSCHER, A., *Schopenhauer-Register*, 2ᵉ éd., Stuttgart, Frommann, 1982.

Kierkegaard:

MCKINNON, A., *The Kierkegaard Indices*, 4 vol., Leyde, Brill, 1970-1975.

Marx:

BEKERMAN, G., *Vocabulaire du marxisme: français-allemand. Vocabulaire de la terminologie des œuvres complètes de Karl Marx et Friedrich Engels. Wörterbuch des Marxismus: Deutsch-Französisch. Terminologisches Wörterbuch der Gesamtwerke von Karl Marx und Friedrich Engels*, Paris, P.U.F., 1981.

BOTTOMORE, T., HARRIS, L., *A Dictionary of Marxist Thought*, 2ᵉ éd., Oxford, Blackwell Reference, 1991.

FETSCHER, I., *Grundbegriffe des Marxismus: eine lexikalische Einführung*, 2ᵉ éd., Hambourg, Hoffmann und Campe (coll. «Kritische Wissenschaft»), 1979.

KOSING, A., *Wörterbuch der marxistisch-leninistischen Philosophie*, 3ᵉ éd., Berlin, Dietz, 1987.

LABICA, G., BENSUSSAN, G. (éds.), *Dictionnaire critique du marxisme*, 2ᵉ éd. ref. et augm., Paris, P.U.F., 1999.

LOTTER, K. (éd.), *Marx-Engels Begriffslexikon*, Munich, Beck (coll. «Beck'sche Schwarze Reihe», nᵒ 273), 1984.

MASSET, P., *Les 50 mots-clés du marxisme*, Toulouse, Privat, 1970.

RENAULT, E., *Le vocabulaire de Marx*, Paris, Éd. Ellipses (coll. «Vocabulaire de...»), 2001.

RUSSELL, J. W., *Marx-Engels Dictionary*, Westport (Conn.), Greenwood Press, 1980.

WILCZYNSKI, J., *An Encyclopedic Dictionary of Marxism, Socialism, and Communism: Economic, Philosophical, Political, and Sociological*

Theories, Concepts, Institutions and Practices, Classical and Modern, East-West Relations Included, Berlin, W. De Gruyter, 1981; éd. «Paperback», Londres, Macmillan, 1984.

Nietzsche:

OEHLER, R., *Nietzsche-Register: alphabetisch-systematische Übersicht über Friedrich Nietzsches Gedankenwelt: nach Begriffen und Namen aus dem Text entwickelt*, Stuttgart, Kröner (coll. «Kröners Taschenausgabe», n° 170), 1943.
SCHLECHTA, K., *Nietzsche-Index zu den Werken in drei Bänden*, 3ᵉ éd., Munich, Hanser, 1976.
TURCO LIVERI, G., *Nietzsche: lessico dei concetti e dei nomi delle opere nietzscheane*, Rome, Armando (coll. «Filosofia e problemi d'oggi», n° 82), 1982.
WOTLING, P., *Le vocabulaire de Nietzsche*, Paris, Éd. Ellipses (coll. «Vocabulaire de...»), 2001.

Frege:

BENMAKHLOUF, A., *Le vocabulaire de Frege*, Paris, Éd. Ellipses (coll. «Vocabulaire de...»), 2001.

Bergson:

WORMS, F., *Le vocabulaire de Bergson*, Paris, Éd. Ellipses (coll. «Vocabulaire de...»), 2000.

Bertrand Russell:

DENONN, L. E., *Bertrand Russell's Dictionary of Mind, Matter and Morals*, New York, Philosophical Library, 1952; réimpr. Secaucus (N. J.), Carol Pub. Group, 1993.

Teilhard de Chardin:

CUÉNOT, C., *Nouveau lexique Teilhard de Chardin*, Paris, Seuil (coll. «Études et recherches sur Teilhard de Chardin»), 1968.
CUYPERS, H., *Vocabulaire Teilhard de Chardin: lexique, citations, références*, Paris, Éd. universitaires (coll. «Carnets Teilhard», 5-6), 1963.

HAAS, A., *Teilhard de Chardin-Lexikon: Grundbegriffe - Erläuterungen –
Texte*, 2 vol., Fribourg, Herder (coll. «Herderbücherei», 407-408), 1971.

Gabriel Marcel:

PLOURDE, S., PARAIN-VIAL, J., *Vocabulaire philosophique de Gabriel
Marcel*, Montréal, Bellarmin (coll. «Recherches», N. S., n° 6), 1985.

Heidegger:

FEICK, H., ZIEGLER, S., *Index zu Heideggers* Sein und Zeit, 4e éd. ref.,
Tubingue, Niemeyer, 1991.
INWOOD, M., *A Heidegger Dictionary*, Blackwell (coll. «Blackwell Phi-
losopher Dictionaries»), 1999 (réimpr., 2000).
VAYSSE, J.-M., *Le vocabulaire de Heidegger*, Paris, Éd. Ellipses (coll.
«Vocabulaire de...»), 2000.

Wittgenstein:

GLOCK, H.-J., *A Wittgenstein Dictionary*, Oxford, Blackwell (coll.
«Blackwell Philosopher Dictionaries»), 1996 (réimpr., 1997).

Sartre:

ADLOFF, J.- G., *Sartre: index du corpus philosophique*, Paris, Klinck-
sieck, 1981.
CABESTAN, P., TOMES, A., *Le vocabulaire de Sartre*, Paris, Éd. Ellipses
(coll. «Vocabulaire de...»), 2001.

Simone de Beauvoir:

VAN DEN BERGHE, C.-L., *Dictionnaire des idées dans l'œuvre de Simone
de Beauvoir*, La Haye, Mouton (coll. «Dictionnaires des idées dans
les littératures occidentales. Littérature française», 1re série: «Dictionnaires d'auteurs», 1), 1966.

Merleau-Ponty:

DUPOND, P., *Le vocabulaire de Merleau-Ponty*, Paris, Éd. Ellipses (coll.
«Vocabulaire de...»), 2001.

Quine:

ROSSI, J.-G., *Le vocabulaire de Quine*, Paris, Éd. Ellipses (coll. «Vocabulaire de...»), 2001.

Goodman:

HUGLO, P.-A., *Le vocabulaire de Goodman*, Paris, Éd. Ellipses (coll. «Vocabulaire de...»), 2002.

École de Francfort,

CUSSET, Y., HABER, S., *Le vocabulaire de l'École de Francfort*, Paris, Éd. Ellipses (coll. «Vocabulaire de...»), 2002.

4. *Dictionnaires des œuvres philosophiques*

Les œuvres philosophiques. Dictionnaire, 2 vol.: tome III de l'*Encyclopédie philosophique universelle*, Paris, P.U.F., 1992.
VOLPI, F., BOFFI, G., *Dizionario delle opere filosofiche*, Milan, Mondadori (coll. «Dizionari»), 2000.
VOLPI, F., NIDA-RÜMELIN, J., *Lexikon der philosophischen Werke*, Stuttgart, Kröner (coll. «Kröners Taschenausgaben», n° 486), 1988.

On consultera également avec profit, bien que couvrant un domaine beaucoup plus large:

LAFFONT, R. BOMPIANI, V. (éds.), *Le nouveau dictionnaire des œuvres de tous les temps et de tous les pays: littérature, philosophie, musique, sciences*, nouv. éd. actualisée, 7 vol., Paris, Laffont (coll. «Bouquins»), 1994 (réimpr., 1999).

5. *Dictionnaires biographiques de philosophes*

ABENSOUR, M. *et al.*, *Dictionnaire des philosophes*, Paris, Le Grand Livre du Mois, 1998.
BARAQUIN, N., LAFFITTE, J., *Dictionnaire des philosophes*, Paris, Colin (coll. «U», n° 285), 1997.
DEVINE, E. *et al.*, *Thinkers of the Twentieth Century. A Biographical, Bibliographical and Critical Dictionary*, Londres, Macmillan, 1983.

— Comprend plus de 400 entrées de penseurs du vingtième siècle (philosophes, théologiens, sociologues, juristes, économistes, mathématiciens, etc.). Donne, pour chaque penseur, une courte biographie, une bibliographie de ses œuvres et de la littérature secondaire, ainsi qu'une notice critique sur ses idées et son influence.

GOULET, R. (éd.), *Dictionnaire des philosophes antiques*, Paris, Éditions du CNRS, 1989 et suiv. — En cours de publication. Trois volumes parus jusqu'à présent (année 2002). Dictionnaire bio-bibliographique des penseurs de l'antiquité, dû à la collaboration de nombreux spécialistes. Quand il sera terminé, cet ouvrage de grande érudition comptera près de quatre mille entrées de noms propres de philosophes anciens.

HUISMAN, D. (éd.), *Dictionnaire des philosophes*, 2e éd. rev. et augm., 2 vol., Paris, P.U.F., 1993. — Ouvrage collectif assez inégal.

JUNG, G., ZIEGENFUSS, W., *Philosophen-Lexikon: Handwörterbuch der Philosophie nach Personen*, 2 vol., Berlin, W. de Gruyter, 1949-1950. — Biographie, bibliographie et esquisse doctrinale de chaque philosophe. Spécialement bon pour la période après 1850 et pour la philosophie allemande. A remplacé le *Philosophen-Lexikon* de Eisler.

NIEWÖHNER, F., LABBÉ, Y. (éds.), *Petit dictionnaire des philosophes de la religion*, Paris, Brepols, 1996.

NOACK, L., *Philosophiegeschichtliches Lexikon: historisch-biographisches Handwörterbuch zur Geschichte der Philosophie*, Leipzig, Koschny, 1879; réimpr., Stuttgart, Frommann-Holzboog, 1986.

PATAR, B., *Dictionnaire abrégé des philosophes médiévaux*, Longueuil (Québec), Les Presses Philosophiques, 2000. — «Ce dictionnaire, à la fois de haute érudition et conçu pour un large public, comprend plus de 400 entrées réparties en cinq chapitres, dont la moitié porte sur les philosophes proprement dits, les autres sections étant réservées aux savants, aux traducteurs, aux penseurs de l'antiquité tardive et aux principaux auteurs spirituels».

IV. — HISTOIRES DE LA PHILOSOPHIE

A) Générales

Parmi les histoires générales de la philosophie, les quatre ouvrages suivants sont à recommander tout particulièrement pour l'ampleur de leur information et leurs hautes qualités scientifiques:

UEBERWEG, F., *Grundriss der Geschichte der Philosophie*. La première édition de cet ouvrage, en 3 vol., remonte aux années 1863-1866. Les dernières éditions, qui datent des années 1920, ont été réalisées par une équipe de spécialistes travaillant en collaboration et comportaient les cinq volumes suivants, parus à Berlin, chez E. S. Mittler und Sohn: I. *Die Philosophie des Altertums*, 12ᵉ éd. publiée par K. Praechter, 1926; II. *Die patristische und scholastische Philosophie*, 11ᵉ éd. publiée par B. Geyer, 1928. III. *Die Philosophie der Neuzeit bis zum Ende des 18. Jahrhunderts*, 12ᵉ éd. publiée par M. Frischeisen-Köhler et W. Moog, 1924; IV. *Die deutsche Philosophie des neunzehnten Jahrhunderts und der Gegenwart*, 12ᵉ éd. publiée par T. K. Österreich, 1923; V. *Die Philosophie des Auslandes vom Beginn des 19. Jahrhunderts bis auf die Gegenwart*, 12ᵉ éd. publiée par T. K. Österreich, 1928.

Ces volumes sont renommés, non seulement pour leurs renseignements biographiques et doctrinaux, mais aussi pour leurs bibliographies très abondantes. En effet, celles-ci signalent les éditions et traductions des textes des philosophes eux-mêmes (énumérées à l'intérieur du texte), ainsi que de nombreuses études sur leur pensée (mentionnées à la fin de chaque volume). Après les années 1920, les bibliographies ont été continuées à part par W. Totok dans son *Handbuch der Geschichte der Philosophie* (cf. *infra*, p. 194).

Après plusieurs tentatives infructueuses, une refonte complète de cet ouvrage classique a été entreprise en 1983, sous le titre: *Grundriss der Geschichte der Philosophie*. Begründet von Friedrich Ueberweg. Völlig neubearbeitete Ausgabe. Les études sur les philosophes n'y sont pas indiquées exhaustivement, mais, autant que possible, on renvoie à des bibliographies complètes. En ce qui concerne les travaux plus anciens mentionnés dans les éditions antérieures, le nouvel Ueberweg ne reprend que ceux qui sont encore nécessaires aujourd'hui pour l'étude des philosophes concernés. De cette nouvelle édition, ont paru jusqu'à présent les tomes suivants:

FLASHAR, H. (éd.), *Die Philosophie der Antike*, Bâle, Schwabe. Tome II: *Sophistik; Sokrates; Sokratik; Mathematik; Medizin*, 1998. Tome III, vol. 1: *Ältere Akademie, Aristoteles, Peripatos*, 1983; vol. 2: *Stoa, Epikureismus und Skepsis*, 1983. Tome IV: *Die hellenistische Philosophie*, 2 vol., 1994.

SCHOBINGER, J.-P. (éd.), *Die Philosophie des 17. Jahrhunderts*, Bâle, Schwabe. Tome I: *Allgemeine Themen, Iberische Halbinsel*,

Italien, 2 vol., 1998. Tome II: *Frankreich und Niederlande*, 2 vol., 1993. Tome III: *England*, 2 vol., 1988.

BRÉHIER, É., *Histoire de la philosophie*, éd. revue et mise à jour par P.-M. Schuhl et L. Jerphagnon, 3 vol., Paris, P.U.F. (coll. «Quadrige», n° 21, 22 et 23), 1981 (1re éd., 1926 et suiv.). Les premières éditions comprenaient en outre les fascicules supplémentaires suivants, qui n'ont pas été repris dans l'édition citée ci-dessus: *La philosophie en Orient*, par P. Masson-Oursel, 3e éd., 1948 (1re éd., 1938), et *Philosophie byzantine*, par B. Tatakis, 1949. Trad. anglaise (sans les fascicules supplémentaires) en 7 vol.: Chicago University Press, 1963-1969. — Cette histoire générale de la philosophie demeure une des meilleures du genre, mais sa bibliographie, bien que soigneusement choisie, n'est pas très abondante. «Ouvrage [...] en général bien informé. Le rationalisme de l'auteur l'a cependant amené à déprécier outre mesure la pensée médiévale» (C. Wenin).

PARAIN, B., BELAVAL, Y. (éds.), *Histoire de la philosophie*, 3 vol., Paris, Gallimard (coll. «Encyclopédie de la Pléiade», n° 26, 36 et 38), 1969-1974. Tome 1: *Orient, Antiquité, Moyen Age*, 1969. Tome II: *De la Renaissance à la révolution kantienne*, 1973; Tome III: *Du dix-neuvième siècle à nos jours*, 1974. Nouv. éd. en 6 vol.: Paris, Gallimard (coll. «Folio. Essais», n° 337-342), 1999. — Les différents articles qui composent cet ouvrage collectif ont été en général écrits par des spécialistes et sont donc en principe d'une bonne tenue scientifique. La bibliographie, après chaque article, est réduite à l'essentiel. L'un des mérites de cette histoire de la philosophie est d'avoir fait une assez large place à la philosophie de l'Orient.

COPLESTON, F., *A History of Philosophy*, 9 vol., Tunbridge Wells (Kent), Search-Press, 1994 (1re éd., 1946-1966). Vol. I: *Greece and Rome*. Vol. II: *Medieval Philosophy: Augustin to Scotus*. Vol. III: *Ockham to Suárez*. Vol. IV: *Descartes to Leibniz*. Vol. V: *Hobbes to Hume*. Vol. VI: *Wolff to Kant*. Vol. VII: *Fichte to Nietzsche*. Vol. VIII: *Bentham to Russell*. Vol. IX: *Biran to Sartre*. Les trois premiers volumes ont été traduits en français et publiés à Tournai, Casterman, 1958-1964. — Une des meilleures histoires générales de la philosophie occidentale. L'auteur donne une évaluation critique des différentes philosophies à partir d'un point de vue thomiste. Bibliographies à la fois pour les sources et la littérature secondaire, mais beaucoup moins fournies que dans Ueberweg. Les premiers volumes ont un peu vieilli.

En plus des ouvrages ci-dessus, il existe encore beaucoup d'histoires générales de la philosophie qui se distinguent par des qualités diverses. La liste qui suit, sans être exhaustive, reprend celles qui sont les plus intéressantes à un titre ou l'autre.

BOR, J., PETERSMA, E., KINGMA, J. (éds.), *Histoire universelle de la philosophie et des philosophes* (trad. du néerlandais par J. van den Bossche *et al.*), Paris, Flammarion, 1997. — Histoire de la philosophie du monde entier, des origines à nos jours (Antiquité gréco-latine, Inde, Chine, Proche-Orient, Moyen-Âge, Renaissance, Europe moderne et contemporaine). Cet ouvrage, luxueusement illustré (plus de 400 reproductions), «est conçu pour favoriser la découverte des philosophes comme des courants philosophiques. Pour cela, il associe l'exposé des grandes doctrines du passé et cite de nombreux extraits de leurs œuvres dans un souci permanent de clarté et d'exactitude». Bibliographies commentées et index des noms propres.

BRUN, J., *L'Europe philosophe: 25 siècles de pensée occidentale*, Paris, Stock (coll. «Clefs de l'histoire»), 1988. — Ouvrage de synthèse donnant une vision originale de l'histoire de la philosophie occidentale.

CHÂTELET, F. (éd.), *Histoire de la philosophie. Idées et doctrines*, 8 vol., Paris, Hachette, 1972-1973. Une version abrégée de cet ouvrage, qui ne concerne que la philosophie occidentale, a paru sous le titre *La philosophie*, 4 vol., Verviers, Marabout (coll. «Marabout Université», 311-314), 1979. Vol. I: *De Platon à Saint Thomas*. II: *De Galilée à J.-J. Rousseau*. III: *De Kant à Husserl*. IV: *Au vingtième siècle*.

CHEVALIER, J., *Histoire de la pensée*, 4 vol., Paris, Flammarion, 1955-1966. Tome I: *La pensée antique*, 1955. II: *La pensée chrétienne, des origines à la fin du seizième siècle*, 1956. III: *De Descartes à Kant*, 1961. IV: *De Hegel à Bergson*, 1966. Réimpr. en 6 vol., Paris, Éditions Universitaires, 1991-1992. — «Évolution de la pensée [occidentale] sous toutes ses formes et dans toutes ses connexions avec le milieu culturel. Documentation abondante, mais assez nombreuses inexactitudes» (F. Van Steenberghen).

JASPERS, K., *Les grands philosophes* (trad. de l'allemand sous la direction de J. Hersch), 4 vol., Paris, Plon (coll. «10-18»), 1966-1972; réimpr. en 3 vol. dans la coll. «Agora» (n° 33, 34 et 35), 1989. — Série (inachevée) de monographies sur les grands philosophes du passé par un des plus célèbres penseurs du XXe siècle. L'auteur suit un ordre de présentation particulier, qui n'est pas chronologique.

JERPHAGNON, L. (éd.), *Histoire des grandes philosophies*, Toulouse, Privat, 1980. — Ouvrage scolaire, assez bien équilibré, sauf pour le moyen-âge, qui n'a droit qu'à un seul chapitre sur 19.

JERPHAGNON, L., DUMAS, J.-L., *Histoire de la pensée*, 3 vol., Paris, Tallandier, 1993. Vol. I: *Antiquité et Moyen Âge*. II: *Renaissance et siècle des Lumières*. III: *Temps modernes*. — Cet ouvrage original poursuit trois buts: 1° «Donner accès à l'histoire de la philosophie [occidentale]». 2° «Raconter cette aventure hasardeuse, parfois terre à terre, parfois sublime». 3° «Narrer la marche séculaire de la pensée qui se découvre comme telle et qui prétend se rendre un compte exact de ce qu'est le monde, de ce qu'elle peut y faire et de ce qu'elle est elle-même» (extraits de la préface).

KENNY, A. (éd.), *The Oxford Illustrated History of Western Philosophy*, Oxford, Oxford University Press, 1994. — Ouvrage collectif, agrémenté de nombreuses illustrations.

PARKINSON, G. H. R., SHANKER, S. G. (éds.), *Routledge History of Philosophy*, 10 vol., Londres, Routledge, 1993-1999.

RUSSELL, B., *History of Western Philosophy and its Connection with Political and Social Circumstances from the Earliest Times to the Present Day*, 2ᵉ éd., Londres, Allen and Unwin, 1961 (réimpr. Londres, Routledge, 1996). Trad. française par H. Kern: *Histoire de la philosophie occidentale en relation avec les événements politiques et sociaux de l'antiquité jusqu'à nos jours*, Paris, Gallimard (coll. «Bibliothèque des idées»), 1968. — Célèbre histoire de la philosophie occidentale par l'un des maîtres de la philosophie anglo-saxonne du XXᵉ siècle. Les positions philosophiques de l'auteur l'ont cependant amené à déprécier la métaphysique et la philosophie chrétienne.

B) Par périodes historiques

Philosophie de l'antiquité:

ARMSTRONG, A. H. (éd.), *The Cambridge History of Later Greek and Early Medieval Philosophy*, 2ᵉ éd., Cambridge, Cambridge University Press, 1970; rémpr., 1980. Ouvrage collectif de référence.

CANTO-SPERBER, M. (éd.), *Philosophie grecque*, Paris, P.U.F. (coll. «Premier cycle»), 1997. — Ouvrage d'initiation, dû à différents spécialistes des grandes périodes de la pensée antique.

COULOUBARITSIS, L., *Aux origines de la philosophie européenne: de la pensée archaïque au néoplatonisme*, 3ᵉ éd., Bruxelles, De Boeck-Wesmael, 2000.

DE STRYCKER, É., *Précis d'histoire de la philosophie ancienne* (trad. du néerlandais par J. M. Delanghe), Louvain, Peeters (coll. «Bibliothèque philosophique de Louvain», nᵒ 25), 1978.

DUMONT, J.-P., *Éléments d'histoire de la philosophie antique*, Paris, Nathan (coll. «Références»), 1994.

GUTHRIE, W. K. C., *A History of Greek Philosophy*, 6 vol., Cambridge, Cambridge University Press, 1962-1981. — Une des meilleures histoires de la philosophie grecque: «Excellent ouvrage, clair, bien informé, judicieux, de lecture aisée» (É. de Strycker). Bibliographie abondante à la fin de chaque volume. Il faut toutefois noter que cette histoire ne dépasse pas Aristote, la suite se trouvant dans ARMSTRONG, A. H. (éd.), *The Cambridge History of Later Greek and Early Medieval Philosophy*.

REALE, G., *Storia della filosofia antica*, 6ᵉ éd., 5 vol., Milan, Vita e pensiero, 1988-1989. Trad. anglaise: *A History of Ancient Philosophy*, Albany (N.Y.) State University of New York Press, 1985 *sqq*. — Le cinquième volume, écrit en collaboration avec R. Radice, est un instrument de travail précieux, comprenant un lexique, des tables et une abondante bibliographie.

RIVAUD, A. *Les grands courants de la pensée antique*, 6ᵉ éd., Paris, Colin (coll. «Collection Armand Colin», nᵒ 118), 1953. — «Un chef-d'œuvre de lisibilité et de vivacité» (É. de Strycker).

ROBIN, L., *La pensée grecque et les origines de l'esprit scientifique*, Paris, Renaissance du livre, 1923; réimpr., Paris, Albin Michel (coll. «L'évolution de l'humanité au format de poche», nᵒ 35), 1973. — «Solide et pénétrant, mais assez ardu; prévenu contre Aristote» (É. de Strycker).

WERNER, C., *La philosophie grecque*, Paris, Payot (coll. «Bibliothèque scientifique»), 1938; réimpr. dans la coll. «Payothèque», 1979. — Excellent ouvrage de synthèse.

Philosophie médiévale:

BRÉHIER, É., *La philosophie du moyen âge*, nouv. éd., Paris, Albin Michel (coll. «L'évolution de l'humanité»), 1971 (1ʳᵉ éd. 1937).

COPLESTON, F. C., *A History of Medieval Philosophy*, Notre Dame, University of Notre Dame Press, 1990. — Ouvrage original, à ne pas confondre avec le tome II de *A History of Philosophy* du même auteur.

DE LIBERA, A., *La philosophie médiévale*, 3ᵉ éd., Paris, P.U.F. (coll. «Que sais-je?», nᵒ 1044), 1994.

— *La philosophie médiévale*, 2ᵉ éd., Paris, P.U.F (coll. «Premier cycle»), 1995.

GILSON, É., *La philosophie au moyen âge*, 2 vol., Paris, Payot (coll. «Petite Bibliothèque Payot», nᵒ 274-275), 1976.

KRETZMANN, N. *et al.*, *The Cambridge History of Later Medieval Philosophy from the Rediscovery of Aristotle to the Disintegration of Scholasticism, 1100-1600*, Cambridge, Cambridge University Press, 1982 (réimp., 1984). — Ouvrage de référence, mais composé dans l'optique de la philosophie analytique.

MARENBON, J., *Early Medieval Philosophy (480-1150): an Introduction*, 2ᵉ éd., Londres, Routledge and Kegan Paul, 1991.

— *Later Medieval Philosophy (1150-1350): an Introduction*, Londres, Routledge and Kegan Paul, 1987.

MARTIN. C., *An Introduction to Medieval Philosophy*, Edimbourg, Edinburgh University Press, 1996.

SIRAT, C., *La philosophie juive médiévale en pays de chrétienté*, Paris, CNRS (coll. «CNRS-plus»), 1988.

— *La philosophie juive médiévale en terre d'islam*, Paris, CNRS (coll. «CNRS-plus»), 1988.

VIGNAUX, P., *Philosophie au moyen âge*, Albeuve (Suisse), Castella, 1987.

VAN STEENBERGHEN, F., *La philosophie au XIIIᵉ siècle*, Louvain-Paris, Peeters (coll. «Philosophes médiévaux», nᵒ 28), 1991. — Ouvrage de référence.

WOLFSON, H. A., *The Philosophy of the Church Fathers*, 3ᵉ éd., Cambridge (Mass.), Harvard University Press, 1970.

Philosophie de la Renaissance:

MARGOLIN, J.-C., *Philosophies de la Renaissance*, Orléans, Paradigmes (coll. «L'atelier de la Renaissance», nᵒ 7), 1998.

VÉDRINE, H., *Les philosophies de la Renaissance*, Paris, P.U.F. (coll. Que sais-je?», nᵒ 1424), 1971.

SCHMITT, C. B. (éd.), *The Cambridge History of Renaissance Philosophy*, Cambridge, Cambridge University Press, 1991.

Philosophie moderne et contemporaine:

APPEL, K. O. *et al.*, *Un siècle de philosophie: 1900-2000*, Paris, Gallimard/Centre Pompidou (coll. «Folio/Essais», nᵒ 369), 2000. — Ouvrage collectif sur la philosophie du XXᵉ siècle, comprenant des contributions de philosophes contemporains mondialement connus, tels que K. O. Appel, J. Barnes, J. Habermas, P. Ricœur, J. R. Searle, etc.

BEARDSLEY, M. C., *The European philosophers: From Descartes to Nietzsche*, New York, Random House, 1992.

BESNIER, J.-M., *Histoire de la philosophie moderne et contemporaine: figures et œuvres*, 2 vol., Paris, Librairie Générale Française (coll. «Le livre de poche», nᵒ 4272-4273), 1998.

HAZARD, P., *La crise de la conscience européenne, 1680-1715*, Paris, Librairie Générale Française (coll. «Le livre de Poche», nᵒ 423), 1994.

— *La pensée européenne au XVIIIᵉ siècle. De Montesquieu à Lessing*, Paris, Hachette, 1995.

SCRUTON, R., *A Short History of Modern Philosophy: From Descartes to Wittgenstein*, 3ᵉ éd., Londres, Routledge, 2001.

V. ÉDITIONS ET TRADUCTIONS DE TEXTES DE QUELQUES GRANDS PHILOSOPHES

1. *Philosophie antique*

Les présocratiques: l'édition de référence est: DIELS, H. (éd.), *Die Fragmente der Vorsokratiker. Griechisch und Deutsch*, 6ᵉ éd. fournie par W. Kranz, 3 vol., Berlin, Weidmann, 1956. N.B.: les éditions ultérieures ne sont que des réimpressions. — «Ouvrage fondamental, divisé en 90 sections, une par philosophe. Chaque section contient d'abord les témoignages antiques (numérotés A1, A2, etc.), ensuite les fragments proprement dits (B1, B2, etc.), enfin, s'il y a lieu, les imitations (C1, C2, etc.). Seuls les textes de la série B sont traduits (en allemand)» (É. de Strycker). Une traduction française, due à J.-P. Dumont, a paru dans la Bibliothèque de la Pléiade, sous le titre: *Les présocratiques*, Paris, Gallimard, 1988. Une édition abrégée de cette traduction a été publiée, également par les soins de J.-P. Dumont, sous le titre: *Les écoles présocratiques*, Paris,

Gallimard (coll. «Folio. Essais», n° 152), 1991. Mentionnons également deux histoires des philosophes présocratiques, qui comportent un nombreux choix de textes de ceux-ci:

BURNET, J., *L'aurore de la philosophie grecque* (trad. de l'anglais par A. Reymond), Paris, Payot (coll. Bibliothèque scientifique»), 1952.

KIRK, G. S., RAVEN, J. E., SCHOFIELD, M., *Les philosophes présocratiques: une histoire critique avec un choix de textes* (trad. de l'anglais par H.-A. de Weck), Fribourg (Suisse), Éditions Universitaires (coll. «Vestigia: pensée antique et médiévale», n° 16), 1995.

Les sophistes: on peut trouver une sélection de leurs textes en traduction française dans DUMONT, J.-P., *Les sophistes: fragments et témoignages*, Paris, P.U.F. (coll. «SUP. Les grands textes»), 1969.

Platon: Il existe aujourd'hui trois traductions françaises intégrales des œuvres de Platon (y compris les dialogues douteux et apocryphes): la première, qui est due à divers traducteurs, accompagne l'édition critique de ces œuvres parue aux Belles Lettres dans la Collection des Universités de France (dite «Collection Budé»); la deuxième (sans le texte grec), qui est l'œuvre de Léon Robin et de Joseph Moreau, a paru dans la Bibliothèque de la Pléiade (Paris, Gallimard, 1940-1942 [et réimpr.]): enfin, la troisième (également sans le texte grec), en cours d'achèvement et due également à plusieurs traducteurs, est publiée dans la collection «GF-Flammarion» et est destinée à remplacer l'ancienne traduction d'Émile Chambry et de Robert Baccou, parue dans la même collection. Toutes ces traductions se distinguent par des qualités diverses. Les nouvelles traductions de la collection «GF-Flammarion» sont particulièrement à recommander pour leur fidélité au texte original et leur bibliographie.
N.B. L'édition d'Henri Estienne (Stéphanus), 3 vol., Paris, 1578, est celle d'après laquelle on cite généralement Platon. En effet, les numéros de ses pages et les lettres indiquant les colonnes de celles-ci sont d'usage presque universel dans les références à l'œuvre du grand philosophe athénien: par exemple, *Phèdre* 249 e renvoie à la cinquième colonne (colonne *e*) de la page 249 du volume de l'édition d'Estienne où se trouve le *Phèdre*.

Aristote: les meilleures éditions critiques des textes originaux d'Aristote sont celles qui se trouvent dans la Bibliotheca Teubneriana et dans la Collection des Universités de France («Budé»). Malheureusement, cette dernière ne comprend qu'une partie des œuvres du Stagirite. Il n'existe pas non plus de traduction française intégrale du corpus aristotélicien. Les œuvres principales ont cependant paru en traduction française dans la Bibliothèque des textes philosophiques (Paris, Vrin). Quelques traductions françaises récentes existent aussi dans la collection «GF-Flammarion».

N.B. L'édition Bekker de l'Académie de Berlin (*Aristotelis opera*, 1831-1870) est aujourd'hui universellement utilisée pour les citations d'Aristote: par exemple, *Top*. II, 4, 111 a 25 renvoie à la ligne 25 de la première colonne (*a*) de la page 111 de l'édition de Bekker, où se trouve cet extrait des *Topiques*.

Épicuriens: on peut trouver une sélection de leurs textes en traduction française dans *Épicure et les épicuriens*, textes choisis par J. Brun et traduits par M. Solovine, Paris, P.U.F. (coll. «Les grands textes»), 1981.

En ce qui concerne Lucrèce, l'édition de référence reste: LUCRÈCE, *De la nature*, texte établi et traduit par A. Ernout, Paris, Les Belles Lettres (Collection des Universités de France), 1924 (et nombr. réimpr.). Réimpr. chez Gallimard (collection «Tel», n° 167), 1990. Autres traductions, plus récentes, par C. Labre (Paris, Arléa, 1995), L. Crouslé (Paris, Le Grand Livre du Mois, 1995), J. Kany-Turpin (Paris, Flammarion, 1997), C. Guittard (Paris, Imprimerie Nationale, 2000).

Stoïciens: il existe une édition critique des fragments des anciens stoïciens: ARNIM, H. von (éd.), *Stoicorum veterum fragmenta*, 4 vol. Leipzig, Teubner, 1903-1924 (et réimpr.). En outre, on trouve les principaux textes des stoïciens de l'époque impériale romaine (Sénèque, Épictète, Marc-Aurèle) en édition critique et en traduction dans la Collection des Universités de France («Budé»). Quelques traductions de ces auteurs figurent également dans la collection «GF-Flammarion». Signalons également deux anthologies, de taille différente:

Les stoïciens, textes choisis par J. Brun, Paris, P.U.F. (coll. «Les grands textes»), 1990.

Les stoïciens, textes traduits par É. Bréhier et édités sous la direction de P.-M. Schuhl, Paris, Gallimard (coll. «Bibliothèque de la Pléiade», n° 156), 1987. Reproduction en fac-similé en 2 vol. dans la collection «Tel» (n° 281-282), 1997.

Plotin: L'édition critique du texte des *Ennéades*, réalisée par P. Henry et
H. Schwyzer: *Plotini opera*, 3 vol., Oxford, 1964-1982, fait aujour-
d'hui autorité. En revanche, l'édition d'Émile Bréhier, avec traduction française en regard, dans la Collection des Universités de
France (Paris, Les Belles Lettres, 1924-1938), est considérée par les
spécialistes comme dépassée et même quelquefois fautive. De nouvelles traductions françaises des traités des *Ennéades* sont en cours
de parution dans diverses maisons d'éditions (Cerf, Vrin et Le Livre
de Poche).

2. *Philosophie patristique et médiévale*

Saint Augustin: l'édition des œuvres de saint Augustin, avec traduction
française en regard, est en cours de publication dans la Bibliothèque
augustinienne, Paris, Institut d'Études Augustiniennes. Les œuvres
principales y ont déjà paru. Les *Confessions* existent aussi dans la
Collection des Universités de France (texte établi et traduit par P. de
Labriolle, Paris, Les Belles Lettres, 1990), ainsi que dans les collections «GF-Flammarion» (n° 21, trad. par J. Trabucco, Paris, Flammarion, 1995), «Points-Sagesse» (n° 31, trad. L. De Mondadon,
Paris, Seuil, 1982) et «Les Grands Livres du mois» (trad. L.
Moreau, Paris, 1995). Enfin, un volume de la Collection de la
Pléiade (n° 448, Paris, Gallimard, 1998), publié sous la direction de
L. Jerphagnon, réunit les *Confessions* et plusieurs dialogues philo-
sophiques.

Saint Thomas d'Aquin: il existe de nombreuses éditions de ses œuvres
complètes, mais aucune n'est critique. L'édition léonine (Rome,
1882 et suiv.) sera la première édition critique complète, mais elle
est toujours en cours de publication. Les principales œuvres de
l'Aquinate existent en traduction française. Citons en particulier:
Somme théologique (trad. A. Raulin *et al.*), 4 vol., Paris, Éditions du
Cerf, 1984-1986; *Somme contre les gentils* (trad. R. Bernier *et al.*)
Paris, Éditions du Cerf, 1993; *Trois questions disputées du De veri-
tate* (trad. J. Tonneau), Paris, Vrin (coll. «Bibliothèque des textes
philosophiques»), 1991; *Questions disputées sur le mal (De malo)*
(trad. par les moines de Fontgombault),), Paris, Nouvelles Éditions
Latines (coll. «Docteur angélique», n° 1), 1992; *Les principes de la
réalité naturelle* (trad. J. Madiran), Paris, Nouvelles Éditions Latines

(coll. «Docteur commun», n° 1), 1994; *Contre Averroès. L'unité de l'intellect contre les averroïstes, suivi des textes contre Averroès antérieurs à 1270* (trad. A. de Libera), Paris, Flammarion (collection «GF-Flammarion», n° 713), 1994; *L'être et l'essence* (trad. C. Capelle), Paris, Vrin (coll. «Bibliothèque des textes philosophiques»), 1991; *Commentaire du traité de l'âme d'Aristote* (trad. J.-M. Vernier), Paris, Vrin (coll. «Bibliothèque des textes philosophiques»), 2000.

3. *Philosophie moderne*

Francis Bacon: l'édition standard de ses œuvres est: *The Works of Francis Bacon*, 14 vol., Londres Longmans, 1857-1874; réimpr. Stuttgart, Frommann, 1962. En traduction française récente, relevons les trois œuvres suivantes: *Du progrès et de la promotion des savoirs* (1605) (trad. M. Le Doeuff), Paris, Gallimard (coll. «Tel», n° 178), 1991; *La nouvelle Atlantide* (trad. M. Le Doeuff), Paris, Flammarion (coll. «GF-Flammarion», n° 770), 1995; *Essais de morale et de politique (1625)* (trad. A. de La Salle), Paris, L'Arche (coll. «Tête-à-Tête»), 1999.

Descartes: l'édition de référence reste: ADAM, C., TANNERY, P. (éds.), *Œuvres de Descartes*, 13 vol., Paris, Cerf, 1897-1913. Réimpr. en 11 vol., Paris, Vrin, 1996. Les écrits proprement philosophiques de Descartes ont été aussi réunis, édités et annotés par F. Alquié sous le titre DESCARTES, *Oeuvres philosophiques*, nouv. éd., 3 vol., Paris, Garnier (coll. «Classiques Garnier»), 1997-1998.

Pascal: l'édition classique de référence est celle des *Œuvres complètes*, publiées par L. Brunschvicg, É. Boutroux et F. Gazier, 14 vol., Paris, Hachette, 1904-1914. Les autres éditions sont: *Œuvres complètes*, texte établi, présenté et annoté par J. Chevalier, Paris, Gallimard (coll. «Bibliothèque de la Pléiade», n° 34), 1988; *Œuvres complètes*, texte établi, présenté et annoté par J. Mesnard, Paris, Desclée de Brouwer, 1964 et suiv. (et réimpr.).

Spinoza: une édition critique de ses *Opera* en 4 vol., a été publiée par C. Gebhardt, à Heidelberg, C. Winter, 1924. Une autre édition, également renommée, est celle de J. Van Vloten et J. Land: *Opera quotquot reperta sunt*, 4 vol., La Haye, Nijhoff, 1914. Traduction française: *Œuvres complètes de Spinoza*, texte traduit, présenté et annoté par R. Caillois, M. Francès et P. Misrahi, Paris, Gallimard (coll. «Bibliothèque de la Pléiade», n° 108), 1992. Il existe plusieurs traductions françaises de l'*Éthique*: par A. Guérinot (Paris, Ivréa, 1993), par C. Appuhn (avec le texte latin, Paris, Vrin, 1983), par R. Misrahi (Paris, P.U.F., 1990), et par B. Pautrat (avec le texte original, Paris, Le Grand Livre du Mois, 1997).

Malebranche: une édition critique en 20 vol; de ses *Œuvres complètes* a été publiée sous la direction d'A. Robinet, à Paris, chez Vrin, 1958-1967.

Locke: une édition complète existe en 10 vol.: *The Works of John Locke*, nouv. éd., Londres T. Tegg, 1823; réimpr. en 10 vol.: Aalen, Scientia Verlag, 1963. Plusieurs traductions françaises d'ouvrages de Locke ont paru ces dernières années chez Vrin, Flammarion et les P.U.F.

Leibniz: plusieurs de ses œuvres écrites en français ont été récemment publiée dans des collections de poche, entre autres: *Discours de métaphysique*, suivi de *Monadologie* (préf., prés. et notes de Laurence Bouquiaux), Paris, Gallimard (coll. «Tel», n° 262), 1995; *Nouveaux essais sur l'entendement humain* (chronologie, bibliogr., introd. et notes par J. Brunschwig), Paris, Flammarion (coll. «GF-Flammarion», n° 582), 1990; *Système nouveau de la nature et de la communication des substances, et autres textes: 1690-1703* (présentation et notes de C. Frémont), Paris, Flammarion (coll. «GF-Flammarion», n° 774), 1994; *Principes de la nature et de la grâce, Monadologie et autres textes, 1703-1716* (présentation et notes de C. Frémont), Paris, Flammarion (coll. «GF-Flammarion», n° 863), 1996; *Discours de métaphysique; Sur la liberté, le destin, la grâce de Dieu; Correspondance avec Arnauld* (introd. et notes par J.-B. Rauzy), Paris, Pocket (coll. «Agora», n° 124), 1993.

Berkeley: il existe une édition critique: *The Works of George Berekeley, Bishop of Cloyne*, par A. A. Luce et T. E. Jessop, Londres, Nelson, 1948-1957. En traduction française, on dispose notamment des *Œuvres*, publiées sous la direction de G. Brykman, 4 vol., Paris,

P.U.F. (coll. «Épiméthée»), 1985-1996; des *Principes de la connaissance humaine* (trad. D. Berlioz), Paris, Flammarion (coll. «GF-Flammarion», n° 637), 1991; et des *Trois dialogues entre Hylas et Philonous* (trad. G. Brykman et R. Dégremont), Paris, Flammarion (coll. «GF-Flammarion», n° 990), 1998.

Hume: l'édition anglaise de référence de ses œuvres philosophiques est due à T. H. Green et T. H. Grose (éds.), *The Philosophical Works of David Hume*, 4 vol., Londres, 1874-1875; réimpr. de l'éd. de 1886: Aalen, Scientia verlag, 1964. Quelques œuvres de Hume en traduction française: *Dialogues sur la religion naturelle* (introd., trad. et notes par M. Malherbe), 2e éd., Paris, Vrin (coll. «Bibliothèque des textes philosophiques»), 1997; *Enquête sur l'entendement humain* (trad., présentation et comment. par D. Deleule), Paris, Librairie Générale Française (coll. «Le Livre de Poche», n° 4653), 1999; *L'entendement: Traité de la nature humaine: livre I et Appendice* (trad. P. Baranger *et al.*), Paris, Flammarion (coll. «GF-Flammarion», n° 701), 1995; *Essais moraux, politiques et littéraires* (trad. et notes par M. Malherbe), Paris, Vrin (coll. «Bibliothèque des textes philosophiques»), 1999; *Enquête sur les principes de la morale* (trad. P. Baranger et P. Saltel), Paris, Flammarion (coll. «GF-Flammarion», n° 654), 1991.

Kant: l'édition standard des œuvres complètes est: *Kants Gesammelte Schriften*, 23 vol., Berlin W. de Gruyter, 1902-1956. Il n'existe aucune traduction française complète des œuvres de Kant, mais ses écrits de philosophie proprement dite ont été traduits et réunis en 3 vol. sous le titre *Œuvres philosophiques* (éditées par F. Alquié *et al.*), Paris, Gallimard (coll. «Bibliothèque de la Pléiade» n° 286, 317 et 332), 1980-1986. D'autre part, un nombre assez important d'œuvres isolées de Kant existent en traduction française dans plusieurs collections de poche («Folio», «GF-Flammarion», «Le Livre de Poche», etc.). Signalons particulièrement à l'attention des débutants deux ouvrages de Kant réputés «plus accessibles»: *Prolégomènes à toute métaphysique future qui pourra se présenter comme science* (trad. L. Guillermit), Paris, Vrin (coll. «Bibliothèque des textes philosophiques»), 1993 (sorte de résumé de la *Critique de la raison pure*); *Fondements de la métaphysique des mœurs* (trad. V. Delbos), Paris, Librairie Générale Française (coll. «Le Livre de Poche», n° 4622), 1993.

Hegel: une édition critique de ses *Sämtliche Werke* a été réalisée par G.
Lasson et J. Hoffmeister, 30 vol., Hambourg, F. Meiner, 1952-1960.
Autre édition: G. W. F. HEGEL, *Gesammelte Werke*, Hambourg, F.
Meiner, 1968 et suiv. Il n'existe pas de traduction française complète des œuvres de Hegel, mais de nombreux traités isolés ont été
traduits. Citons entre autres: *La phénoménologie de l'esprit* (trad. J.
Hyppolite), 2 vol., Paris, Aubier (coll. «Bibliothèque philosophique»), 1992. Pour commencer l'étude de ce philosophe difficile,
on pourra lire: G. W. F. HEGEL, *Morceaux choisis* (trad. H.
Lefebvre et N. Guterman), Paris, Gallimard (coll. «Folio. Essais»,
n° 264), 1995; IDEM, *Préface à la «Phénoménologie de l'Esprit»*
(texte allemand et trad. franç. en regard par J.-P. Lefebvre), Paris,
Flammarion (coll. «GF-Flammarion», n° 953), 1996; IDEM, *Premiers écrits* (trad. et notes par O. Depré), Paris, Vrin (coll. «Bibliothèque des textes philosophiques»), 1997.

Schopenhauer: une édition critique de ses *Sämtliche Werke* a été publiée
en 5 volumes à Francfort-sur-le-Main, Insel-Verlag, 1960-1965.
Plusieurs de ses œuvres ont été traduites en français: *Le monde
comme volonté et comme représentation* (trad. A. Burdeau, nouv.
éd. revue et corr. par R. Roos), Paris, P.U.F., 1992; *De la volonté
dans la nature* (trad. É. Sans), Paris, P.U.F. (coll. «Quadrige»,
n° 83), 1996; *De la quadruple racine du principe de raisons suffi-
sante* (trad. F.-X. Chenet), Paris, Vrin (coll. «Bibliothèque des
textes philosophiques»), 1997; *L'art d'avoir toujours raison: la
dialectique éristique* (trad. D. Miermont), Paris, Éd. Mille et une
nuit, 1998.

Comte: parmi les œuvres nombreuses du fondateur du positivisme, relevons les suivantes, qui constituent de bonnes introductions à sa pensée: *Discours sur l'esprit positif*, Paris, Vrin (coll. «Bibliothèque
des textes philosophiques»), 1995; *Discours sur l'ensemble du
positivisme*, Paris, Flammarion (coll. «GF-Flammarion», n° 991),
1998; *Cours de philosophie positive, I: Leçons 1 à 45*, Paris, Her-
mann, 1998.

Mill: une édition critique des *Collected Works of John Stuart Mill* est en
cours de publication aux Presses de l'Université de Toronto depuis
1963. Seules quelques œuvres de ce grand philosophe anglais ont été

traduites en français, entre autres: *De la liberté* (trad. L. Lenglet, à partir de la trad. de Dupond White), Paris, Gallimard (coll. «Folio. Essais», n° 142), 1990; *L'utilitarisme. Essai sur Bentham* (trad. C. Audiard et P. Thierry), Paris, P.U.F. (coll. «Quadrige», n° 261), 1998.

Marx: il existe une traduction française de ses *Œuvres complètes*, par J. Molitor, Paris, Costes, 1927 et suiv. Cette traduction a été rééditée en partie dans K. MARX, *Œuvres philosophiques*, 2 vol., Paris, Champs Libre, 1980.

Nietzsche: l'édition critique la plus autorisée est celle de G. Colli et M. Montinari: F. NIETZSCHE, *Werke. Kritische Gesamtasugabe*, 30 vol., Berlin, W. de Gruyter, 1967 et suiv. Trad. française: F. NIETZSCHE, *Œuvres philosophiques complètes*, Paris, Gallimard, 1968 et suiv. Mentionnons également: F. NIETZSCHE, *Œuvres* (éd. J. Lacoste et J. Le Rider), 2 vol., Paris, Laffont (coll. «Bouquins»), 1993: IDEM, *Œuvres* (éd. M. de Launay), vol. I, Paris, Gallimard (coll. «Bibliothèque de la Pléiade», n° 471), 2000 (d'autres volumes sont en préparation). En outre, il existe d'assez nombreuses traductions françaises d'œuvres isolées.

Husserl: ses *Gesammelte Werke* sont en cours de publication dans la collection *Husserliana* chez Nijhoff. Quelques œuvres de ce philosophe majeur du XXe siècle ont été traduites en français, notamment la plus accessible (ou la moins difficile!): *Méditations cartésiennes: introduction à la phénoménologie* (trad. G. Peiffer et E. Lévinas), nouv. éd., Paris, Vrin (coll. «Bibliothèque des textes philosophiques»), 1992.

Bergson: les œuvres principales de ce grand philosophe français de l'époque contemporaine ont été rassemblées dans l'édition dite «du centenaire»: H. BERGSON, *Œuvres* (éd. A. Robinet), 5e éd., Paris, P.U.F., 1991.

Russell: une édition des *Collected Papers of Bertrand Russell* est en cours de publication à Londres, chez Routledge depuis 1983. Dans le domaine francophone, quelques ouvrages de cet auteur prolifique ont été traduits. Les plus intéressants du point de vue philosophique sont sans doute: *Introduction à la philosophie mathématique* (trad. F. Rivenc), Paris, Payot (coll. «Bibliothèque philosophique

Payot»), 1991; *Problèmes de philosophie* (trad. F. Rivenc), Paris, Payot (coll. «Bibliothèque philosophique Payot»), 1989; *La méthode scientifique en philosophie et notre connaissance du monde extérieur* (trad. P. Devaux), Paris, Payot (coll. «Bibliothèque philosophique Payot»), 1971.

Heidegger: une édition non critique: M. HEIDEGGER, *Gesamtausgabe*, est en cours de publication à Francfort-sur-le-Main, V. Klostermann. Elle comprend trois séries: I. Abteilung: *Veröffentliche Schriften, 1910-1976* (œuvres publiées par Heidegger lui-même); II. Abteilung: *Vorlesungen, 1919-1944* (cours professés par Heidegger); III. Abteilung: *Unveröffentliche Abhanlungen. Vorträge-Gedachtes* (manuscrits inédits, conférences, etc.). Un nombre assez important d'œuvres de ce philosophe, fort à la mode en France dans la seconde moitié du XXᵉ siècle, ont été traduites en français. Signalons entre autres son maître ouvrage: *Être et temps* (trad. F. Vezin), Paris, Gallimard (coll. «Bibliothèque de philosophie»), 1986, ainsi que les quatre recueils d'opuscules: *Questions I, II, III et IV*, 2 vol., Paris, Gallimard (collection «Tel», nᵒ 156 et 172), 1990.

VI. — RÉPERTOIRES DE BIBLIOGRAPHIE PHILOSOPHIQUE

Les bibliographies contenues dans les encyclopédies, les dictionnaires et les histoires de la philosophie fournissent déjà un premier aperçu des sources et la littérature secondaire se rapportant à l'auteur ou au sujet que l'on étudie. Cependant, pour établir une bibliographie plus étendue, il est nécessaire d'avoir recours à des ouvrages spécifiquement bibliographiques.

Parmi ceux-ci, il faut distinguer les bibliographies philosophiques *générales*, qui sont consacrées à la littérature de tous les domaines philosophiques sans restriction, et les bibliographies philosophiques *spéciales*, qui se limitent à une période ou à une branche particulière de la philosophie, ou même à un philosophe individuel. D'autre part, les bibliographies, qu'elles soient générales ou spéciales, sont des bibliographies *courantes* quand elles paraissent de façon récurrente sous forme de périodiques (ou de suppléments à des revues) qui suivent l'actualité bibliographique, et des bibliographies *rétrospectives* quand elles ne paraissent qu'une seule fois et couvrent une période de temps déterminée.

Nous ne mentionnerons ici que les bibliographies philosophiques générales les plus importantes. Mais le lecteur doit savoir qu'il existe aussi de nombreuses bibliographies philosophiques spécialisées pour la plupart des branches, des périodes et des courants de pensée de la philosophie, et même pour la plupart des grands philosophes considérés comme des individualités.

A) Bibliographies générales courantes

Bibliographie de la philosophie. Bulletin trimestriel / Bibliography of Philosophy. A Quarterly Bulletin, Paris, Vrin, 1954 et suiv. — Ce répertoire de bibliographie courante a d'abord été édité, entre 1937 et 1954, par l'Institut international de philosophie, sous le titre unilingue de *Bibliographie de la philosophie*. Il signalait alors des livres et des articles de revues en diverses langues, même non occidentale. Depuis 1954, il ne signale plus que des livres, en donnant pour chacun d'eux un résumé dans une grande langue occidentale.

The Philosopher's Index. An International Index to Philosophical Periodicals and Books, Bowling Green (Ohio), Bowling Green University, 1967 et suiv. — Périodique trimestriel, fournissant l'indexation de livres et d'articles de revues dans les domaines de l'éthique, de l'esthétique, de la philosophie sociale, de la philosophie politique, de l'épistémologie, de la logique, de la métaphysique, de la philosophie du droit, de la religion, de la science, de l'histoire, de l'éducation, et du langage. Signale en principe les articles des grandes revues philosophiques en anglais, français, allemand, espagnol et italien, et de certaines revues en d'autres langues (relativement complet pour les revues publiées aux États-Unis et au Canada, sélectif pour les revues des autres pays). Signale aussi (depuis 1980) la plupart des livres en anglais et (depuis 1984) quelques livres en d'autres langues. N'existe plus aujourd'hui que sur Internet.

International Philosophical Bibliography, Louvain et Louvain-la-Neuve, Peeters, 1997 et suiv. — Cette bibliographie courante, très fournie, se limite, en principe, à la littérature philosophique publiée dans les langues suivantes: allemand, anglais, catalan, espagnol, français, italien, latin, néerlandais et portugais. Elle est la suite, d'une part, du *Répertoire bibliographique de la philosophie* qui a paru trimestriellement depuis mai 1934 en supplément de la *Revue néoscolastique de philosophie*, devenue *Revue philosophique de Louvain* en 1946, et,

d'autre part, du *Bibliografisch Repertorium van de Wijsbegeerte* qui
était inséré, depuis 1939, dans le *Tijdschrift voor Filosofie*. Elle paraît
en quatre fascicules annuels, regroupés en deux livraisons. Chaque
livraison mentionne livres et articles et comprend également
un répertoire de comptes rendus, une table onomastique et une table
des ouvrages collectifs dépouillés. Elle existe, depuis peu, sur
CD-ROM.

B) Bibliographies générales rétrospectives

DE BRIE, G. A., *Bibliographia philosophica 1934-1945*, 2 vol., Utrecht-
Bruxelles, Het Spectrum, 1950-1954. — Le premier volume
concerne les travaux d'histoire de la philosophie, le second, les
études portant sur les diverses branches de la philosophie. Comme
tel, cet ouvrage donne les références de livres et d'articles (plus de
400 revues dépouillées), publiés durant la période 1934-1945 en
allemand, anglais, catalan, danois, espagnol, français, italien, latin,
néerlandais, norvégien, portugais et suédois. Le vol. II contient une
table onomastique des deux volumes.

HOFFMANS, J., *La philosophie et les philosophes. Ouvrages généraux*,
Bruxelles, Librairie nationale d'Art et d'Histoire, 1920; réimpr.
New York, Franklin, 1968. — Catalogue de dictionnaires, manuels,
histoires de la philosophie, éditions et traductions de textes philosophiques, périodiques, bibliographies et encyclopédies de philosophie. Ouvrage vieilli, qui n'est plus utile que pour des travaux
anciens.

TOBEY, J. L., *The History of Ideas. A Bibliographical Introduction*, 2 vol.,
Santa Barbara (Californie), Clio Press, 1975-1977. Vol. I: *Classical
Antiquity*; II: *Medieval and Early Modern Europe*. — «Bonne
sélection internationale, encadrée par un commentaire intéressant»
(G. Varet).

TOTOK, W. (éd.), *Handbuch der Geschichte der Philosophie*, 6 vol.,
Francfort-sur-le-Main, Klostermann, 1964-1990. — Contrairement
à ce que suggère son titre, cet ouvrage n'est pas un manuel d'histoire de la philosophie, mais bien une bibliographie rétrospective de
travaux (livres et articles) historiques publiés au XXe siècle sur la
philosophie de l'antiquité (indienne, chinoise, grecque et romaine),
du moyen-âge, de la Renaissance, des temps modernes et de
l'époque contemporaine.

VARET, G., *Manuel de bibliographie philosophique*, 2 vol., Paris, P.U.F. (coll. «Logos. Introduction aux études philosophiques»), 1956. — L'auteur a fourni une importante mise à jour de cette bibliographie dans la dernière section du tome I: *L'Univers philosophique* (1989), de l'*Encyclopédie philosophique universelle* (cf. *supra*, p. 157).

C) Bibliographies spéciales

Ces bibliographies sont trop nombreuses pour être mentionnées ici. Mais on peut les repérer en consultant soit l'*International Philosophical Bibliography* (sous la rubrique «Publications d'ordre général», subdivision «Bibliographies spéciales»), soit l'un ou l'autre des deux ouvrages suivants:

DE GEORGE, R. T., *A Guide to Philosophical Bibliography and Research*, New York, Appleton-Century-Croft, 1971.

GUERRY, H., *A Bibliography of Philosophical Bibliographies*, Westport (Conn.), Greenwood Press, 1977.

Signalons, en outre, deux bibliographies spéciales courantes qui se distinguent par l'ampleur et la qualité de leur information. La première concerne les études platoniciennes et est constituée des volumes suivants:

CHERNISS, H., *Platon 1950-1957*, 2 vol., Göttingen, Vandenhoeck und Ruprecht (coll. «Lustrum. Internationale Forschungsberichte aus dem Bereich des klassischen Altertums», n° 4-5), 1960-1961.

BRISSON, L., *Platon 1958-1975*, Göttingen, Vandenhoeck und Ruprecht («Lustrum», n° 20), 1979.

BRISSON, L., IOANNIDI, H., *Platon 1975-1980*, Göttingen, Vandenhoeck und Ruprecht («Lustrum», n° 25), 1983.

— *Platon 1980-1985*, Göttingen, Vandenhoeck und Ruprecht («Lustrum», n° 30), 1988.

— *Platon 1985-1990*, Göttingen, Vandenhoeck und Ruprecht («Lustrum», n° 34), 1994.

BRISSON, L., *Platon 1990-1995. Bibliographie*, Paris, Vrin (coll. «Tradition de la pensée classique»), 1999.

— *Platon 1995-2000. Bibliographie*, Paris, Vrin (coll. «Tradition de la pensée classique»), 2002.

La seconde porte sur S. Thomas d'Aquin et le thomisme:

Rassegna di letteratura tomistica (anciennement: *Bulletin thomiste*), 1924 et suiv. Périodique annuel, publié entre 1924 et 1930 comme supplément (avec pagination séparée) de la *Revue thomiste*, puis, de 1930 à 1968, comme volume séparé sous le titre de *Bulletin thomiste*. À partir de 1969, nouvelle série, sous le titre de *Rassegna di letteratura tomistica*. — Ce bulletin bibliographique fournit une bibliographie courante critique, qui groupe, selon un plan logique, toutes les publications concernant, à quelque titre que ce soit, le thomiste. Outre leur signalement bibliographique, il donne un résumé ou une analyse critique de leur contenu.

TABLE DES NOMS DE PERSONNES

Cette table ne contient que les noms de personnes auxquels il est utile de renvoyer. En particulier, elle ne renvoie pas aux noms contenus dans le chapitre 8 («Éléments de bibliographie philosophique»).

INDEX ALPHABÉTIQUE DES MATIÈRES

Les chiffres en caractères gras indiquent les pages où se trouvent les définitions et les principales explications des termes concernés.